평화, 자유, 인권을 위해

# 용기를 낸 사람들

평화, 자유, 인권을 위해

# 용기를 낸 사람들

크리스티안 뉘른베르거 지음

유혜자 옮김

카타리나 부스호프 삽화

경북대학교출판부

지은이 **크리스티안 뉘른베르거**(Christian Nürnberger)

1951년 출생. 독일의 저명 작가이자 기자. 신학을 공부했으며, 프랑크푸르트 방송국에서 특파원, 편집기자 등으로 일했다. 『쥐드도이체 자이퉁』 신문, 『쥐드도이체 자이퉁』 잡지, 『자이트』지에 정기적으로 기사를 내는 자유 기고가이며, 1990년부터 프리랜서 작가로 활동하고 있다. 『용기를 낸 사람들』로 2010년 독일 청소년문학상을 수상했다. 그간 출간한 책으로는 『기독교 – 꼭 알아야 하는 것들』, 『성경 – 꼭 알아야 하는 것들』, 『판매된 민주주의』 등이 있다.

옮긴이 **유혜자**

1960년 대전에서 태어남. 1981년부터 5년간 스위스 취리히 대학교에서 경제학을 공부하며 독일어를 배웠다. 30년째 독일 문학을 우리말로 옮기는 작업을 해 오고 있으며, 그간 250여 권의 번역서를 출간했다. 『용기를 낸 사람들』처럼 역사에 한 획을 그은 용기 있는 사람들을 색다른 시각으로 소개한 책을 우리말로 번역하는 데 큰 보람과 즐거움을 느낀다. 그간 옮긴 책으로는 『좀머 씨 이야기』, 『단순하게 살아라』, 『행복이 찾아오면 의자를 내주세요』 등이 있다.

평화, 자유, 인권을 위해

**용기를 낸 사람들**

**찍은 날** 2016년 12월 22일 • **펴낸 날** 2016년 12월 30일
**지은이** 크리스티안 뉘른베르거(Christian Nürnberger) • **옮긴이** 유혜자
**일러스트레이터** 카타리나 부스호프(Katharina Bußhoff)
**펴낸이** 김상동 • **펴낸 곳** 경북대학교출판부
**출판등록** 1973년 10월 10일 ㉾97호 • **주소** 대구광역시 북구 대학로 80
**전화** 053-950-6741~3 • **팩스** 053-953-4692 • **이메일** press@knu.ac.kr
**홈페이지** http://knupress.com
**ISBN** 978-89-7180-453-7 03900

정가는 뒤표지에 있습니다.
파본은 바꾸어 드립니다.

# 서문

용기는 정말 특별한 것이지만, 사람들은 용기에 대해 그리 깊게 생각하지는 않는다. 그것이 무엇인지 이미 잘 알고 있다고 생각하기 때문이다. 그러나 용기를 내는 것이 그리 쉬운 일이 아니라는 것을 난 우리 집 고양이를 통해 배웠다.

우리 집 고양이는 틈만 나면 정원 울타리를 넘어가 시립공원을 이리저리 돌아다닌다. 그러다 공원 어디선가 불쑥 나타난 개 한 마리가 흰색과 붉은색 털 때문에 먼발치에서도 눈에 잘 띄는 우리 고양이를 알아채기라도 하면, 자연에서 흔히 볼 수 있는 장면이 펼쳐진다. 아드레날린이 솟구친 개가 발사된 로켓인 양 거의 30미터 밖에서부터 고양이를 향해 달려오는 것이다. 그다음에는 자연에서 흔히 볼 수 있는 장면 제2막이 펼쳐진다. 고양이가 있는 힘을 다해 근처의 나무를 타고 오르거나 울타리를 넘어 도망치는 것이다.

그런데 고양이가 도망치지 않을 때가 가끔 있다. 등을 바짝 구부리고 털을 빳빳이 세운 채, 앞발을 들고 으르렁대며 맞설 자세를 취하는 것이다. 그렇게 하면 효과가 있다는 걸 녀석은 경험으로 알고 있다. 그럼 대부분의 개들은 적당한 거리를 두고 멈춘 다음, 마치 아무 일도 없었다는 듯이 행동한다. 그런가 하면 고양이의 반응에 아랑곳 않고 금방이라도 상대에게 일격을 날릴 수 있을 만큼 가까이 달려드는 개들도 있다. 이런 개들은 고양이에게 날카로운 반격을 당한다. 성난 고양이가 앞발로 거칠게 할퀴는 것을 한 번이라도 경험해 본 사람이라면, 부드러운 주둥이 쪽을 할퀸 개가 어떤 반응을 보일지 쉽게 상상할 수 있을 것이다. 그런 일을 겪고 나면 아무리 덩치 큰 개라도 꼬리를 바짝 내리고 슬금슬금 피하며 뒤로 물러서기 마련이다.

그런데 고양이가 험상궂은 표정으로 적을 위협하는 전략이 제대로 먹히지 않는 것을 나는 딱 한 번 본 적이 있다. 구체적인 상황이 어땠는지는 모른다. 나는 공원이 아니라 우리 집 정원에 앉아 있었으므로 개는 보지 못했다. 공포에 질린 우리 집 고양이가 울타리를 뛰어넘어 정원을 쏜살같이 가로지르더니 물고기가 사는 작은 연못을 뛰어넘으려다 그만 물에 풍덩 빠지는 모습만 보았을 뿐이다.

그 모습이 자못 흥미로웠을 뿐 아니라 좀 안심이 되기도 했다. 그런 경우에는 용기도 아무 소용이 없다는 내 평소 지론을 확인했기 때문이다. 현실적으로 보면 우리 집 고양이가 덩치 큰 개와 맞서 싸워 이길 가능성은 없다. 불도그나 투견에게 함부로 까불다 사납게 물어 뜯기느니 차라리 그 자리를 피하는 게 '합리적'이다. 아마도 우리 집 고양이는 제 용기가 먹히는 개도 있지만, 그렇지 않은 개도 있다는 것을 알고 있을 것이다. 적어도 그랬으면 좋겠다.

그런데 다른 개들과는 달리 상황을 '심각한 도발'로 받아들인 개 한 마리를 만난 일로 우리 집 고양이가 용기를 다 잃어버린 것 같지는 않다. 그 일이 있고 얼마 지나지 않아 다른 개 한 마리가 꼬리를 내린 채 우리 집 고양이를 슬금슬금 피하는 모습을 봤기 때문이다.

우리 집 고양이는 대체 어디서 그런 용기가 생기는 것인지 나는 무척 궁금하다. 대부분의 고양이들이 도망부터 치고 보는 상황에서도 녀석은 일단 버틴다. 그러다가 어떤 때는 도망치는 게 더 낫다는 것을 어떻게 알게 되었을까? 울타리 하나만 가뿐히 넘으면 안전한 곳으로 피할 수 있다는 것을 알면서도 우리 집 고양이는 왜 굳이 위험한 상황까지 버티는 걸까? 녀석이 남달리 용감해서 그렇다고는 생각하지 않는다. 또 개와 정면대결을 벌이는 것이 재미있어서 그러는 것 같지도 않다. 시커먼 개가 공격을 퍼부을 때면 우리 집 고양이도 두려워하고 있다는 걸 나는 잘 안다. 그런데도 녀석은 굳이 두려움을 극복하고, 도망치고 싶은 욕구에 저항한다. 어쩌면 용감한 우리 집 고양이의 사고에 일종의 가치체계 같은 것이 있어 스스로에게 이렇게 명령하고 있는지도 모르겠다. "여기는 내 구역이야. 어느 누구도 이곳을 침입할 권리가 없어! 감히 그것을 무시하는 자는 앞발을 들어 사납게 긁어 버리는 거야!"

용기에 대한 질문을 인간, 집단, 민족과 연계해 던지면 이야기는 자못 심각해진다. 왜 대부분의 사람들은 상관 앞에 서면 움츠러드는 걸까? 지하철에서 스킨헤드족 몇 명이 흑인 한 명을, 또는 터키 젊은이들이 독일인 한 명을 둘러싸고 시비를 걸 때면 왜 많은 사람들은 애써 침묵하거나 그 상황을 외면하는 걸까? 1933년부터 1945년까지 독일에서 일어났던 일에 대해 질문받으면 독일인들은 왜 침묵하는 걸까?

물론 예외는 있다. 지하철에서 침묵하지 않고, 상관 앞에서 움츠러들지 않으며, 듣기 거북한 진실을 숨김없이 말해 주는 사람도 있다. 거짓, 부조리, 탄압, 가난, 전쟁에 대한 저항은 항상 있어 왔다. 그러나 그러한 저항은 소수집단에 의해, 대개는 불과 몇 사람에 의해 이뤄진다. 그리고 그런 저항은 대개 죽음으로 끝이 난다.

용기는 의지나 확고한 결심의 문제가 아닐지도 모르겠다. 세상에는 두 종류의 사람, 즉 두려움을 모르는 '태생적으로 용감한' 소수와 '태생적으로 겁쟁이인' 다수가 있는 것처럼 보이기 때문이다. 만일 그렇다면 세상에는 용감한 사람이 아예 없다고 말할 수 있겠다. 두려움이 없는 사람은 애당초 용기라는 것을 낼 필요가 없고, 용기가 필요한 사람은 현재 용기가 없기 때문이다.

많은 겁쟁이들이 그런 입장을 견지하고, 그럼으로써 자신의 비겁함을 정당화한다. 구舊 동독에서 국가보안부(슈타지)의 첩보원으로 활동했던 전력 때문에 비난을 받았던 한 독일 시인은 비겁함도 하나의 인권이라고 주장했다. 당시 '민주주의를 위해 망각에 맞서 투쟁하는 사람들'의 대표였던 요아킴 가우크는 이 같은 주장을 격렬히 성토했다. "그런 말을 하는 사람은 바보다. 비겁함은 물론 인간적인 것이다. 그것은 인간의 결점이자 오류다. 그러나 비겁함을 인간의 가장 숭고한 권리인 인권으로까지 추어올린다면, 그것은 잘못일 뿐 아니라 거짓이기도 하다."

태생적으로 대부분의 사람들은 겁쟁이다. 두려움과 공포는 진화하면서 자연스레 생겨난 유전자의 생존전략이기 때문이다. 그러므로 비겁함이 일반적인 것이고, 용기는 오히려 일종의 예외다. 이런 이유로 사람들이 충동에 따라 아무 생각 없이 휩쓸리는 것이 독재자들에게는 가장 좋은 조건인 반면, 몇몇 사람들의 용기는 가장 큰 위협이 되는 것이다.

용기를 증명해 보이려는 사람들은 온갖 위험을 감수한다. 위험한 상황에 자기 자신을 내던지며, 자신의 건강·자유·삶을 담보로 경력을 쌓아 간다. 그들은 가족·친구·전통과의 단절을 감행하고, 협박·비웃음·상처를 감수한다. 물론 그렇게 하고 있는 동안에도 자기들이 매달리고 있는 일이 성과를 내거나 성공을 거두게 될지는 전혀 알지 못한다. 그러나 이들이 지향하는 최고의 목표는 대가나 성공이 아니다. 이들이 용기를 내는 것은 존엄, 예의, 평화, 자유, 진실, 정의와 같은 특정 가치들이 반드시 존중되어야 한다는 굳건한 믿음 때문이다. 최악의 경우 이런 가치들을 끝까지 고수하다가 목숨을 잃는 경우도 있다. 물론 이런 위험을 감수하지 않으려는 것이 인간의 본성이다.

하지만 그렇다고 해서 인간 본성에 반하는 것을 무조건 따르는 것이 인권인 것은 아니다. 인간다움이란 이러한 유의 복종을 의식적으로 거부하는 데서 비로소 시작되기 때문이다. 그러므로 인권은 일체의 제약이나 강압이 없는 자유로운 상태에서 내린 확고한 결정이어야 한다. 물론 자연스레 생길 수밖에 없는 두려움을 극복하는 것도 필요하다.

이는 애초부터 우리 인간이 자연스럽게 할 수 있는 일이 아니다. 배우고 연습하고 훈련해야 가능한 일이다. 세상에는 용감한 사람과 겁쟁이가 있고, 자기가 비겁한 겁쟁이처럼 군 것은 어쩔 수 없는 일이라고 말하는 것은 너무 안일한 변명이다. "인간은 용감한 사람과 겁쟁이로 나뉘는 게 아니다. 인간은 대개 그 두 가지 면을 다 갖고 있다."라고 가우크는 말했다. "사람들은 다른 사람이 부당한 짓을 하면 일단 침묵한다. 그런 다음 몇몇 사람들에게 그것에 대해 부정적으로 말한다. 그러다가 자신과 뜻을 같이할 사람들을 공개적으로 찾기 시작한다. 그런 과정에서 용기와 저항정신이 자라나는 것이다."

씨앗처럼 작은 용기가 땅에 떨어져 우연히 싹을 틔우면 세상이 변한다. 모든 변화의 시작에는 용감한 사람이나, 용기를 낸 몇몇 사람들이 있었다. 자신의 생각을 관철하려는 용기, 어떻게든 진실을 말하려는 용기, 강한 상대에 당당히 맞서려는 용기, 새로운 길을 개척하려는 용기, 사물을 다른 시각으로 보려는 용기, 방향을 전환하려는 용기, 새로운 것을 시도하려는 용기, 때로는 우회로를 선택할 줄 아는 용기, 자기 삶을 스스로 개척하려는 용기, 전통을 파기하거나 종교집단에서 탈퇴하려는 용기, 혹은 그 반대로 많은 사람들이 외면하는 전통을 고수하거나 어떤 종교에 입문하려는 용기, 특별한 믿음으로 자기가 믿는 종교의 성직자를 변호하는 용기를 낸 사람들 말이다.

마하트마 간디도 처음에는 겁쟁이였다. "나는 겁쟁이였다."라고 자기 입으로 말한 적도 있다. 중요한 것은 이때 그의 말이 과거형이었다는 점이다. 그는 어느 순간, 적어도 남아프리카에서 경찰의 뭇매를 맞은 후 공공기관에서 정상적으로 발급받은 여권을 불태운 그 순간부터는 자신이 더 이상 겁쟁이가 아님을 보여 주었다.

이 책에 소개된 사람들의 삶을 통해 우리는 지극히 평범한 겁쟁이가 용기 있는 사람으로 변화하는 과정을 살펴볼 수 있다. 그들 중 처음부터 용감했던 사람은 없다. 어느 날 갑자기 용감해진 사람이 있는가 하면, 살다 보니 자연스레 용감해진 사람도 있다. 그런 변화가 일어난 후에야 그들은 비로소 자유, 평화, 인권을 위해 투쟁하는 사람이 되었다. 우리는 그런 모습으로 그들을 처음 알게 되었고, 오늘날까지 존경하고 있는 것이다.

나는 누군가를 영웅화하거나 겁쟁이를 용감한 사람으로 포장하기 위해서가 아니라, 독자들이 이 '대가들로부터 가르침'을 받을 수 있도록 돕기 위해 이 책을 썼다. '저항운동은 어떻게 시작되었을까? 두려움은 어떻게 극복될 수 있었을까? 투쟁은 어떤 의미가 있을까?'와 같은 것에 대한 가르침 말이다.

나는 또 작은 용기에서 시작된 첫 발걸음이 어떻게 두 번째 발걸음, 세 번째 발걸음으로 계속 이어지게 되는지를 보여 주고 싶었다. 그런 작은 발걸음들이 한데 모여 유리한 짜임 관계가 형성되면, 마틴 루터의 경우처럼 엄청난 것을 무너뜨릴 수 있게 된다. 독일 변두리 출신으로 무명無名의 수도승에 불과했던 마틴 루터가 유럽의 거대권력이라 할 수 있는 로마 교황청을 뒤흔드는 대단한 사건도 벌어질 수 있는 것이다.

이 책은 또 눈에 보이는 용기 뒤에는 항상 눈에 보이지 않는 전사前史가 있었고, 이 전사 덕분에 계속되는 실패로 용기를 잃고 모든 것을 포기할 상황으로 내몰린 사람들이 다시 용기를 낼 수 있었음을 보여 줄 것이다. 그 좋은 본보기가 로자 파크스다. 어느 날 버스를 타고 가던 그녀는 백인이 승차하였으니 좌석을 양보하라는 말을 들었지만, 일어나지 않았다. 당시 그녀는 12년째 흑인 인권단체의 회원으로 활동하고 있었다. 그러므로 그날 버스에서 그녀가 보여 준 외로운 저항은 12년에 걸친 의식의 형성 과정이 선행되었기에 가능한 일이었다.

이는 소시민의 작은 용기가 전혀 무의미하지 않다는 것을 보여 주는 것이다. 부당함에 항의하는 글 또한 마찬가지다. 겁쟁이였던 간디가 대영제국에 항거하는 투사가 된 배경에는 그가 읽었던 신약성경, 톨스토이와 소로의 작품들이 있다. 간디의 행적과 저작들은 훗날 넬슨 만델라나 마틴 루터 킹에게 다시 영감을 불러일으켰다. 그 글들이 언제 어디서 어떻게 효과를 발휘했는지 누구도 정확하게 말할 수는 없겠지만, 효과가 있었던 것은 분명하다.

간디처럼 곤봉 세례를 당하거나, 만델라처럼 수십 년간 투옥될 용기가 없더라도 좌절할 필요는 없다. 예를 들어 피터 베넨슨은 세상을 개선하기 위해 뭔가는 하고 싶지만, 목숨이나 건강을 담보로 하는 영웅적 행위를 할 용기는 없는 사람들에게 도움이 되는 단체를 만들었다. 그는 국제사면위원회, 즉 국제엠네스티를 설립해 누구나 자기 형편에 맞게 참여할 수 있도록 주선한 것이다. 누구라도 엠네스티의 도움을 받아 이메일 한 통을 보내는 것으로 정치적 탄압에 시달리는 사람을 도울 수 있다. 엠네스티 홈페이지에 꾸준히 올라오는 다양한 캠페인 정보를 읽는 것만으로도 가치가 있다. 그러한 정보가 정치의식을 갖는 데 도움을 주기 때문이다. 또 그런 의식이 용기의 전제조건이 되기 때문이다.

포괄적인 의미에서 이렇게 말할 수도 있다. 이 책에서 다루고 있는 용기는 뭔가 일을 벌이고 싶어 조바심을 내는 것과는 다르다. 돛단배에 몸을 싣고 망망대해를 가로지르는 것, 열기구를 타고 하늘 높이 날아오르는 것, 에베레스트 산을 오르거나 북극을 횡단하는 것은 인간 가능성의 한계를 가늠할 수 있는 매우 소중한 경험이다. 그러나 그런 도전이 인류에게 주는 이로움은 우리 집 고양이가 낸 용기가 이 세상 고양이들에게 주는 이로움 정도밖에 되지 않을 것이다.

반면 인종차별정책에 종지부를 찍고 약탈당한 땅을 합법적 상속자에게 되돌려주려다가 27년간이나 옥살이를 한 넬슨 만델라나, 생명의 위협을 무릅써 가며 '푸틴 체제'의 실체를 밝히고 체첸 전쟁의 실상을 세상에 알리려다 결국 살해당한 안나 폴리코브스카야 같은 사람은 진정으로 용기 있는 사람들이다. 그들이 낸 용기는 다른 사람들을 위한 것이었다.

이 세상 그 누구도 생명에 위험이 따르는 행동을 하라고 타인에게 강요할 수는 없다. 그러나 자기가 안일하게 생각했고 겁쟁이였다는 것을 스스로에게 혹은 다른 사람들 앞에 고백할 수는 있어야 한다. 구舊 동독 정권에 저항했던 민권운동가들이 독일 재통일 후 사람들로부터 존경받기는커녕, 고발당하거나 비난받았음을 우리는 잘 알고 있다. 자신들이 용기를 내지 못했다는 사실을 보여 주는 산증인이 바로 이들 민권운동가들이었기 때문에 그랬던 것 아닐까? 하지만 용기를 내지 못했던 사람이라면 용기를 냈던 사람들을 나쁘게 볼 것이 아니라, 그들에게 최소한의 존경심이라도 표명하는 것이 마땅하지 않을까?

영웅을 필요로 하지 않는 나라에 살고 있어서 굳이 용기를 낼 필요가 없었던 사람들 역시 그런 나라에 살게 된 것을 행운으로 생각하고 감사해야 한다. 인류 역사에서 평화, 자유, 민주주의, 법치주의가 그냥 주어진 적은 거의 없었다는 점, 지금도 그것들을 쟁취하기 위해 세계 곳곳에서 수많은 사람들이 치열한 투쟁을 벌이고 있다는 점을 나는 독자들에게 분명하게 인식시키고 싶다. 현재 60년 넘게 유지되고 있는 독일 헌법은 소중한 것이다. 그러나 헌법이 저절로 유지되는 것은 아닌 만큼, 우리가 잘 가꾸고 돌보아야 한다.

다행스럽게도 지금은 헌법을 지키기 위해 대단한 용기를 내거나, 영웅적인 용맹을 발휘할 필요가 없다. 약간의 참여의식과 시민으로서의 용기만 있으면 된다. 하지만 그러기 위해서는 적어도 정말로 용감했던 사람들에게 자극을 받아야 할 것이다.

자유를 위한 투쟁이 얼마나 험난했는지가 자주 망각되기 때문에 그것을 다룬 이야기들도 지루하게 느껴질 때가 많다. 사실 그런 이야기가 뭐 그리 흥미롭고 스릴이 있겠는가? 게다가 우리는 모두 평화, 자유, 인권에 찬성한다. 그것에 반대하는 사람을 우리는 진지하게 받아들이지 않는다. 또 자유를 위해 투쟁한 사람들은 결국 많은 것을 얻게 된다. 그들은 명예를 얻고 상과 존경과 엄청난 액수의 후원금을 받는다. 또 그들이 쓴 책은 날개 돋친 듯 팔린다.

이 책에 소개된 많은 사람들은 벌써 오래전에 자신들의 의지를 관철시켰고, 거의 모든 사람들에게 인정받는 사람이 되었으므로 그렇게 생각할 수도 있겠다. 알리스 슈바르처의 경우만 봐도 그렇다. 과거 그녀를 비난했던 사람들도 이제는 모두 그녀를 성인처럼 대한다.

자유를 위해 투쟁한 다른 이들과 마찬가지로 알리스 슈바르처 역시 초기에는 많은 사람들에게 논란의 대상이 되었고, 적대시되었다. 그녀는 비난과 조롱을 받았으며, 협박을 당하기도 했다. 그렇기 때문에 이 책에 소개된 사람들은 모두 그녀만큼이나 용감하고, 자의식이 뚜렷하고, 추진력과 일관성이 있으며, 인내심이 엄청난 사람들이다.

자유, 평화, 인권은 하늘에서 내려 주는 게 아니다. 위험을 무릅쓰고 싸우며 분열, 다툼, 증오를 이겨 내야 쟁취할 수 있는 것들이다. 그러므로 자유를 위한 투쟁은 결코 낭만적이지 않다. 후대의 사람들이 그들을 영웅화하거나 신격화하려는 경향이 있긴 하지만, 자유를 위해 투쟁한 운동가들은 기실 영웅도, 무결점의 기사도 아니다. 그들을 가리고 있는 장막을 벗겨 내면 그들의 본모습을 더 잘 볼 수 있을 것이다.

그런 의미에서 이 책은 지금도 논란의 중심에 서서, 끝도 없고 성공하리라는 보장도 없는 투쟁을 벌이고 있는 아얀 히르시 알리의 이야기를 가장 먼저 다뤘다. 그녀에 대한 평가는 양 극단을 오간다. 하지만 그녀를 옹호하는 사람은 좋은 사람이고, 그녀에게 반대하는 사람은 나쁜 사람이라고 단언할 수는 없다. 세상일이라는 것이 절대 그리 단순하지가 않다. 후일 투쟁이 승리하거나 실패하고 난 다음에는 그런 식의 분류가 훨씬 더 쉬울 것이다. 그러나 지금 그녀를 반대하는 사람들도 몇 십 년이 지나면 그녀가 자유를 위해 투쟁한 인권운동가로 역사서에 기록되리라는 것을 일찌감치 예상하고 있다.

크리스티안 뉘른베르거

# CONTENTS

용기를 낸 사람들
첫 번째 만남

# 대탈출을 감행한 아프리카 소녀 | 아얀 히르시 알리 *Ayaan Hirsi Ali*

1969년 소말리아의 모가디추에서 태어남 • 1979년 모가디추에서 추방당해 에티오피아로 출국, 나중에 케냐의 나이로비로 건너감 • 영국식 무슬림 여학교를 다님 • 비서 교육을 받음 • 1992년 독일을 경유하여 네덜란드로 도피 • 1995년부터 정치학을 공부, 졸업 후 와이아디 베크만 재단에서 연구원으로 일함 • 2003년 네덜란드의 우익정당 자유민주당(VVD) 하원의원으로 당선 • 2005년 『타임』지에서 발표한 '세계에서 가장 영향력 있는 인물 100인'에 선정됨 • 2006년 네덜란드 국적과 관련해 시민권 박탈 논란에 휩싸임 • 미국으로 이민하였으나 2007년 미국에서 네덜란드로 강제 귀국당함

*
**

2004년 11월 2일 아침, 영화감독 테오 반 고흐는 희뿌연 암스테르담의 거리를 지나고 있었다. 자전거를 타고 회사에 출근하는 길이었다. 그런데 그때 린나우 가의 어느 집에서 회색 우비에 검은색 모자를 쓴 남자가 불쑥 나타나 고흐를 향해 총을 발사했다.

네덜란드의 유명 예술가인 고흐는 중상을 입고 자전거에서 넘어져 다리를 끌며 도로를 걷다가 쓰러졌다. 범인이 그를 뒤따라가 그의 몸 위로 조용히 허리를 숙인 채 살려 달라고 애원하는 그의 목소리를 듣고 있었다. "우리 대화 좀 하면 안 될까요?" 바닥에 쓰러진 고흐는 숨을 몰아쉬며 그에게 물었다. 모자를 깊게 눌러 쓴 범인은 아무런 대답도 하지 않고 고흐에게 다시 총을 겨눴다. 고흐는 힘겹게 비명을 질렀다. "제발, 그러지 마세요. 제발!" 그러나 범인은 고흐의 몸에 총을 네댓 발 더 쏘고, 외투 안에서 긴 칼을 꺼내 고흐의 목을 벴다. 그러고는 칼을 하나 더 꺼내 고흐의 가슴을 찔렀다. 그 칼에는 아얀 히르시 알리 Ayaan Hirsi Ali 앞으로 쓴 다섯 장의 편지가 붙어 있었다.

나중에 밝혀진 사실이지만, 살인범의 편지에는 테오 반 고흐와 아얀 히르시 알리가 이슬람을 모욕했다는 글이 적혀 있었다. 범인은 범행 현장을 벗어나 오스터 공원 쪽으로 천천히 걸어가면서 침착하게 총알을 새로 장전했다. 그곳을 지나가던 여자가 그를 향해 소리를 질렀다. "그러면 안 돼요!" 그러자 살인범이 그녀에게 말했다. "안 되긴 뭐가 안 돼. 앞으로 무슨 일이 벌어질지 너희는 곧 알게 될 거야." 그런 다음 그는 태연히 걸어갔다.

곧 경찰이 출동하리라는 것을 알고 있었지만, 그는 도망갈 생각을 하지 않았다. 그는 경찰과 혈투를 벌이다 죽어서, 이른바 성전의 전사가 되기를 꿈꾸었던 것 같다. 하늘나라에서 보상을 받는 순교자나 영웅이 되는 꿈 말이다. 그러나 그의 마지막 소원은 이뤄지지 않았다. 경찰은 그를 총살하지 않고, 저항 불능의 상태로 제압해 신분을 확인했다. 그는 암스테르담에서 태어난 모로코계 네덜란드인 모하메드 B였으며, 2005년 7월 종신형을 선고받았다.

테오 반 고흐는 왜 살해되었을까? 또 아얀 히르시 알리는 무슨 잘못을 했던 것일까? 이 두 사람은 종교를 비판하는 단편영화를 함께 만들었는데, 이 영화에는 여자를 비하하는 내용의 코란 글귀가 몸에 새겨져 있는 여배우가 등장한다. '복종'이라는 제목의 이 영화에는 어느 무슬림 여인이 알라신에게 기도하는 장면이 나온다. 그녀는 지난 수백 년간 지켜 오던 기도할 때의 모습, 즉 눈을 아래로 내려뜨는 모습이 아니라, 위로 치켜뜬 채 신을 향해 이제는 더 이상 복종하고 싶지 않다고 말한다.

테오와 아얀은 종교에 대한 비판을 외교적 언사를 빌려 공손하게 표현하는 방식을 취하지 않았다. 그들은 상대방에 대한 존경을 표시하는 유럽-이슬람 간의 대화 형식을 따르지 않았고, 객관성을 띠는 학술 용어도 사용하지 않았다. 상대의 '종교적 감정'을 배려하지도 않았고, 차별적인 언사나 행동도 굳이 피하려 하지 않았다. 이들은 계몽주의 이후 유럽에서 흔히 해 오던 대로 거리낌 없이 자유의사를 표명한 것이다.

그러나 특히 이슬람 문제를 다룰 때는 그런 짓을 해서는 안 된다는 것이, 절대로 그렇게 해서는 안 된다는 것이 모하메드 B의 확고한 소신이었다. 이슬람 신자든 아니든, 이슬람 국가든 아니든 간에 말이다. 따라서 그의 기준에서 보면 테오 반 고흐는 죽여 마땅한 인물이었고, 아얀 히르시 알리도 살생부에 이름을 올려야 할 사람이었다.

아얀은 자신이 죽음을 동경하고 있는 것이 아니냐는 질문을 종종 받았다고 자서전에서 밝혔다. 그녀는 죽고 싶지 않다고, 계속 살고 싶다고 했다. 하지만 "반드시 세상에 알려야 할 것들이 있고, 그런 것에 대해 침묵하면 불의를 저지르는 자들과 공범이 되는 때도 있다."라고 그녀는 쓰고 있다. 그녀는 위험한 일이라는 것을 잘 알고 있었기에 영화에 참여한 사람들 명단에서 고흐의 이름을 지우려고 했다. 그러나 화가 난 그는 다음과 같이 말하며 그런 제안을 거절했다고 한다. "만약 영화에 내 이름이 오르지 못한다면 네덜란드는 더 이상 내가 아는 네덜란드가 아니다." 그의 죽음으로 네덜란드가 더 이상 그가 아는 네덜란드가 아니라는 게 여실히 드러났다.

유럽은 과거의 모습 그대로인가? 아니면 이제 유럽에서 이슬람을 공개비판하는 것이 죽음을 각오해야만 하는 일이 되었나? 테오 반 고흐가 살해되기 전까지 많은 유럽인들은 그런 문제를 별로 심각하게 생각하지 않았다. 그러나 고흐의 죽음 이후, 배경이나 출신이 다른 사람들이 함께 모여 살면서 겪는 평범한 갈등과는 완전히 다른, 더 깊고 비밀스러운 뭔가가 있다는 것을 사람들은 인식하게 되었다. 아얀은 바로 그런 인식을 유럽인들에게 전파하는 몇 안 되는 사람들 중 한 사람이다. 이제 그녀는 목숨을 담보로 일을 하고 있다. 그녀는 어떻게 하다가 그런 활동을 하게 되었을까? 그런 확고부동한 결심을 하게 된 동기는 무엇일까?

오랫동안 우리는 우리와 함께 어울려 사는 무슬림들이 사회에 적응하고, 때가 되면 우리와 융화되리라고 막연히 생각해 왔다. 디아스포라 속에서 이슬람은 점차 그 의미와 중요성을 잃어버리게 될 것이고, 소수가 된 무슬림이 자신들의 종교를 서방세계 속의 삶에 적용시키는 일도 점점 줄어들 것이라는 게 많은 사람들의 생각이었다. 그런데 그 반대 현상이 일어났다.

뉴욕의 쌍둥이 빌딩이 무너져 약 3000명의 무고한 목숨이 희생되는 사건이 일어난 후, 이제 세계 곳곳에서 이슬람의 핏자국을 볼 수 있다. 테러 공격이 발생하면 유럽의 언론이나 정부의 담화문 혹은 정치가의 성명서에는 몇몇 극단주의자들이 종교를 도구화하여 빚어진 참극이라는 말이 단골로 등장한다. 그리고 서방세계가 이라크를 침략한 것이, 관타나모와 아부그라이브 수용소에서 죄수들을 고문하고 모욕하면서 그들이 믿는 가치를 짓밟아 버린 일이 무슬림들을 자극하여 사건의 원인을 제공했다는 분석도 나온다.

그러나 미국의 이라크 침공이 쌍둥이 빌딩 폭파 사건의 불씨가 되었다는 분석은 논외로 하더라도 무슬림의 도발을 서방세계의 탓으로만 돌리는 것은 너무도 잘못된 생각이라고 아얀은 주장한다. 테러가 표면상으로는 중동지방과의 갈등에서 빚어진 것처럼 보이지만, 이것은 진짜 이유가 아니라는 것이다. 무슬림들은 사실 그런 것과 전혀 다른 것들을 겨냥하면서, 그것을 구실로 삼았을 뿐이라는 것이다. 예술의 자유, 표현의 자유, 국가와 교회의 분리, 동성애자, 여성의 인권, 계몽, 유대인, 합법적인 국가와 민주주의 같은 것에 대한 반대,

즉 서방세계가 성스럽거나 적어도 고귀한 것으로 평가되어야 한다고 생각하는 것들의 가치에 대한 반대가 테러의 진짜 이유라는 것이 그녀의 분석이다. 그러므로 이슬람에 맞서 그런 가치를 지키려고 하는 사람은 극우파나 반反이슬람주의자가 아니라, 평범한 민주주의자라는 것이다.

그녀의 친구인 고흐는 자신의 생각을 직설적·선동적·도전적으로 말하고, 상대에게 반발을 일으키거나 모욕감을 주는 식으로 말하는 버릇이 있었다. 그는 무엇이든 그렇게 말했다. 미국이나 이스라엘에 대해 말할 때도 그랬고, 이슬람에 대해서도 마찬가지였다. 그런 자신의 행동에 대해 그는 스스로 '똥고집'이라고 말했다. 그런 성격 때문에 네덜란드에 살고 있는 무슬림들의 미움을 사고, 네덜란드 사람들한테도 비난을 받으리라는 것을 그는 잘 알고 있었다. 그런데도 그가 그런 태도를 고수한 것은 네덜란드인과 무슬림이 함께 살아갈 방안에 대한 토론이 이뤄지기를 바라는 마음이 컸기 때문이다. 그런 그의 소망 앞에서 많은 것이 금기시·도외시되었고, 거짓과 속임수가 난무했다.

그는 살해 협박을 받기도 했지만 그것을 심각하게 생각하지 않았다. 아마도 그는 자신이 조롱했던 무슬림들이 자신의 표현보다는 더 나은 사람들일 거라고 생각했던 것 같다. 자기가 살고 있는 나라에서 말 몇 마디 한 것이 그들에게 그토록 큰 상처를 주고 자신의 목숨까지 앗아갈 것이라고는 생각지도 못했을 것이다. 그것은 그와 같은 국적을 가진 네덜란드인들에게는 상상조차 할 수 없는 일이었다.

네덜란드에서는 어떤 사람이 누군가로부터 모욕을 받았다고 느끼면 법에 호소한다. 그러면 그 모욕적인 표현이 자유의 범주 안에서 허용되는 정도인지를 법이 판단한다. 만약 한계를 넘었다는 판결이 나오면 당사자는 벌금을 내고, 앞으로는 그런 모욕적인 짓을 하지 않겠다고 약속하면 된다. 네덜란드에서는 지금까지 그렇게 했다. 다른 모든 유럽 국가에서도 마찬가지다.

그런데 이제는 중요한 주제에 대한 토론을 벌일 때 풍자, 반어법, 캐리커처, 자극과 같은 과장된 방법을 사용하는 사람은 죽을 각오를 해야만 한다. 자신의 원칙에 따라 무력을 행사하고, 두려움과 공포를 확산시켜 결국 자신의 뜻을 관철하려는 사람들이 있기 때문이다. 이것이 유럽에서 일어난 새로운 변화다. 이제 이 상황을 어떻게 타개해야 하나?

이 질문에 대한 대답에 많은 것들이 달려 있다. 유럽에는 약 2천만 명의 무슬림이 살고 있다. 우리는 기꺼이 그들과 더불어 살아가고 싶지만, 그들 삶의 판단 기준이 오로지 코란이라면 그것이 과연 가능할까?

2001년 9월 11일 일어난 뉴욕의 쌍둥이 빌딩 폭파 사건이 예외적인 과실이 아니라, 서방세계에 대한 이슬람 문화의 조직적 공격의 일환이었다면? 무슬림과 평화롭게 살기 위해 우리의 자유를 제한하는 대가를 치러야 한다면? 그에 따라 이슬람에 대한 비판을 자제하고, 예술과 표현의 자유를 제한해야 한다면? 유럽의 입장에서 보면 이런 행동들은 자포자기이자 테러에 대한 항복이 아닐까?

소말리아 출신으로 네덜란드 라이덴에 살고 있던 32살의 무슬림 아얀 히르시 알리 역시 쌍둥이 빌딩이 무너지는 모습을 텔레비전으로 지켜보면서 같은 질문들을 스스로에게 던졌다. (쌍둥이 빌딩 폭파 사건 3년 후에 그녀는 살인범 모하메드 B가 보낸 편지의 수신자가 되었다.) 빌딩 폭파 사건은 서방 문화와 이슬람 문화 사이의 관계에 있어서뿐 아니라, 아얀의 삶에서도 큰 전환점이 되었다. 그녀는 폭파 사건의 의미를 묻는 질문에 다른 많은 서구 지식인들과는 전혀 다른 답변을 내놓았다.

"이것은 종교에 의해 저질러진 사건이다. 이것이 바로 이슬람이다. 몇몇 극단주의자들이 종교를 오용해 저지른 만행이 결코 아니다. 이슬람을 믿는 국가에서는 종교 투사鬪士의 영웅적 행위라며 이 사건을 자축하고 있다. 내가 믿는 종교인 이슬람의 이름으로 선전포고를 한 것이다."

실제로 아얀 히르시 알리는 사건이 일어난 날 저녁 네덜란드 텔레비전을 통해 네덜란드의 젊은 무슬림들이 자축하는 것을 보았다. 다른 나라의 무슬림들도 자신들이 승리했다며 기뻐했다. 기쁨에 겨워 거리로 뛰쳐나와 춤을 추던 사람들은 알 카에다가 아니었고, 탈레반이나 급진 이슬람주의자들도 아니었다. 그 사건이 일어난 후 며칠, 아니 몇 주일이 지나도 무슬림 측의 반성은 없었다.

반면 서방세계에서는 스스로를 비판하는 말들이 넘쳐 났다. 아얀 히르시 알리에게는 당시 서구의 칼럼니스트, 기자, 정치가, 지식인들이 심각한 고뇌에 빠진 것처럼 보였다. 그들은 테러범들을 이해하려고 노력하면서, 이 사건을 지난 수십 년간 미국과 같은 초강대국과 그 밖의 다른 나라에 억눌리고 절망하고 조롱당한 이슬람인들이 극도의 증오심에 휩싸여 맹목적으로 반발한 사건으로 해석하려 했다는 것이다. 이 사건을 정치 문제로 국한시키려는 이들도 있었다. 또 이 사건은 십자군전쟁, 노예제도, 식민지, 제국주의, 미국의 중동 점령, 석유 문제와 같은 과거 서구의 잘못에서 비롯되었다고 설명하려는 이들도 있었다. 이런 관점에서 좀 더 사려 깊은 정치를 하라고 미국에 요구하는 사람들도 있었다. 그리고 매번 이슬람에 대해 획일적인 편견을 갖지 말자는 다짐도 터져 나왔다.

서구에서는 무슨 일이든 원인을 자기 탓으로 돌리도록 교육하는데, 이러한 서구의 교육을 받지 않고 자란 소말리아의 무슬림 아얀 히르시 알리는 아무런 선입견 없이 그 사태를 지켜봤다. 그녀는 이슬람 세계에 대해 서양의 많은 지식인들보다 더 잘 알고 있었기 때문에 어느 날 오사마 빈 라덴이 텔레비전에 나와서 하는 말을 다른 시각으로 보았다. "이교도를 보는 즉시 그들의 목을 쳐라. 어디서든 그들을 발견하면 즉각 사살하고 체포하고 포위하고 잠복해 처단하라." 그 말은 정신이상자의 말이 아니라 예언자 모하메드가 한 말이었다. 그런 말이 코란(예를 들어 제9장 4~5절)에 적혀 있는 것이다.

소말리아뿐만 아니라 사우디아라비아, 에티오피아, 케냐에서도 살았던 그녀는 무슬림 문화 속에서 코란에 나온 말들을 철저하게 믿는 신앙심 깊은 무슬림으로 자랐다. 그녀는 오사마 빈 라덴의 그 말이 세상의 모든 무슬림들이 거룩한 경전이라고 믿는 코란에서 나왔다고 확신했다.

쌍둥이 빌딩이 무너진 후 아얀 히르시 알리는 네덜란드에서 개최된 수많은 토론 현장을 찾아가, 그 어떤 것으로도 막을 수 없는 이슬람 원리주의자와 극단주의자들의 위험성을 유럽인들에게 공개적으로 경고했다. 많은 사람들이 의아해했다. 친한 친구들조차 그녀를 비난했다. 가톨릭도 자신들이 옳다고 믿는 신앙에 가해지는 비판을 수용하지 않았기에 성경에 피비린내 나는 구절이 많이 나오는 것 아니냐고, 교회의 역사는 결국 인간에 대한 폭력, 범죄, 거짓, 탄압, 착취의 역사가 아니냐고 그녀를 힐책했다.

아얀 히르시 알리는 기독교가 지난 수백 년간 교회를 비판하는 사람을 죽이지 않았다는 것을 상기시킴으로써 그러한 비난을 반박했다. 기독교인들은 아무런 위험 없이 교회를 탈퇴할 수 있고, 또 교회법이 아니라 공평무사한 세속의 법률을 따르지 않느냐는 것이다. 지난 여러 세기에 걸쳐 벌어졌던 피비린내 나는 교회의 역사와 수많은 실패 역시 많은 사학자와 신학자들에 의해 광범위하게 조사되어 기록으로 남겨졌고, 여러 교회 구성원들의 엄중한 자아비판을 받지 않았느냐는 것이다. 기독교 성직자나 신학자들은 이미 오래전부터 성경이 어느 날 문득 하늘에서 뚝 떨어진 책도 아니고, 신이 한 말을 그대로 받아 적어 놓은 것도 아니라는 점을, 즉 성경은 인간에 의해 비판적 시각으로 점검되고 객관화되었으며, 늘 최신의 학문적 인식을 토대로 새롭게 해석되는 인간의 작품이라는 점을 인정하고 있지 않느냐는 것이 그녀의 반박이었다.

그런데 이슬람은 그런 과정을 거치지 않았다. 이슬람도 그런 과정을 거친다면 무슬림, 기독교인, 불교인, 힌두교인, 무신론자들이 유럽 혹은 전 세계에서 다른 사람들과 화합하며 잘 살 수 있을 것이라고 아얀 히르시 알리는 확신한다. 그러나 이슬람이 계몽의 단계를 거치는 것을 거부하고, 서구인들이 점점 확산되어 가는 이슬람에 저항하지 않는다면 언젠가는 유럽이 민주적인 헌법이 아니라 이슬람 율법 아래 놓이게 될 것이라고 그녀는 경고한다.

일찍이 유럽에서 어느 누구도 하지 않았던 말을 함으로써 그녀는 사회민주주의자와 자유주의자들의 격렬한 반발에 직면했고, 무슬림의 증오까지 받게 되었다. 그녀는 네덜란드 텔레비전 대담 프로에 자주 출연했고, 신문에도 종종 글을 게재했으며, 인터뷰도 많이 했다. 그런 까닭에 늘 살해 위협과 협박 편지에 시달렸다.

이후 아얀 히르시 알리는 네덜란드 사회민주주의 노동당에 가입했고, 당에서 운영하는 와이아디 베크만 재단 학문 연구소에서 연구원으로 일했다. 그러나 그곳에서 그녀가 자신의 소신 때문에 엄청난 비난을 받기까지는 그리 오랜 시간이 걸리지 않았다.

사회민주주의 정치의 이념은 관용을 베풀고, 다른 문화와 종교를 원칙적으로 수용하고 존중하며, 상대를 우호적으로 대하고, 각자의 독자성을 인정하고 보호해 주는 것이다. 그러므로 네덜란드에서 무슬림은 사원뿐만이 아니라 공동묘지, 도축장, 주민센터, 학교, 사회복지시설 그리고 아랍·모로코·터키 방송까지 볼 수 있도록 위성시설을 갖춘 임대주택을 제공받는다. 네덜란드의 사회민주주의자들은 그런 조치들이 네덜란드 사회가 외국 문화를 받아들이고, 그들과 화합하며 살아가기 위한 전제조건이라고 본다. 친절하게 대해 주면, 상대도 친절하게 반응할 것이라고 믿는 것이다.

그러나 아얀 히르시 알리는 근본적으로 생각이 다르다. "위성시설은 이주민들에게 무슬림의 영향력을 확산시키는 도구가 되고, 사회복지시설 및 주거지 제공은 네덜란드 안에 거대한 이슬람 단지를 만드는 초석이 될 것이다. 또한 무슬림 학교는 사회통합을 적대시하는 무슬림 교육을 뒷받침해 준다. 무슬림 이주민들을 위해 마련된 기반 시설들은 네덜란드어를 배우고 새로운 문화를 받아들여 네덜란드에서 적응하려는 의욕을 떨어뜨리고, 무슬림들끼리 하나의 사회를 만들어 독자적으로 살아갈 수 있게 해 준다."고 그녀는 말했다. 네덜란드인들은 무슬림으로부터 자신들이 기대하는 존경과 우정이 아니라, 적대와 조롱을 받는 셈이다.

아얀 히르시 알리는 네덜란드의 난민촌에 수용된 후 뭔가 쓸모 있는 일을 해야겠다는 생각이 들었다. 그래서 그녀는 갈등 상황에 빠진 사람들을 돕는 일, 통역하는 일, 중재하는 일, 기타 이런저런 잡일에 참여하였고, 스스로 돈을 벌기 위해 청소 일을 했으며, 난민촌 수용민들의 실상을 전하는 일도 했다. "소말리아인들은 일을 하지 않아요. 그들은 망명 신청소를 찾아와 빈둥대며 놀거나 뭘 먹는 것 말고는 아무것도 하지 않아요. 자전거 타는 법을 배우거나, 야심을 가지고 공부하거나 일하는 사람은 불과 몇 명 되지 않고, 나머지는 그저 한데 모여 네덜란드에 대한 불평불만만 늘어놓지요. 그렇게 많은 소말리아인들이 사회복지 혜택을 받으면서도 자신들을 도와주는 사회에 불만을 품는다는 게 난 너무 부끄러웠어요."라고 그녀는 말했다.

많은 소말리아인들은 열심히 노력해 개방적인 나라 네덜란드가 제공하는 기회를 잡으려 하지는 않고, 자기들이 신분이 높은 계층 출신이라며 근거 없는 자부심에 젖어 있을 뿐만 아니라, 시시한 백인들보다 모든 면에서 더 우수하다고 주장한다. "입에서 돼지 냄새나 풀풀 풍기는 버스 운전사 주제에 어디서 감히 나한테 이래라저래라 명령을 하는 거지?" 그녀는 그곳에서 이런 말을 숱하게 들었다고 했다.

일상생활에서도 그런 태도를 자주 목격할 수 있었다. 소말리아인들과 만나는 모임이 저녁 늦게까지 이어졌을 때, 그녀가 내일 아침 일찍 일어나야 한다며 먼저 자리에서 일어나게 되어 미안하다고 말하면 백인처럼 군다는 말과 함께, 도대체 자신을 어떤 사람이라고 생각하고 있느냐는 조롱 섞인 질문을 받았다.

아얀 히르시 알리는 네덜란드의 난민촌과 무슬림 정착촌에서의 경험을 통해 어떤 결론을 내렸을까? 그녀는 네덜란드가 난민과 이주민들을 대하는 정책을 바꿔야 한다고 주장한다. "이주민들을 위해서라도 네덜란드는 그들에게 더 많은 것을 요구해야 한다. 사회민주주의 정치는, 애초에 의도한 바는 아니었겠지만, 이주민들이 교육·계몽·학문·비평·자유·평등과 관련해 스스로 주체적인 결정을 내리지 못하게 만드는 위험요인이 되고 있다. 그러므로 모든 이주민의 자녀들에게 유럽식 교육을 받게 하고, 출신 성분이나 종교에 관계없이 네덜란드 법을 모두에게 공평하게 적용해야 한다."

법이 두 종류로 나뉘어서는 안 된다고 아얀 히르시 알리는 역설했다. "여자를 때린 네덜란드 남자는 법적 처벌을 받지만, 무슬림 이주자는 아무런 처벌도 받지 않는 것은 부당하다. 네덜란드에 살고 있는 무슬림들이 어린 소녀와 결혼하기 위해 고국에서 미성년자를 강제로 데려오는 짓을 묵과해서는 안 된다. 아프리카와 아랍 혈통의 사람들이 네덜란드에서 태어난 소녀의 운명을 결정짓는 것을 더 이상 방관해서도 안 된다. 가문의 명예를 위해 처녀성을 지켜야 한다는 명분을 네덜란드에 그대로 갖고 와 이곳에서도 똑같이 적용하려는 것을 더 이상 용인하면 안 된다. 여성의 생식기를 잘라 내고 작은 구멍만 남겨 둔 채 다시 꿰매는 할례, 그것에 반항하는 여자들에게 가해지는 잔인한 뭇매, 결혼 전에 이성 교제를 한 여자에 대한 폭력, '명예살인'으로까지 이어지는 이 모든 행위들은 억압적인 이슬람 성도덕에서 비롯되는 부수적인 현상이다. 이슬람 여자가 강간을 당하면 강간범이 처벌을 받는 게 아니라, 강간을 당한 여자가 처벌을 받는다."

그런 모든 부조리에 대해 아얀 히르시 알리는 목청을 높였다. "이주민의 종교와 문화에 대한 네덜란드의 배려, 소수민에게 관용을 베풀고 그들을 존중하려는 네덜란드의 개방적 태도는 바람직하지만, 무슬림은 그런 관용과 존중에 화답하지 않는다. 현재 펼쳐지고 있는 정책들은 무슬림 각자가 자신들의 게토Gettos에서 벗어나지 못하게 가로막는 것이나 마찬가지이므로 그들에게 굳이 그런 배려를 해 줄 필요가 없다. 무슬림 여자들에게는 남자들과 동등한 권리를 갖고, 자기 삶을 스스로 결정할 권한이 전혀 주어지지 않는다."

네덜란드의 사회민주주의에서 이런 견해를 갖고 있는 사람은 아직 별로 없다. 아얀 히르시 알리가 종교에 대해 이처럼 비판적으로 말하면 사회민주주의당이나 자유당, 문화 다양성에 우호적인 반응을 보이는 여타 정치 집단에 속한 사람들은 그녀의 말을 외국인을 혐오하는 극우파의 주장으로 받아들인다. 그런 반응을 인식하면서 아얀 히르시 알리는 자신의 사명이 무엇인지를 깨닫게 되었다. 그것은 무관용에는 관용을 베풀지 말 것을 네덜란드인 혹은 모든 유럽인들에게 인식시키는 것과, 서구의 민주주의를 믿으며 선의를 베푸는 서방세계 사람들에게 이주민의 종교에 대한 자유를 보호하고 우호적인 인내심을 발휘하는 것은 서양의 이슬람화, 다시 말해 서양의 비민주화와 신권 정치화에 막대한 영향을 끼치는 일임을 인식시키는 것이었다.

그런데 이렇게 하려면 결국 이슬람에 대해 비판적 견해를 내놓지 않을 수 없다. 하지만 이것은 인종차별의 문제가 아니라 종교비판의 문제이고, 외국인 혐오가 아니라 민주주의의 신봉에 대한 문제이며, 소수에 대한 증오가 아니라 진실에 대한 사랑의 문제이다. 유럽인들은 자기들이 믿는 종교의 지도자들에게 요구했던 것과 똑같은 것을 이슬람 지도자들에게도 요구해야 한다. 종교의 절대성 주장에 대한 비판, 교리적 주장에 대한 의심, 경전에 대한 비판적 시각의 학문 연구, 경전의 기원과 형성 그리고 역사적 사실 관계에 대한 의문 제기,

비기독교 원전이나 비이슬람 원전 또는 고고학이나 다른 학문적 증거들의 참고 및 접목과 같은 방법으로 이슬람 경전의 특정 진술들을 점검해야 한다.

기독교 신학은 이런 작업을 이미 오래전부터 실행에 옮겼고, 지금도 진행 중이다. 그런 까닭에 성서에 대한 다양한 해석이 가능해졌다. 무엇보다도 기독교 성직자들은 성경이 하늘에서 뚝 떨어진 책이 아니고, 집필자들이 신의 음성을 듣고 그대로 받아 적은 것도 아니며, 성경의 모든 구절이 인간에 의해 기록되었다고 말할 수 있게 되었다. 이것을 달리 말하자면, 성경 집필자들도 우리처럼 흠이 있는 인간이고, 생존 당시의 시대 상황에 영향을 받았다는 것을 의미한다. 그러므로 우리는 성경의 글귀를 있는 그대로 받아들일 것이 아니라, 우리 시대에 맞게 해석한 후 받아들여야 한다. 마찬가지로 무슬림에게도 코란을 그렇게 다뤄 줄 것을 요구해야 한다고 아얀 히르시 알리는 말한다.

게다가 유럽에서 무슬림들은 어느 누구도 절대적 진리를 갖고 있지 않다는 것이 절대적 진리라고 말하는 나라에서 살고 있다. 따라서 그 누구에게도 절대적인 요구를 할 수 없다. 무슬림이라 하더라도 이것을 따라야만 한다. 어떤 규칙이 유효한지는 투표에 의해 민주적으로 결정되어야 하고, 소수는 다수의 결정을 수용해야 한다. 물론 이렇게 결정된 다수의 의견이 많은 서구 헌법에서 엄격한 규범으로 간주되는 특정 원칙들을 손상시켜서는 안 된다.

예를 들어 가톨릭 신도나 성직자들은 교리에 따라 낙태를 반대하지만, 많은 유럽 국가에서 정한 낙태 관련법을 지키며 살아간다. 종교적인 측면에서 보면 그것은 살인이고, 처벌을 받아 마땅한 일이다. 그러나 민주주의 체제하에서 다수가 낙태를 찬성했다면, 이는 경우가 다르다. 낙태가 물론 권장할 만한 일은 아니지만, 그렇다고 해서 낙태한 사람을 재판할 수는 없는 것이다. 가톨릭교회는 낙태가 올바르지 않다는 자신들의 입장을 공개적으로 표명하지만, 그렇다고 해서 권력이나 무력을 이용해 반대되는 결정을 한 다수에 맞서 싸우려고 하지는 않는다. 그렇게 그들은 공정한 법에 복종한다. 바로 이런 점을 무슬림에게도 요구해야 한다는 것이 아얀 히르시 알리의 주장이다.

더 나아가 서구의 여러 공정한 국가에서는 표현의 자유, 언론과 출판의 자유, 예술의 자유가 허용된다. 그렇기 때문에 독일에서는 군인을 살인자라고 모욕하는 것도 가능하다. 교회와 성직자를 풍자하기도 하고, 기독교의 믿음을 공개적으로 조롱하거나 비난하기도 한다. 기독교인들 역시 표현이나 예술의 자유를 개개인의 종교관보다 더 중요한 것으로 인식하므로, 그런 모욕도 어쩔 수 없는 것으로 받아들인다. 교회는 그런 상황에 대해 인내심을 발휘하고, 그런 상황과 함께 살아가는 법을 터득했다. 심지어 교회는 저급한 증오심에서 비롯된 모욕에 대해서는 품위 있게 침묵하고 여유롭게 무시하는 태도를 취함으로써 대중의 지지를 얻을 뿐 아니라, 과도한 모욕을 가한 자가 순식간에 망각의 늪 속에 빠지도록 만드는 방법까지 알게 되었다. 이슬람도 그런 방법을 배우든가, 아니면 유럽을 떠나든가 해야 한다.

네덜란드 사회민주주의당의 당원이었던 아얀 히르시 알리는 그런 강경한 주장이 받아들여지지 않자, 2002년 자신의 정치적 요구가 더 잘 받아들여지는 극우파 자유민주당으로 당적을 옮겼다. 그리고 2003년 하원의원 선거에 출마해 당선되었다. 이제 그녀는 네덜란드를 넘어 다른 나라에까지 이름이 알려진 공인이 되어 많은 사람들의 관심을 받게 되었다. 그러나 그녀는 논란이 되는 발언을 자주 하는 정치인이었으므로 항상 경찰의 신변보호를 받아야 했고, 거주지도 계속 옮겨야 했다.

그녀는 개인사적으로도 숱한 우여곡절을 겪었는데, 이 과정에서 독실한 무슬림이었던 그녀는 유럽의 진보적 사고를 옹호하기 위해 투쟁하는 무신론자로 변신했다. 만일 점쟁이가 1969년 소말리아의 수도 마가디슈에서 태어난 그녀를 보고, 그녀의 미래를 정확히 예언했다고 하더라도 그녀의 가족은 아무도 그것을 믿지 않았을 것이다.

"오스만 마무드, 우리 아버지가 속한 부족의 이름이다. 나도 그 부족에 속한다." 움막에서 아버지 없이 자란 어린 시절에 그녀는 그것을 배웠다. 아버지는 정치범으로 투옥된 상태였고, 어머니와 할머니가 그녀를 길렀다.

막 다섯 살이 되었을 때 그녀는 걸핏하면 때리겠다는 할머니의 협박을 받으며 300년 전 조상들의 이름까지 달달 외워야만 했고, 나중에 조금 더 커서는 족보에서 다로드의 큰 부족이 시작된 800년 전 조상들의 이름까지 외워야 했다. "그 이름들이 너를 강하게 만들 거야."라고 할머니는 늘 말했다. "조상을 잘 모시면 조상님들이 너를 지켜줘. 조상님들께 수치스러운 행동을 하면 넌 부족에서 쫓겨날 거야. 그럼 넌 아무것도 아닌 사람이 되어 아주 불쌍한 인생을 살다 혼자 외롭게 죽게 될 거야."

할머니는 옛날이야기도 종종 들려줬는데, 이야기의 주제는 항상 같았다. 명예나 수치, 부족에 복종하지 않으면 쫓겨난다는 것. 늘 그런 이야기들이 이어졌고, 다른 집에서도 상황은 다르지 않았다. 어른들은 부족 전체의 명예가 처녀의 처녀성에 달려 있다고 어린아이들, 특히 소녀들에게 강조했다. "우리는 부족의 규칙에 절대 복종해야 된다고 배웠다. 그리고 항상 남을 불신하라고, 특히 여자는 그렇게 해야 된다고 배웠다. 처녀가 처녀성을 잃으면 자신의 명예만 잃는 게 아니었다. 아버지, 삼촌, 형제, 사촌의 명예까지 더럽히는 짓이었다. 자기가 천재지변과 같은 그런 재앙의 원인이 되는 것은 이 세상 그 무엇보다도 끔찍한 일이었다."

혹시라도 모를 그런 불행을 미연에 방지하기 위해 어린 소녀의 처녀성이 결혼할 때까지 보존되도록 가족 모두가 엄청나게 신경을 쓰고, 대책을 강구한다. 그러다 보니 여자들은 사춘기 때부터 눈에 보이지 않는 '처녀성의 감옥'에 갇힌 채 집 안에서만 지내게 된다. 사우디아라비아에서는 어린 딸의 통금 조치를 강화하기 위해 집안의 먼 여자 친척을 불러 따로 지낼 방을 만들어 준 다음, 딸을 계속 지켜보게 한다. 여자는 집 밖으로 나갈 때 머리를 천으로 칭칭 감아 누군지 식별이 불가능하게 하고, 가능한 한 남자를 대동해야 한다. 그러다 보니 어머니의 외출에 10살짜리 아들이 보호자로 나서는 일도 생긴다.

처녀성을 잃은 처녀는 중고품 취급을 받는다. 결혼식을 올리기 전에 '처녀막'을 잃은 여자는 배우자를 찾을 수 없어 결국 결혼하지 못하게 된다. 가끔 '가문의 수치'를 무시하고, 강제결혼에 응하는 통 큰 남자를 배우자로 맞이하는 '행운'이 있을 수는 있다. 그러나 그런 '통 큰' 남자는 집이 찢어지게 가난하거나, 늙었거나, 그도 아니면 성생활 불구이거나 하는 악조건을 가진 남자다.

명예를 잃어버린 여자는 '햇빛에 내놓은 양기름'과 같다고 아얀의 할머니는 늘 말했다. "모두들 기름 덩어리를 손가락으로 한 번씩 쿡쿡 찔러 보지. 그러다 보면 개미가 몰려오고 벌레가 꼬여. 남자들은 그런 개미나 파리와 같아. 그들은 여자를 보면 성욕을 억누르지 못해."

아얀은 소말리아에서 일어난 시민전쟁을 피해 케냐의 난민촌으로 피난을 갔을 때, 그곳에서 강간당한 어느 여자 이야기를 들었을 때가 떠올랐다. 그때 그 여자는 남자 없이 혼자 있었기 때문에 군인들은 아무런 거리낌도 없었다. 군인들은 밤중에 그녀를 끌고 가 집단 강간했다. 아얀은 그녀를 찾아가 걱정해 주고, 그녀 대신 물을 길어다 주다가 사람들에게 욕을 먹었다. "더러운 여자니 도와주지 마라." 강간을 당했다는 이유로 그녀는 온갖 조롱의 대상이 되었다. 전쟁이 지속될수록 그런 사람이 점점 더 늘어났다.

아얀은 자서전에 이렇게 쓰고 있다. "난민촌의 난민들은 모두 무슬림이었지만, 알라의 이름으로 그녀를 도와주는 사람은 없었다. 모두가 매일 기도를 올렸다. 여자들은 움막 안에서 기도했지만, 아무도 동정을 베풀지 않았다." 강간을 당한 사람도 죄의식에 젖어 자신이 더럽다고 생각했으므로 다른 사람들이 피하는 것을 당연하게 여겼다. 모두들 이슬람식 성도덕을 고수해 아무도 가해자를 탓하지 않았다.

후일 네덜란드어를 배워 통역으로 일하면서 아얀은 네덜란드 다문화사회의 현실에 큰 충격을 받았다. 통역을 하느라 종종 경찰서에 갔던 그녀는 이슬람식 성도덕이 서구 사회와 만났을 때 어떤 끔찍한 결과를 만들어 내는지를 생생하게 보았다. 그녀 사촌 언니의 친구였던 아납의 사건 기록이 그것을 적나라하게 보여 준다.

아얀은 어느 날 사촌 언니와 함께 위트레흐트Utrecht에 있는 아납의 집에 갔는데, 그 집에서는 오줌 냄새가 진동하고 있었다. 어린아이 둘이 오랫동안 갈지 않은 것으로 보이는 기저귀를 찬 채 돌아다니고 있었고, 집 안에는 더러운 기저귀들이 여기저기 널려 있었다. 아납은 차를 한 잔 주겠다며 부엌으로 가더니 오랫동안 돌아오지 않았다.

"저기 비디오테이프들 보이지? 다 포르노야, 하드코어. 아납의 남편이 저런 비디오를 빌려 와 아납에게 같이 보자고 강요하고, 거기 나오는 기괴한 짓을 하라고 시킨대." 사촌 언니가 아얀에게 말했다.

그 말을 듣자 아얀은 경찰서에서 아납의 사건 기록을 본 기억이 났다. 아납과 그녀의 여동생 슈크리는 미성년자로 네덜란드에 건너와 이복 오빠 자이드를 찾아갔다. 그러나 두 자매의 법적 후견인 자격을 얻은 자이드는 그것을 빌미로 자매를 성적으로 학대하였고, 마침내 슈크리가 사회복지사에게 모든 사실을 털어놓아 자이드는 체포되어 수감되었다.

이 일로 인해 아납은 '명예가 없는 더러운 여자'가 되었다. 그녀의 가족과 가문 모두 명예를 잃었다. 어린 여자아이가 그런 끔찍한 일을 당해 트라우마에 시달렸으므로 정신과 치료와 함께 가족의 도움이 필요했다. 하지만 그녀는 어떤 도움도 받지 못했다. 그녀의 가족과 가문 사람들은 오직 한 가지, 가문의 명예를 다시 일으켜 세우는 것에만 관심이 있었다.

아납이 처한 문제의 해결책은 사촌과의 강제결혼이었다. 그 사촌은 이른바 '잉여인간'이었다. 보통 방법으로는 결혼할 여자를 만날 수 없는 남자 말이다. 아납의 가족이 그를 만나 말했다. "저 애를 자네가 맡아. 자네 마음대로 다 해도 되지만, 저 애한테 일어났던 일에 대해서는 비밀을 지켜야 해."

그렇게 해서 그 남자는 아납을 아내로 맞이했고, 자이드가 그랬던 것처럼 그녀를 마구 대했다. 이미 몸을 더럽힌 여자이므로 "햇빛에 내놓은 양기름 덩어리"같이 취급한 것이다. 어쨌든 그렇게 해서 아납 가족의 명예는 재건되었고, 그것으로 모든 문제는 다 해결되었다.

그러나 아얀 히르시 알리에게는 아니었다. 그녀는 이슬람식 문화에 대해 의구심을 품기 시작했다.

그런 사건을 면밀히 검토해 합리적인 결론을 도출하고, 이슬람식의 남녀 관계를 재점검하는 단체는 혹시 없을까? 아납과 같은 여자들에게 도움을 주고, 남자에게 책임을 묻도록 지원해 주는 이슬람 관청은 없는가? 성범죄를 옷차림 가벼운 여자의 탓으로만 돌리고, 여자들을 감금하고, 살갗이 밖으로 드러나지 않게 몸을 칭칭 감은 채 돌아다니게 만드는 이슬람 남자들의 명예란 대체 무엇일까?

그 뒤에 덧붙여진 그녀의 말은 서양인의 귀에는 충격적으로 들릴 수밖에 없다. “이슬람에서 남자는 숫양이라고 한다. 몸을 감추지 않은 여자를 보면 곧장 달려든다는 뜻이다.” 이슬람 문화에서 남자들은 아무것도 책임지지 않는 위험한 동물이며, 여자만 보면 자제력을 잃는 존재다. 그런데 그것은 그렇다고 믿기 때문에 받아들여진 말일 뿐이다. “무슬림 남자는 자제하는 법을 배울 이유가 없다. 그럴 필요가 없다. 그러므로 그것을 가르쳐 주지 않는다.” 그러나 여자들에게는 여자의 특정 성질이 남자를 미치게 한다는 교육을 끊임없이 시킨다. 그러므로 모든 책임은 여자에게 있다. “그래서 여자들은 몸을 천으로 감싸 겉으로 드러내 보이지 않아야 하고, 모든 것을 자기 탓으로 생각하고 부끄러워한다. 정상적으로 생활하면서 남자들의 눈에 띄지 않는 것은 거의 불가능하기 때문이다.”

아얀은 서방세계에도 질문을 던졌다.

“당신들은 왜 개입하지 않는 것인가? 민주적이고 합리적인 헌법이 있는 유럽에서 그들이 이슬람식 권리와 도덕을 적용하는 것을 왜 묵인하고 있는가? 서서히 확산되는 이슬람에 대해 왜 아무런 조치도 취하지 않는가? 이슬람의 힘에 뒤로 물러서고, 이슬람 남성연대에 무릎을 꿇는 것이 무슬림 여자들을 돕는 것이라고 생각하는가?"

다문화가 서로 어우러져야 한다고 주장하는 많은 서양의 지식인, 정치인, 포스트모던 예술가 및 소설가들은 그녀의 항의에 부정적인 태도를 취한다. 그들은 소말리아의 자유를 위해 싸우는 그녀가 이슬람 문화에 대해 지나치게 비판적이라고 지적한다. 비난을 줄이고, 좀 더 뒤로 물러선 다음 무슬림의 종교적 믿음을 좀 더 배려하라고 요구한다. 그들은 또 그녀의 선동적인 언행이 사태를 더 악화시킬 뿐이라고 비난한다. 그녀의 말이 오히려 갈등을 유발한다는 것이다.

이러한 비판에 대해 그녀는 이렇게 되묻는다.

"갈등을 유발한다고요? 성매매가 합법화되어 있고, 경미한 마약 거래가 불법이 아니고, 안락사가 허용되고, 낙태가 자행되고, 젊은 남자들이 텔레비전에서 우는 모습을 보이고, 나체로 해변을 배회하는 게 가능하고, 교황에 대해 농담을 해도 되는 이 나라에서 말입니까? 그런 나라에서 왜 하필이면 내 말이 '갈등을 유발하는 말'로 낙인찍혀야 합니까?"

그녀는 오히려 자신을 비판하는 사람들이 갈등 유발자라고 반박한다. 그들에게는 이슬람 성도덕으로 인해 희생된 사람들에 대한 동정심이 특히 부족하다고 그녀는 지적한다. 이슬람 성도덕의 허위에 대해 왜 그들은 아무런 비판도 하지 않느냐고 되물으며, 혹시 그것에 공감하는 것은 아니냐고 따진다. 그러고는 금방 이렇게 말한다. "아무도 제대로 배우지 못했기 때문이다. 오히려 그 반대로 가르쳐 왔고, 앞으로도 그럴 것이다. 코란에 적혀 있는 것만 가르치고 있다. 내가 어렸을 때부터 달달 외우고 있는 구절이 하나 있다. '여자와 남자가 옳지 않은 행위를 하면 각 100대의 채찍을 가하라. 너희가 믿는 종교의 이름으로 그들에게 절대로 동정심을 갖지 말라.'" 비행을 저지른 자에게 채찍을 가하는 것보다 그런 자들에게 동정심을 갖지 말라는 말이 더 강조된다.

왜 그렇게 해야만 하는지를 설명하는 것이, 무언가를 비판하거나 되묻는 것이 이슬람에서는 허용되지 않는다. 아얀과 다른 자매들은 그 어떤 것에 대해서도 설명이나 이유를 듣지 못했다. 어른들의 입장에서 아이들은 "작은 동물 같은 것이어서, 어른들과 이야기를 나눌 수 있을 정도로 크기 전까지는 때리고 혼내야 하는 대상"일 뿐이었다. 어른이 되기 전까지 어린이나 청소년은 이유를 묻거나, 자기주장을 펼치거나, 자존지종을 캐물을 수 없었다.

아얀은 네덜란드에서 심리학과 아동발달에 대해 공부하면서 자신의 유년기를 떠올렸다. 지그문트 프로이트, 성욕, 무의식, 자아, 본능, 초자아 같은 단어를 그녀는 그때 처음 들었다. 아동의 성장발달과정에 대한 지식도 마찬가지였다. 그녀는 자신이 과연 "정상적으로 살아갈 수 있을지" 종종 자문하곤 했다. 어린 시절에 그녀는 어린아이에게 어울리는 체험을 한 적이 없었기 때문이다. 교육이나 독서는 물론이고, 감성적 편안함, 생각하기, 운동능력 키우기, 사회성 기르기 등 어린아이의 성장을 촉진하는 그 어떤 것도 해 본 적이 없었다.

사실 아얀은 형제들 중에서도 아버지의 사랑을 가장 많이 받고 자란 딸이었다. 그런데 아얀의 아버지는 집에 있는 날이 거의 없었다. 어머니와 할머니는 오빠 마후드를 편애했다. 어머니는 아얀의 언니를 아얀보다 더 똑똑하고 싹싹한 아이로 보았다. 어머니와 할머니는 삼남

매에게 자주 매를 들었는데 마후드는 딸들보다 덜 맞았고, 딸들은 다 큰 성인이 될 때까지도 맞았다.

아얀은 14살 때 처음 생리를 시작했는데, 그것에 대해 사전에 아무런 교육도 받지 못했다. 어머니나 할머니는 아무런 도움도, 아무런 설명도 해 주지 않았다. 어머니는 아얀에게 소리만 질렀다. “더러운 창녀 같은 년! 애도 못 낳을 년! 암이나 걸려 콱 죽어 버려라!” 가랑이 사이에서 왜 피가 나고, 그게 무엇을 의미하는지 그녀에게 설명을 해 준 사람은 오빠 마후드였다. 마후드는 그녀에게 생리대를 살 수 있는 곳도 가르쳐 주었다.

아얀이 유년 시절을 그렇게 보냈다는 것을 알게 되면 그녀가 어떻게 정상적인 사고를 갖게 되었고 정신적으로도 건강한 사람으로 성장할 수 있었는지, 그녀가 어떻게 처녀성의 감옥에서 빠져나와 네덜란드에서 세계적으로 유명한 사람으로 성장할 수 있었는지 궁금해질 것이다. 그녀의 형제들을 보면 그러한 궁금증이 더 커진다. 오빠 마후드는 그녀의 표현대로 허구한 날 할 일 없이 빈둥거리는 건달이 되었다. 아얀이 항상 똑똑하다고 생각해 왔던 언니 하왜야는 아프리카에서 낙태수술을 받고 네덜란드로 왔다. 하왜야는 네덜란드에서도 임신을 해 낙태수술을 받았고, 정신적으로 문제가 생겨 정신병원에 입원했다가 아프리카로 돌아갔는데, 그곳에서 정신과 약물 과다복용으로 죽었다.

아얀은 어떻게 오빠나 언니가 살았던 삶과는 전혀 다른 삶을 살게 되었을까? 그녀는 자유를 얻기 위한 탈출에 어떻게 성공할 수 있었을까? 나아가 그녀는 어떻게 자유를 지키는 일까지 할 수 있게 되었을까?

이에 대해 그녀가 공식적으로 어떤 답변을 내놓은 적은 없다. 다만 그녀가 그동안 해 왔던 말을 통해 이런 결론을 내릴 수는 있겠다. 아얀은 어렸을 때부터 주변에서 일어나는 일을 무조건적으로 받아들이지 않았다. 그녀는 항상 타당한 설명과 합리적인 이유를 찾으려고 노력했다. 상황을 설명할 만한 적당한 이론이 만들어지면, 그것을 점검하기 위해 자신이 처한 현실을 면밀히 관찰했다. 이런 과정 속에서 그녀는 호기심과 지식에 대한 욕망을 충족시켰고, 자신의 감각을 연마하였다. 늘 이성理性을 활용하였고, 주변에 대한 관심의 끈을 놓지 않았다.

어렸을 때부터 그녀는 여자와 남자가 서로 다른 대접을 받는 이유를 항상 궁금하게 생각해 왔다. 왜 그러냐는 질문에 그녀의 어머니와 할머니, 그리고 선생님은 한결같이 코란의 글귀를 인용해 대답해 주었다. 그것으로 어른들은 의문이 해결되었다고 보았지만, 아얀에게는 아니었다. 단지 그렇게 보였을 뿐, 또 다른 의문들이 계속 생겨났다. "알라는 통이 크고 선하고 공정하다고 배웠는데, 왜 여자들은 그렇게 억압당하는가? 알라는 자비롭다고 했는데, 왜 우리 무슬림들은 비무슬림을 피해야 하는가? 알라는 지혜로우므로 그의 지혜에 따라 사는 것이 가정이나 가문, 국가에 가장 안전한 방법이라고 했는데, 왜 알라의 뜻을 신봉하며 살던 가정이 깨어지고, 무슬림 집안사람들끼리 서로 치고받고 싸우게 되는가? 왜 나라에 가난과 혼란과 억압과 전쟁이 난무하는가?"

이러한 의문에 대한 답변들은 그녀의 궁금증을 해소시키지 못했다. 하지만 그녀에게는 그런 의문을 품고 찾아가 이야기를 나눌 만한 사람이 없었다. 그녀는 겉보기에는 모범적인 무슬림 소녀였고, 부모에게는 가문의 명예를 빛낼 좋은 딸이었다. 하지만 아얀의 이런 겉모습 뒤에서는 뭔가가 요란하게 움직이고 있었다. 그녀의 마음속에 의심이 깃들었고, 진실, 자유, 다른 삶에 대한 동경이 무럭무럭 자라나고 있었던 것이다.

젊은 아얀에게 자유를 누릴 수 있는 기회를 준 것은 정치적 혼란과 전쟁, 그리고 피난이었다. 전쟁을 피해 떠난 피난길에서의 삶, 가족에 대한 책임, 돈을 벌기 위해 뭔가 배워야 하는 절박함, 난민수용소에서의 삶. 이런 것들 속에서 어린 소녀는 자기 주도적으로 행동하고, 독자적으로 결정을 내릴 수 있게 되었으며, 자기가 그런 것을 할 수 있다는 자신감을 얻게 되었다. 자신에 대한 믿음이 커지면서 그녀의 자존감도 차츰 높아졌다. 그리고 무슬림 여자의 운명이 결정되는 날이 왔을 때, 그녀는 그 운명에 저항했다.

그녀의 아버지는 캐나다에 살고 있는, 돈 많고 교육도 많이 받은 소말리아 남자를 사윗감으로 정했다. 아얀에게 그것은 큰 충격이었다. 어느 날 문득 정해진 운명이 자신을 덮치리라는 것을 예감하고는 있었지만, 그녀는 자신이 읽어 왔던 많은 서양 소설에 나오는 것처럼 사랑하는 사람을 만나 낭만적인 결혼을 하고 싶다는 꿈을 오래전부터 갖고 있었기 때문이었다. 그런 그녀가 23살이 되던 1992년, 생전 처음 보는 남자 오스만 모우사와 앞으로 같이 살라는 말을 들었다. 그녀는 앞으로 그를 위해 요리를 하고 자식을 낳고 가정을 꾸리고, 그가 원하는 대로 부부관계를 해야 하는 현실에 맞닥뜨린 것이다.

"오스만 모우사는 나를 싫어하지도, 그렇다고 좋아하지도 않았다. 나도 아무 느낌이 없었다. 그가 내게 특별히 관심이 있어 보이지는 않았다. 그런데도 만난 지 6일째 되는 토요일에 결혼식을 치를 예정이었다."

아얀은 마치 우리 안에 갇힌 동물이 된 기분이 들었고, 그런 결혼을 하고 싶지 않았다. 그런데도 사전준비가 착착 진행됐다. 아버지는 필요한 서류를 다 접수해 놓았고, 해당 관청에 언제 어디서 결혼식을 올릴지도 통지했으며, 피로연에 쓸 양도 사다 놓았다. 도저히 멈출 수 없는 기차를 타고 가는 기분이었다. 주변 사람들은 사윗감을 잘 골랐다며 아버지를 칭찬했고, 아얀에게도 축하 인사를 건넸다. 모두들 들뜬 기분으로 잔치를 기다리고 있었고, 모든 것이 계획대로 진행되었다.

그런 상황에서 아얀은 아버지를 찾아가 결혼 의사가 없다고 말했다. 아버지는 이탈리아와 미국에서 유학까지 한 지식인이었지만 딸의 말을 대수롭지 않게 여기며 꿈쩍도 하지 않았다. 그렇게 해서 그녀는 결국 결혼식을 올렸다.

그녀가 남편과 같이 지낼 수 있는 시간은 단 6일뿐이었다. 6일 후 그는 다시 캐나다로 돌아가기로 되어 있었다. 그녀는 나중에 비자가 나오는 대로 그를 뒤따라갈 예정이었다. 그런데 당시 나이로비에 있는 캐나다 대사관에는 이민을 떠나려는 소말리아 사람들이 넘쳐 나 비자가 나오기까지 일이 아주 복잡하고, 시간도 오래 걸렸다. 독일에 가면 비자를 더 빨리 받을 수 있다는 소식을 접한 아얀의 아버지는 뒤셀도르프에 사는 친척 무르살의 도움을 받기로 하고 아얀을 프랑크푸르트로 보냈다. 아얀은 프랑크푸르트에서 기차를 타고 무르살이 사는 뒤셀도르프까지 갔고, 무르살은 그녀를 다시 본에 사는 다른 친척집에 데려다주었다.

그렇게 본까지 가게 된 그녀는 자신의 삶에 대해 다시 생각해 보았다. 결혼생활을 유지하고 싶지는 않았지만 아버지와 가족, 그리고 가문 사람들을 실망시키는 짓도 하고 싶지 않았다. 좋은 딸로 남고 싶었고, 가족과도 사이좋게 지내고 싶었다. 그러나 그런 평화를 위해 치러야 할 대가가 너무 크다는 생각이 머리에서 떠나지 않았다.

아무리 생각해도 너무 지나치다고 판단했다. 결국 그녀는 평생 내키지 않는 삶을 사는 것보다는 차라리 가족과의 절연을 감수하기로 결심했다. 가문과 가문의 전통에 어울리기는 하지만 부자유 속에 사는 것보다는 외롭고 외면당하더라도 자유롭게 살기로 한 것이다.

그렇게 해서 그녀는 캐나다로 가지 않고 종적을 감추기로 했다. 독일에 계속 있으면 발각될 것 같았기에 그녀는 네덜란드를 선택했다. 1992년 7월 24일, 그녀는 본에서 기차를 타고 암스테르담으로 갔다. 그녀는 해마다 그날을 자신의 생일로 기념하고 있다. 네덜란드의 따뜻한 품에 안긴 그날 그녀에게 진정한 자유가 주어졌기 때문이다.

아얀 히르시 알리는 유년 시절부터 항상 연결고리 속에서 살아가야 한다고 배웠다. 그러다 어느 날 문득 그 연결고리가 툭 끊어질 수도 있다는 것을 알게 되었다. 체볼데의 난민수용소에 들어가기 위해 경찰 앞에 섰을 때 그 연결고리의 마지막 마디가 떨어져 나갔다.

"그때까지 내게 경찰은 뇌물만 좋아하고, 남을 절대로 도와주지 않는 존재였다. 그래서 나는 그날 경찰관에게 왜 나를 도와주느냐고 물었다. 그러자 그 경찰관은 미소 띤 얼굴로, 그게 자신들이 할 일이니까 그렇게 한다고 말했다. 내가 다른 경찰관들도 다 이렇게 친절하냐고 묻자, 그는 부디 그러기를 바란다고 말했다.

나에게 있어서 국가는 뭔가 좋지 않은 것이었다. 부패할 대로 부패한 존재였고, 국민을 속이고 억압하는 주체였다. 그런데 이곳에서는 모두가 도와주려고 노력한다. 생면부지의 사람을 마치 자기 친척인 것처럼 도와준다.

그것을 직접 경험하면서부터 나는 모든 게 가능해졌다."라고 그녀는 결론 내렸다. 만약 그녀가 2500년 전 페리클레스가 했던 말을 알았더라면 그의 말을 그대로 전했을 것이다.

"행복의 비밀은 자유고, 자유의 비밀은 용기다."

용기를 낸 사람들
두 번째 만남

# 세상의 절반은 여성

# 알리스 슈바르처
*Alice Schwarzer*

1942년 독일 부퍼탈에서 미혼모의 딸로 태어남 • 상업학교를 나와 여러 회사에서 비서로 일함 • 보모로 일할 수 있는 비자를 받아 1964년 파리로 감 • 뒤셀도르프 신문사에서 인턴으로 근무 • 여러 신문에서 자유기고가로 활동 • 1969년 파리로 돌아가 시몬느 드 보부아르를 만남 • 1971년 '헌법 218조에 반대하는 여성들'이라는 단체를 결성해 정치 활동을 시작함 • 1975년 처녀작 『작은 차이와 큰 결과』를 발간 • 1977년 여성잡지 『엠마(*Emma*)』 창간

*
**

유럽인들, 특히 독일인들은 자신들이 이슬람보다 문화적으로 우월하다고 느끼거나, 계몽화에 있어 지난 500여 년간 이슬람보다 우월했다고 자랑할 근거가 없다. 아우슈비츠의 굴뚝에서 연기가 뿜어져 나오던 게 불과 50여 년 전의 일 아닌가. 유럽은 두 차례에 걸친 세계대전에서 희생된 군인과 민간인들의 피로 물들었는데, 이런 전쟁을 획책한 동인은 국가주의, 근본주의, 광적인 종족 우월감, 그리고 근대에 대한 증오였다.

머리에 히잡을 쓰고 다니는 터키 여자들을 보면서 유럽은 여성의 권리에 대해서도 매우 진보적이었다고 생각할지도 모르겠다. 하지만 실제로는 별로 그렇지 못했다. 독일에서 여성의 선거권과 피선거권은 1919년에 허용되었다. (이 중 피선거권은 1933년 나치에 의해 다시 몰수되었다.)

프랑스 여성들은 1944년, 벨기에와 이탈리아 여성들은 1946년에야 비로소 선거권과 피선거권을 획득했다. 대부분의 스위스 여성들은 1971년이 되어서야 비로소 선거권을 행사할 수 있게 되었다. (아펜첼 이너로덴 주에서는 1990년이 되어서야 여성에게 선거권이 주어졌다.)

독일에서는 부부간의 전통적인 역할 분담이, 즉 부인은 집안일만

하고, 그 밖의 일에 대해서는 남편이 법적 후견인後見人이 되는 기존의 역할분담이 옳은가에 대한 논의가 1970년대에 들어 겨우 시작되었고, 이 논의 결과를 반영한 법률 제정에는 6년의 세월이 더 걸렸다. 1977년부터 독일의 부인들은 더 이상 남편의 허락 없이도 직업활동을 할 수 있게 되었다.

1960년대까지만 해도 독일에서 여성은 결혼 전까지 처녀성을 지키도록 공공연히 요구받았다. 당시에는 결혼하기 전에 임신하는 것은 매우 수치스러운 일로 여겨졌다. 아이의 아버지가 누구인지 적시하지 못한 채 자식을 낳는 것이 해당 여성에게는 비극이었고, 가족에게는 수치였다. 혼전동거는 법적으로 금지되어 있었다. 일상생활에서도 이중도덕이 난무했다. 여자는 결혼할 때까지 처녀성을 지키기를 바라면서도, 남자는 결혼 전에 성관계를 몇 번 해 봐야 진정한 남자로 보는 경향이 있었다. 부부간의 신뢰를 지키는 것을 중요하게 생각하면서도 다른 한편으로는 많은 여자들과 더 많은 남자들이 외도를 일삼았다. 그런 관계가 비밀리에 이뤄지고, 그 비밀이 유지되기만 하면 공식적으로는 아무런 문제가 되지 않았다. 겉으로 보이는 외형에 문제가 없으면 그만이었다. 실제로 누구를 속이든 말든 전혀 상관없는 일이었다. 1970년대가 되어서야 그런 관행이 흔들리기 시작했다.

그때까지, 그리고 그 후로도 오랫동안 독일의 여성상은 독일 정부가 1966년 어느 보고서에 규정한 모습 그대로였다. "모름지기 여성은 자식을 양육할 책임이 있다. 또한 각 가정에서 겸손하고 순종하는 모습을 보여야 한다. 결혼한 여성의 취업 활동이나 사회 활동은 가정에서 요구하는 바를 충실히 수행한 이후에만 가능하다."

이 보고서가 나오기 전인 1948년에 이미 여성에 대한 억압과, 여성의 역할을 자식 양육에 국한시키려는 것에 반대하는 내용을 담은 책이 출간된 바 있다. 하지만 발간 당시에만 반짝 주목을 받았을 뿐, 금세 잊혀져 버렸다. 출간 당시 많은 사람들을 분노케 하며, 저자에게 전 세계적인 유명세를 선사한 이 책의 제목은 '제2의 성'이고, 저자는 1908년에 태어난 시몬느 드 보부아르였다.

그녀는 여자로 살아간다는 것이, 즉 남자의 뜻대로 움직이며 남자의 후견을 받는 것이, 사모나 경멸 또는 미화나 신격화의 대상이 되는 것이, 남자에 의해 정의되고, 남자의 성적 대상이 되는 것이 과연 여자에게 무슨 의미가 있는지를 논리적이면서도 급진적으로 고민했던 최초의 여성이었다. 보부아르는 동일 노동 동일 임금, 교육의 기회 또는 정치적 권리의 평등을 주장한 것이 아니라, 남성과 여성이라는 생물학적 차이를 근거로 남성과 여성의 역할을 구분하는 것이 과연 옳은지에 대해 문제를 제기했던 것이다.

무슨 권리로 여성의 역할을 자식을 돌보는 양육자와 어머니로 축소시키는가? 여성이 어떤 존재인지에 대한 정의를 대체 누가 내리는가? 어떤 이유에서? 어떤 목적으로?

보부아르는 이런 여성상이 하기 싫은 일을 떠넘기기 위한 남자들의 농간에서 비롯된 것으로 보았다. 그녀는 이를 역사에 남을 만한 문장으로 표현한다. "사람은 여자로 태어나는 것이 아니라 여자로 키워지는 것이다." 여자는 태어나는 순간부터 한 가족과 사회에서 교육, 책, 영화, 장난감, 우상 등을 통해 여자로 살게 만들어진다고 본 것이다. 소녀들이 나중에 가정주부, 어머니, 간호사의 역할을 수행할 수 있도록 키워지는 것이다. 하녀 역할을 하는 여자와 주인 행세를 하는 남자가 태어날 때부터 정해지는 것이 아니라, 그렇게 키워진다는 주장이었다. 보부아르는 그 어떤 성도 태어날 때부터 신체적으로나 정신적으로 다른 성별보다 열등한 것은 아니라고 말했다. "아이는 여자가 낳지만, 그렇다고 해서 자식의 양육까지 혼자 책임져야 하는 것은 아니다. 모든 아이에게는 아버지도 있기 때문이다."

시몬느 드 보부아르는 그 어떤 것도 금기시하지 않았다. 섹스에 대해서는 물론이거니와 여성과 남성의 성기와 성욕에 대해서도 거침없이 글을 썼다. 그것은 엄청난 파장을 불러일으킨 스캔들이었다. 독실한 기독교 작가인 프랑소와즈 마우리아는 900쪽에 달하는 두꺼운 책을 읽고 난 후 보부아르의 부하 직원에게 분노보다는 조롱의 말투로 다음과 같이 말했다. "이제야 당신 상사의 성기가 어떻게 생겼는지 나도 알게 되었어요." 가톨릭교회에서 이 책은 금서로 지정되었다.

심지어 보부아르의 오랜 친구였던 작가 알베르 카뮈도 그녀가 프랑스 남자들을 우스꽝스럽게 만들었다며 격분했다. 많은 비평가들은 언론매체를 통해 그녀가 만족을 모르는 여자, 불감증을 겪는 여자, 레즈비언, 남자 저격수라며 격렬히 비난했다. 보부아르는 그런 반응에 개의치 않았다. 그녀는 결혼과 어머니의 역할을 거부한 채, 작가로서 자율적인 삶을 이어 갔다. 철학자 장 폴 사르트르와 평생 연인 관계를 유지하였지만, 다른 남자들도 간간이 만났다.

하지만 어느 정도 시간이 흐르면서 흥분은 가라앉았다. 그녀의 책은 그 후 수십 년간 도서관에서 먼지만 쌓였다. 보부아르의 시각을 받아들이고, 그것을 공론화할 수 있는 사람이 아무도 나타나지 않았다. 이는 전혀 놀라운 일이 아니다. 학계, 출판사, 신문사, 잡지사, 라디오와 텔레비전 방송국에서 일하는 사람들은 주로 남자였고, 그들은 다른 것에 관심이 더 많았던 것이다.

시몬느 드 보부아르를 재발견하고, 그녀의 주장을 1970년대 독일에 최초로 소개한 사람은 무명의 젊은 여성이었다. 68운동에 참여했던 여대생이었으며, 자유기고가였고, 취업준비생이기도 했던 그녀의 이름은 알리스 슈바르처Alice Schwarzer다.

1942년 부퍼탈에서 태어난 알리스 슈바르처는 양육과 교육, 성장에 필요한 유용한 접촉 같은 것을 신경 써 줄 수 있는 정상적인 시민가정 출신이 아니었다. 보다 안정적인 직장을 얻을 수 있는 길을 마련해 줄 사람도, 조언을 해 줄 만한 사람도 없었기에 알리스는 자신의 삶을 스스로 개척해 나가야만 했다.

알리스는 미혼모의 딸로 태어났다. 그녀가 태어날 때 의사는 22살된 그녀의 어머니에게 "애를 만들기는 쉬웠지만 낳기는 어렵죠."라고 비아냥대듯이 말했다.

알리스의 젊은 어머니는 아이의 양육에 대한 전권을 위임받지 못했다. 당시 법에 따르면 남자만 양육권을 가질 수 있었기 때문이다. 결국 외할아버지가 양육권자가 되었다. 후일 알리스가 말한 것처럼 이런 상황이 그녀에게는 오히려 전화위복이 되었다. "할아버지는 보통의 남자들과는 달리 매우 자상하고 다정다감한 분이었다." 그녀는 사랑을 많이 받고 자랐다. 할머니와 할아버지 그리고 어머니는 부부가 서로 평등하다는 것을 유년기부터 가르치며 알리스를 키웠다. 가족의 유일한 수입원은 작은 구멍가게였다. 알리스의 어머니는 날마다 그곳에서 일했다.

그런 가정환경에서 태어난 똑똑한 여자아이가 할 수 있는 게 뭐가 있었을까? 알리스는 상업학교를 졸업한 후 무엇을 해야 할지 몰라 머뭇댔다. 상업학교 졸업장으로 갈 수 있는 곳에는 별로 가고 싶지 않았고, 그렇다고 자신이 무엇을 하고 싶은지도 구체적으로 알지 못했다. 그래서 그녀는 이런저런 직업을 전전하며 다양한 인생 경험을 쌓았다.

그녀는 어느 날 문득 실내 디자이너가 되고 싶다는 생각이 들었다. 당시 본 영화에서 도리스 데이가 그런 역할로 나왔기 때문이었다. 그쪽 길로 가려면 목공을 먼저 배워야 했다. 그러나 그녀는 목공소 견습생 생활을 딱 하루밖에 하지 못했다. "여자 화장실이 없어서 여자 견습생을 받으면 안 된다는 지적을 받아 어쩔 수 없다."는 게 목공소 측의 공식 이유였다.

결국 그녀는 상업학교 졸업장을 갖고 갈 수 있는 곳에 취업했다. 그녀는 자동차 부품 공장의 경리과에서 일했고, 그 후에는 뒤셀도르프의 광고회사와 뮌헨의 어느 한 출판사에서 비서로 일했다. 그녀는 그 어느 곳에서도 행복하지 않았다. 어디에서 일하든 허구한 날 사무실에 틀어박혀 별 관심도 없는 서류를 타자로 쳐야 했고, 자기보다 더 나을 것도 없어 보이는 직장 상사의 명령을 받으며 합리적인 이유 없이 조직의 수직 체계에 복종해야 했으며, 아무 생각 없이 이런저런 일을 해야 했기 때문이다.

"당시 여성들이 걸었던 전형적인 길을 저도 걷고 있었던 것이지요. 회사의 환경은 점점 흥미로워지는데, 나는 계속 비서로 남아 사무실에 앉아 타자나 치면서 심심하게 지냈죠. 그러다 언젠가는 좀 더 의미 있는 삶을 살기 위해 노력하는 게 다 부질없는 짓이라고 느끼게 됐어요."라고 그녀가 말했다. 그럴 때 대부분의 젊은 여자들은 직장을 그만두고 결혼을 한다.

그러나 알리스는 달랐다. 그녀는 여자도 입학할 수 있는 언론학교가 뮌헨에 있다는 소식을 듣고, 기자가 되기로 결심했다. 그녀는 먼저 외국에 나가 외국어를 배우고, 나중에 언론학교에 입학해야겠다고 생각했다. 그녀는 타자기 앞에 앉아 자기가 하고 싶은 말을 타자 치고, 많은 사람들의 관심을 받는 글을 쓰고, 중요하다고 생각하는 것을 글로 남기는 것이 자신이 걸어가야 할 길이라고 확신했고, 결국 그렇게 되었다.

물론 그 길이 순탄치는 않았다. 유학 경비를 대어 줄 형편이 못 되는 집안의 딸이었던 그녀는 우회로를 선택해야만 했다. 그래서 아이를 돌봐 주는 보모 일을 선택해 1964년 파리로 갔다. 보모보다 일이 더 험한 청소부 노릇까지 해야 했지만, 목표가 있었기에 그녀는 전혀 개의치 않았다. 그렇게 해서 번 돈으로 먹고살면서, 프랑스어 학원에 다니고, 파리 구경을 하고, 음악회에 가고, 영화와 연극을 보는 게 빠듯하긴 해도 불가능하지는 않았다. 호기심이 많고 사교성도 좋았던 그녀는 늘 책을 가까이했는데, 이제 프랑스어로 된 책들, 특히 카뮈와 사르트르의 책을 읽게 되면서 프랑스어 공부에 더욱 열을 올렸다.

파리에서 2년을 보낸 그녀는 언론학교에 들어갈 실력을 갖췄다는 판단하에 독일로 돌아와 지원서를 냈다. 몹시 까다로운 1차 시험을 통과했으나, 결국 2차 시험에서 낙방했다. 그러자 그녀는 인턴으로 일하기 위해 여러 곳에 지원서를 넣었고, 그러던 중 '뒤셀도르프' 신문사로부터 인턴 합격 통지서를 받았다. 그러나 그곳에서의 상황도 녹록치 않았다. 다른 경쟁자들은 모두 대학 졸업자였던 반면, 인생의 대부분을 혼자 힘으로 헤쳐 나가야 했던 스물네 살의 그녀는 대학 입학고사도 치러 본 적 없었기 때문이다. 명석한 두뇌, 왕성한 호기심, 적극적인 참여로 관심 있는 분야에 대해 열정적으로 글을 썼지만, 그 글들이 이 신문사와는 잘 맞지 않았다. 그녀는 결국 인턴 기간 종료 후 정식 직원으로 채용되지 못했다.

사실 그녀의 성격에는 잡지사 '슈피겔'이나 신문사 '자이트'가 더 잘 맞았다. 그러나 그곳에서는 그녀를 원하지 않았다. 결국 그녀는 별로 원하는 자리는 아니었지만 '영화와 여성'이라는 잡지사에 취직했다. 그런데 잡지사가 위치한 곳이 함부르크였다. 그녀의 우상이었던 『자이트』지 편집장 마리온 그래핀 된호프가 있는 곳과 좀 더 가까워진 것이다.

당시 거리는 68운동으로 인한 시위로 들끓고 있었다. 이는 독일이나 프랑스를 넘어선 전 세계적인 현상이었다. 알리스는 처음에는 기사를 열심히 찾아 읽는 것으로 시위에 동참했다. 『자이트』뿐 아니라 『파르동』과 『콩크레트』 같은 잡지도 열심히 구독했다. 그러다 『파르동』에 지원서를 내 합격했다. 어떤 회사나 단체에 위장 잠입해 밀착 취재한 기사를 쓰는 것으로 유명해진 귄터 발라프의 후임으로 들어간 것이다.

알리스는 대선배의 족적을 과감히 좇아 고향에서 추방된 사람들, 가톨릭계 신문인 『빌트포스트』, 그리고 속도계 회사인 파우데오VDO에 관한 기사를 썼다. 파우데오에 관한 그녀의 기사는 발라프처럼 노동력 착취 현장을 보고하는 르포였으나, 다른 점이 하나 있었다. 당시에는 다른 사람들뿐 아니라 그녀 자신도 제대로 인식하지 못하고 있었지만, 이 기사에서는 남녀 차별이라는 관점이 두드러졌던 것이다. 사실 그것은 그녀 일생의 테마였다. 그녀는 취재 당시를 이렇게 회상하고 있다. "며칠이 지나자 윗사람이 큰 인심이라도 쓰듯이 내게 해 주는 칭찬에 난 얼굴이 빨개졌다. 나는 다른 사람과 똑같이 일했고, 다른 사람들처럼 복종했다. 그 어떤 예외도 없었다. 여자가 회사에서 일하려면 일단 숙이고 들어가야 한다. 여직원들은 남자 직원들이 큰 소리로 지시하는 것을 말없이 수행한다. 여자로 일한다는 것은 남자보다 더 많이 일하면서도 돈은 더 적게 받는다는 것을 의미한다."

빌라프가 쓴 기사에는 이런 시각이 없었다. 사실 알리스가 쓴 기사와 같은 글을 당시에는 그 어디에서도 찾아볼 수 없었다. 진보 계열 잡지는 물론이거니와, 평등을 위해 싸우며 약자와의 연대를 주장하는 좌파 매체에도 이런 글은 없었다. 그러나 알리스는 당시의 현실을 매우 날카로운 시선으로 꿰뚫어 보고 있었다. 그런 잡지나 신문을 만드는 사람은 대부분 남자들이었고, 그들은 남자들 사이의 평등과 연대에만 관심이 있었다. 당시 목소리를 높이던 학생운동도 마찬가지였다. 앞에서 중요한 말을 하는 사람은 모두 남자였다. 남자들이 유인물에 적을 글의 내용을 불러 주면, 여자들은 그것을 받아 타자를 치고, 커피를 끓이고 쓰레기 같은 것을 치웠다. '파르동' 편집부에서 알리스는 남자들끼리 하는 저속한 농담도 자주 들어야 했다.

그사이 27살이 된 알리스는 '파르동'을 사직하고 다시 파리로 건너갔다. 그곳에서 그녀는 여러 독일 신문에 게재할 기사들을 썼고, 서부독일방송국을 위해 프랑스의 공장 점거와 파업 그리고 장 폴 사르트르와 시몬느 드 보부아르의 정치 활동에 대해 보도하기도 했다. 파리에 체류하는 동안 그녀는 대학에 들어가 심리학과 사회학을 공부했다. 알리스는 독일에서 겪었던 정치적 격랑 속에서 자신에게 부족했던 부분을 자각하게 되었다. 여성의 억압에 맞서 싸워야 한다는 생각을 하게 된 것이다. 그녀가 보부아르의 『제2의 성』과 미국의 여성인권 운동가 베티 프리단이 쓴 『여성의 광기』를 읽은 것은 바로 이 무렵이었다.

당시 독일에서는 베트남 전쟁에 반대하는 대학생들의 시위가 계속되고 있었지만, 파리에서는 남녀 간 성차별 문제가 중요하게 다루어졌다. 독일에서 젊은 남자들이 주축이 되어 제3세계에서 자행되고 있는 노동착취와 인권탄압에 항의하는 시위를 벌였다면, 파리에서는 젊은 여성들이 모여 자신들이 노동착취를 당하고 있다며 항의시위를 벌였다. 이 시위를 통해 여성들은 자유·평등·연대가 전 세계의 모든 사람들에게 똑같이 적용되는 불가분의 것이므로 여성들도 벌써 오래전부터 동등한 권리를 인정받았어야 했다는 점을 부각시켰다.

파리와 독일에서 알리스는 자유·평등·연대를 위해 싸우는 남자들의 속마음을 꿰뚫어 보게 되었다. 그들은 다른 사람들에게 그런 가치를 요구하면서도 정작 그들 스스로는 그것을 받아들이기 거부했다. "니카라과에 자유를!"이라고 길에서 큰 소리로 외치던 혁명전사도 정작 집에서는 부인이 자신의 냄새나는 양말을 빨아 주고, 제때 밥상을 차려 주고, 청소나 정리정돈도 당연히 해 주기를 바랐다. 그리고 자기가 하고 싶을 때는 언제든지 성관계를 가지기를 원했다.

알리스는 오랫동안 마음에 쌓아 두었던 생각을 말로 풀어내기 시작했다. 인종과 계급 사이에 존재했던 권력관계가 남녀 사이에도 존재한다는 점에 대해 말하기로 결심한 것이다. 그 관계를 흔들어 놓으면 다른 권력관계에도 영향이 미칠 것 같았다. 드디어 일생을 바칠 만한 목표를 갖게 된 그녀는 엄청난 열정으로 파리의 여성지에 글을 투고하고, 조직을 만들고, 그런 상황을 독일에 지속적으로 보고했다. 또한 보부아르를 찾아가 면담하고, 그녀를 그 무렵 태동한 여성운동의 중요한 이론가로 독일 언론에 소개했다.

알리스는 새로운 형태의 저널리즘을 만들어 냈다. 그것은 의도적으로 당사자의 입장에 치우쳐 현실을 묘사하면서도 그런 감정을 숨기지 않는 당파적이면서도 투쟁적인 저널리즘이었다. 물론 그녀의 그런 태도는 대상에 대해 객관적이고 중립적인 시각을 견지해 왔다고 주장하는 남자들에게 특히 많은 공격을 받았다.

알리스는 이렇게 반박했다. "이제는 남자들이 허구적이고, 한 번도 실행에 옮겨진 적이 없고, 옮길 수도 없는 이른바 '객관적 시각'을 대변하겠다는 것인가? 객관적 언론은 애초부터 없었고, 있을 수도 없다는 것을 먼저 인정하는 게 순서다. (…) 오직 자기중심에서 본 주관적 기사가 독자에게 전달될 뿐이다. 꼭 필요한 사실의 선별 과정에서부터 언론의 보도는 시작되고, 늘 선별 기준이 고려된다. 독자는 그렇게 선택된 기사를 통해 현실을 보게 되는 것이다. 그런 '가짜 객관성'으로 뭉친 자들은 자기 자신의 정서에 맞지 않으면 무조건 거부한다. 수많은 관리자, 정치인, 언론인, 교단의 성직자들이 감정 섞인 말들을 토해 낼 때, 우리 여자들만 애써 경기 규칙을 지켜야 한다. 감정은 잘 훈련된 시민여성, 아내, 여자 친구에게 어리석고 반항적인 사고를 주입하기 때문에 위험하다는 것이다."

그런 직선적이고 도발적인 표현은 알리스 슈바르처의 성공 비결이 되었다. 그녀와 함께 여성운동에 참여했던 동료들이 대학에서 공부한 사람답게 적당히 포장해서 말하는 동안 알리스는 수류탄 같은 폭발성 있는 말들을 쏟아내, 그 누구보다도 성공적으로 남성들의 세계에 일격을 가했다.

알리스는 독일에서도 여성 문제가 의제로 부각될 수 있도록 돕기 위해 자주 독일을 방문했다. 독일과 파리를 오가던 어느 날 그녀는 자신이 이 두 나라 중 하나를 선택해야 함을 깨닫게 되었다. 그녀는 파리를 사랑했지만, 그녀의 조국은 독일이었다. 1974년 그녀는 조국을 위해 일하기로 결정했다.

1971년 독일에서는 여전히 "가사노동의 책임은 전적으로 여자에게 있다. 결혼한 여성은 부부의 의무와 가족의 의무를 다한 경우에만 취업할 수 있는 권리가 있다."고 규정하고 있는 민법 1356조가 효력을 발휘하고 있었다.

그 틀을 바꾸어야만 했다. 그러나 어떻게? 부부, 부부관계, 어머니의 역할과 관련된 모든 것을 개인사로 치부하던 1970년대의 독일에서 그 모든 것을 어떻게 공적이고 정치적인 것으로 보이게 만들 것인가? 농장에서 사람을 노예처럼 부리며 착취한 것을 정치적 논쟁거리로 삼는 것은 누구에게나 쉽게 납득되는 일이었다. 그러나 빨래, 설거지, 요리를 누가 해야 하고, 아기 기저귀는 누가 갈아 줄 것인지에 대해서는 공개적으로 토론할 이유가 없다는 게 당시 독일의 분위기였다.

당시에는 독일 남자들뿐 아니라 많은 여자들까지도 "시시한 여자들의 문제"로 시끄럽게 굴지 말라는 반응을 보였다. 나중에 독일 수상이 된 슈뢰더도 그런 논쟁을 "여자들이 징징대는 소리"라고 비아냥댔다. 남자들은 그 후 수십 년이 지나도록 "여자들의 관심사"를 개인적인 것으로 규정하여, 이것이 정치적 쟁점으로 부각되지 못하게 만들었다.

그런 "징징거림"을 어떻게 정치적 논쟁으로 만들 것인가? 여자들의 개인적인 문제로 치부하고 있는 것이 사실은 남자들에게도 해당되는 사회적 관심사라는 것을 어떻게 납득시켜야 할까? 알리스는 그 질문에 대한 해답을 프랑스에서 가져왔다. 프랑스에서는 1971년 초 여성운동가들이 자신들의 불법낙태 사실을 스스로 고백했다. 이는 물론 낙태할 권리를 공개적으로 대변하기 위해였다. 당시 독일이나 프랑스에서는 여성의 낙태수술이 불법이었다. 그런 상황을 프랑스 여자들이 더 이상 용인하지 않기로 결심했던 것이다.

알리스는 바로 그 점에 착안해 형법 218조의 무효를 요구하기로 결심했다. 그리고 프랑스 여자들처럼 하기 위해 수많은 여자들을 만났고, 결국 뜻을 이뤘다. 1971년 6월 초 수십 명의 여자들이 "우리 낙태했어요."라는 문구를 가리키고 있는 사진을 표지에 실은 『슈테른*Stern*』지가 발간되었는데, 이 잡지 본문에는 형법 218조를 폐기하기 위해 그 법을 위반했다고 자진 신고한 374명의 여성 명단이 실렸다. 이 기사에 1만여 명의 지지 서명이 잇따랐다.

이 기사는 다음과 같은 호응을 얻었다. "아기는 남녀가 함께 만든다. 그러나 그 결과에 대한 책임은 오직 여자에게만 있다. 여자는 '미혼모라는 수치'를 감수하며 아기를 낳거나, 때로는 생명의 위협을 받으며 아기를 지우기도 한다. 남자들은 이 모든 일에 전혀 상관하지 않고, 기껏해야 비용만 책임질 뿐이다."

여론이 형성되자 파괴력이 강해졌다. 낙태에 관한 법률 조항이 정치적 쟁점이 되면서 남자들을 논의의 장으로 끌어낼 수 있었다. 여자의 문제가 처음으로 대중의 주목을 끌게 되었고, 이제야 비로소 자연스럽게 다른 주제들도 다룰 수 있게 되었다. 많은 논의들이 오갔다. 작가는 여성으로 살아가는 현실을 작품의 테마로 삼았고, 여기자는 이와 관련된 기사들을 썼으며, 여성 정치인들은 법률 개정 작업에 착수했다. 이 무렵 여성문학 및 여성들을 위한 서점들이 생겨나기 시작했고, 알리스 슈바르처는 1977년 여성 전문 잡지 『엠마*Emma*』를 창간했다.

알리스는 형법 218조와 관련해 나타난 움직임을 '독일 내 제2차 여권운동'의 시발점으로 보았다. 제1차 여권운동은 20세기 초 많은 여성들이 주변의 조롱을 받으면서 여성의 대학 진학 허용과 참정권을 위해 싸웠던 것을 말한다. 그리고 이제는 더 많은 사람들이 참여하는 제2차 여권운동이 시작된 것이다. 이 운동은 '국가가 정한 출산 강요'에 대한 반대를 넘어, 다양한 측면에서 여성에게 자행되는 성차별과 억압에 대한 항의로 이어졌다.

사실 형법 218조에 대한 알리스의 항의는 제3차 여권운동의 시작이었다. 세월이 흐르면서 제1차 여권운동이 잊혀졌던 것이다. 이 운동은 프랑스혁명 시절에 잠시 동안 일어났고, 극소수의 여성들만 참여했던 터라 사람들은 그것을 '여권운동'으로 보지 않았다. 하지만 여권운동의 기본 개념은 그때 처음 생겨났다고 말할 수 있다.

'자유·평등·박애'는 1789년 일어난 프랑스혁명이 내건 구호였다. 프랑스 국회가 정한 '인간과 시민의 권리에 대한 인권선언' 제1조는 "인간은 누구나 자유롭고, 평등한 권리를 갖고 태어난다."이고, 제4조는 "자유란 타인에게 해를 끼치지 않는 범위 내에서 모든 것을 할 수 있는 권리다. 그러므로 모든 인간의 자연스러운 권리 행사는 사회의 다른 구성원들이 똑같은 권리를 누릴 수 있도록 보장되는 범위 안에서만 가능하다."였다.

작가 올랭프 드 구주(1748~1793)는 이 조항에서 3단 추론을 통해 다음과 같은 간단한 결론을 이끌어 냈다. "인권은 모든 인간에게 부여된다. 여성은 인간이다. 그러므로 인권은 여성에게도 해당되며, 모든 인간이 부여받는다." 이것은 누구나 수긍할 수 있는 논리였지만, 당시로서는 200여 년이나 시대를 앞선 생각이었다.

그러나 올랭프 드 구주는 물러서지 않았고, '여성과 여성 시민을 위한 인권선언'을 발표했다. 이 선언 제1조는 다음과 같다. "여성은 자유로운 존재로 태어났고, 남성과 동등한 권리를 갖는다." 그러나 혁명가들은 이러한 지극히 당연한 요구를 당연한 것으로 받아들이지 못했다. 그들은 인권이 오직 자신과 같은 남성들에게만, 그중에서도 백인 남성에게만 적용되는 것으로 보았다. 그 이후 역사의 전개 과정을 보면 이는 보다 분명해진다.

여성 권리선언을 발표하고 4년이 지난 후 올랭프 드 구주는 단두대의 이슬로 사라졌고, 그렇게 사람들의 기억 속에서도 잊혀졌다. 혁명이 진행되는 동안 여성들이 이루어 낸 미약한 진보는 그 후 수십 년이 지나면서 완전히 망각되었다. 구주의 사형이 단행되었던 바로 그해에 프랑스 국회는 혁명 때 생겨났던 여성클럽들을 폐쇄했고, 여성들의 사교 모임도 금지시켰다.

나폴레옹이 무력을 동원해 유럽 전역에서 추진하려고 했던 개혁은 여성들과는 아무 상관이 없는 일이었다. 여전히 남편은 아내의 법적 후견인이었고, 아내는 포괄대리권을 위임받을 수 없었으며, 아내가 저축한 돈은 남편의 소유였다. 아내가 불륜을 저지르는 것을 본 남편은 아내를 총으로 쏴 죽일 권리도 갖고 있었다. 여자에게는 선거권과 피선거권이 없었다. 제2차 여권운동은 그것을 쟁취하기 위한 투쟁이었다. 여권운동은 20세기 들어 잠시 휴지기를 갖게 되었다. 두 차례의 세계대전이 발발했고, 전후에는 잿더미에 덮인 전쟁의 상처를 지우고 재건해야만 했기 때문이었다. 남자들 없이 여자들끼리 삶을 헤쳐 나가는 법을 터득한 여자들이 주로 이 일을 담당했다. 그러나 상황은 달라지지 않았다. 전쟁터에서 돌아온 남자들은 가정이나 공개 석상에서 명령을 내리던 자신들의 역할을 당연하다는 듯 다시 요구했다.

그러나 1970년 무렵부터 아이들을 키우고 집안을 돌보던 여자들은 매일 아침 바깥세상으로 나가는 남자들을 보면서, 원하든 원하지 않든 간에 여자들만 집에 머물러 있어야 한다는 것이 부당하다는 생각을 하게 되었다. 여자들은 집에서 음식을 만들고 화장실을 청소하는데, 남자들은 밖에서 자유와 평등에 대한 잡담이나 늘어놓으며 시간을 보내고 있었다. 더 나아가 집안의 모든 재산은 남편의 것이었다. 남편은 자동차, 바닷가의 별장까지 자기 명의로 소유하는 반면, 아내의 이름으로 된 것은 아무것도 없었다. 남편은 노인연금에도 가입하는데, 부인들에게는 그것도 없었다. 결혼할 때 여자는 남자의 성을 따라야 했고, 결혼생활 20년이 지난 후 남편이 더 젊은 여자를 새로운 아내로 맞이하겠다고 하면 아내는 아무 수입도, 연금도 없이 쫓겨나야 했다. 수십 년 동안 엄마와 가정주부 역할만 한 여성이 할 수 있는 일은 아무것도 없었다.

다시 여권운동을 일으킬 시기가 무르익었다. 여자들은 국회, 언론계, 경제계, 학계, 심지어 군대에서도 여성들이 공식적으로 활동할 수 있는 자리가 절반은 되어야 한다고 당당히 요구했다. 그들은 세상의 절반이 여자를 위한 것이라고 외쳤다. 남자도 가사노동의 절반을 책임져야 하고, 집안일과 자녀교육에 있어서도 남자들에게 선의의 도움을 요청하는 시대는 지났다고 주장했다. 남자와 여자는 평등하다는 기본법 조항을 지키라고 여성들은 당당하게 요구했다. 사문화되어 있던 법조항이 이제 실생활에서도 지켜져야 할 때가 된 것이다.

알리스는 뜻을 같이하는 동료들에게 남자들 없는 곳에서 자립하는 것이 중요한 게 아니라, 고정관념에 사로잡힌 남자들과 맞서는 것이 중요하다고 설파했다. 또 여자들도 직업을 가져야 한다고 역설했다. 단순히 활동반경을 넓히거나, 가정 밖으로 나가 사회적 교류를 하거나, 외부의 삶에 적극적으로 참여하기 위해서가 아니라, 경제적으로 자립하기 위해서는, 즉 돈을 버는 남자들에게 경제적으로 의존하지 않아 부부관계나 연인관계를 언제든지 위험 없이 끝낼 수 있으려면 여자들도 직업을 가지고 있어야 한다는 것이다.

알리스는 1975년에 『작은 차이와 큰 결과 – 여성 자신에 관한 책. 여성해방의 시작』이라는 책을 출간했다. 책에 소개된 여자들은 가정생활의 실체를 적나라하게 보여 주면서, 자기들의 희생으로 많은 것들이 이뤄지고 있음을 고백했다. 자신의 삶이 만족스러우며, 남편이 자상하다고 말하는 아내들도 사실은 삶이 불만스럽고, 늘 과도한 책무에 시달리고, 가족 구성원들로부터 신체적으로 혹사당하고 있으며, 침대에서도 성생활에 대한 남편의 몰이해와 굴욕적인 태도 때문에 좌절한다고 했다. 알리스는 아내를 강간하고 자식을 때리는 가정 내 독재자들의 일방적 군림과, 상류층에서 고급스럽게 포장된 남성 위주의 지배에 대해서도 자주 언급했다.

1985년에 발표한 어느 수필에서 알리스는 과도한 다이어트 열풍을 남성 지배사회의 전형적인 사례로 보았다. 남자들이 사회적으로 성공하려고 노력하는 동안 여자들은 몸매 가꾸기에 몰두했다. 남자들이 좋은 자리를 차지하는 동안 여자들은 더 말라 갔다. 남자들은 경력을 쌓고, 여자들은 다이어트를 했다. 여자의 신체가 남자들의 기준에 의해 압박받았던 것이다. 여자들이 살을 빼는 데 온 신경을 집중하며 에너지를 낭비하는 짓을 그만둔다면, 얼마나 많은 상상력과 에너지가 자유롭게 분출될 수 있을 것인가? 사소하고 별것도 아닌 칼로리 수치에 에너지를 쏟는 대신, 뭔가 진정으로 의미 있는 다른 것에 신경을 더 쓸 수 있을 것이라고 그녀는 역설했다.

또한 그녀는 사회의 성적 욕망과 포르노에 대한 관심에도 맞서 싸웠다. 저속한 황색신문을 판매하기 위해 첫 장에 벌거벗은 여자의 사진을 올려놓은 것을 매일 봐야 한다는 게 끔찍스럽다고 했다. 그러나 여자를 성욕의 대상으로만 보는 것에 맞서 수년간 투쟁해도 그런 욕구는 점점 더 확산되었고, 포르노에 대한 관심도 정점을 향해 치솟았다.

그녀는 다음과 같은 유명한 문장으로 논쟁을 이끌었다. "포르노는 단순히 쾌락의 문제가 아니라, 권력의 문제다. 성욕은 자연스러운 것이 아니라 문화다. 그것은 우리가 살아가면서 의식적 혹은 무의식적으로 받게 되는 영향·환상·권고·강요의 산물이다. 여성들은 원하지도 않고, 원해서도 안 되는 것이지만, 남자들이 사랑이라는 이름으로 억지로 강요하는 수줍은 첫 키스, 비밀스러운 첫경험. 이 모든 것은 남자들뿐만 아니라 우리 여자들과도 관련이 있는 일이다. (…) 섹스와 폭력은 우리 모두의 환상이나 욕구와 불가분의 관계를 맺고 있다. 성 역할이 선천적이라고 주장하는 학자들에게 우리 여권 운동가들은 그것이 후천적이고, 강요에 의해 수용된 것이라고 말한다."

물론 그런 투쟁을 하려면 용기가 필요하다. 처음에는 알리스 역시 사람들에게 이해받지 못했고, 증오와 조롱의 대상이 되기도 했다. 초창기에 생긴 '쌈닭'이라는 별명은 그나마 온순한 호칭이었다. 신문에서는 '눈에서 독기를 내뿜는 악녀', '중성화된 암소', '전봇대와 섹스를 하는 부엉이'와 같이 험한 표현까지 써 가며 그녀를 모욕했다. 그녀는 그 모든 수모를 감수해야만 했다. 전통적 고정관념에 집착한 남자들은 술집에서나 신문의 독자투고란을 통해 그녀를 사정없이 난도질했다.

물론 알리스와 같은 여자를 이해하려고 노력하는 남자들도 있었고, 지금도 있지만, 사정은 별로 달라지지 않았다. 가장 어려운 경우는 알리스의 생각이 틀렸다고 굳게 믿는 사람들이다. 그런 남자들은 아직까지도 여자와 남자가 근본적으로 다르다는 것을 전통적 성역할 분담의 이유로 든다. 그들은 생물학, 자연·동물의 세계를 들먹이며, 지난 수천 년간 지혜롭고 적합하게 성역할이 나뉘어 왔다는 점을 설명하려고 애쓴다.

그들은 여권운동을 하는 사람들이 합목적성이나 적절한 성역할을 위해 혹은 행운을 거머쥐기 위해 투쟁하는 것이 아니라, 인간의 존엄성을 위해, 하느님의 모습을 닮기 위해 투쟁하고 있다는 사실을 이해하지 못한다. 물론 알리스가 직접 그렇게 말한 적은 없다. 그녀는 오직 자유·평등·존엄에 대해서만 말했을 뿐이다. 하지만 그 말들은 '하느님의 모습 닮기'에서 비롯된 것이다.

남자에게 복종하고, 남자를 우러러보는 태도를 보여야만 여자와 같이 살겠다고 말하는 남자들은 '하느님의 모습 닮기'라는 사명 달성을 위해 여자들과 같은 눈높이에서 살아가려는 남자들과는 엄청나게 동떨어져 있다. 그 반대의 경우도 마찬가지다. 남자들을 우러러보고, 스스로 굴복하려는 여자들은 하느님의 모습을 닮기 위해 애쓰는 여자들과는 몇 광년이나 동떨어져 있다.

하느님의 모습 닮기라는 목표를 달성하기 위한 중요한 단계가 바로 자유·평등·인간의 존엄이다. 그러므로 굳이 생물학에 관한 토론을 벌일 필요가 없다. 기본법을 지키는 것만으로도 충분하다. 기본법에는 어느 누구도 성별 때문에 차별받아서는 안 된다고 적혀 있다.

여자가 권투선수, 축구선수, 군인이 되려고 할 때 사회는 여자가 그런 것을 하면 안 된다고 말할 것이 아니라, 여자가 권투선수, 축구선수, 군인이 될 수 있도록 조건을 만들어 주어야 한다. 평등 그리고 평등과 연결된 모든 것이 기본법에 적혀 있고, 힌두쿠쉬에서도 지켜졌다는 서구의 가치 기준에서도 그런 것들이 아무 무리 없이 받아들여지기 때문이다. 여자가 직장이나 가정에서 남자와 동등한 대우를 받고 싶다고 할 때 사회는 여자가 어린 자녀가 있는 집에 있어야 하는 것 아니냐고 말할 것이 아니라, 여성의 권리가 가정이나 직장에서 지켜질 수 있도록 도와야 한다. 다시 말해 여자가 자식을 낳고 직장생활도 할 수 있도록 삶, 경제, 노동 여건이 뒷받침되어야 한다.

이런 생각이 현실에서 관철되기까지는 수십 년이 걸렸다. 알리스와 그녀의 동료들은 이를 위해 힘겹게 싸웠다. 그들이 아직 승리하지는 못했지만, 수십 년의 세월 동안 계속 전진해 왔다. 처음에는 알리스를 따르고 지지하는 여자들이 몇 명 되지 않았다. 그러나 여권운동을 하는 여기자들의 숫자가 계속 늘어났고, 최근에는 여성 정치인들도 그 뒤를 따르고 있다. 처음에는 녹색당 소속의 여성 정치인들이 그랬고, 사회민주당과 자유민주당 소속 여성 정치인들도 그 뒤를 이었다. 이제는 가정과 직장에서 여성과 남성이 똑같은 대우를 받아야 한다는 여성들의 요구에 기독교 민주연합과 기독사회당까지도 공감하고 있다. 여권운동에 대해서는 아직도 여전히 갑론을박을 벌이며 삐걱대기는 하지만, 과거로 회귀하려는 자들의 시도는 결국 실패로 귀결될 것이다. 이제 알리스 슈바르처는 여권운동가로서 증오보다는 존경을 더 많이 받고 있다. 그녀의 투쟁과 노력은 뒤늦게나마 적절한 평가를 받게 될 것이다. '적이 많으면 명예도 크다'는 속담처럼.

남자들이 사라지는 것에 대한 두려움을 표현한 『프랑크푸르트 알게마이네 자이퉁』 발행인 프랑크 쉬르마허의 몇 년 전 글을 보면, 그사이 여권운동이 상당한 성과를 거뒀음을 알 수 있다. 유럽에서 가장 큰 신문 재벌인 스프링거 출판사의 경영책임을 맡게 된 사장도, 세계적으로 가장 큰 언론사인 베르텔스만의 최고 경영자도, 텔레비전의 주요 대담프로 진행자도, 독일 최대 출판사인 주어캄프의 사장도 여자인 것을 보면서, 그는 인간의 의식과 관련 산업이 이미 여성의 손에 넘어갔고, 앞으로 모든 권력의 최고 수장 자리를 여자가 차지하는 것은 시간문제일 뿐이라고 생각했다. 하지만 자신이 소유하고 있는 신문사의 임원진이나 간부진에 여전히 여자가 없는 것처럼 주요 독일 회사의 경영인이나 편집주간, 텔레비전 방송 진행자로 일하는 여성의 숫자가 극소수에 불과하다는 사실을 프랑크 쉬르마허는 간과했던 것 같다.

남녀차별이 완전히 해소되기까지는 아직 갈 길이 멀다. 물론 우리는 지금까지 많은 것을 이루어 냈다. 알리스 슈바르처와 같은 여성의 끊임없는 투쟁으로 이루어 낸 발전에 대해 우리는 감사의 마음을 가져야 한다.

그러나 지금껏 이루어 놓은 것을 너무 당연하게 생각해, 지금까지의 성과가 다시 과거의 상황으로 되돌려질 위험 또한 여전하다. 지나가는 사람을 붙잡고 최근에 일어났던, 세계사적으로 큰 사건이 무엇이냐고 물어보면 많은 사람들이 동·서독의 통일이나 소련의 붕괴라고 대답할 것이다. 이 밖에도 인터넷의 발명, 세계화, 컴퓨터를 이야기하는 사람도 있을 것이고, 인간의 게놈 지도 완성이라고 말하는 사람도 있을 것이다. 하지만 이런 사건들보다 한발 앞서 있었던 여성의 해방, 성의 혁명, 역사상 가장 길었던 여성에 대한 남성 지배의 종말을 말하는 사람은 거의 찾아볼 수 없다.

"여자는 남자에 종속되나니 교회에서 침묵하라." 지난 5천 년 내지

1만 년의 세월 동안 여자의 위치는 그렇게 고정되어 있었다. 구약, 신약, 코란에서 그렇게 규정해 놓은 것을 쉽게 찾아볼 수 있다. 성경의 첫 장에서 우리는 남성이 하느님의 명령을 지키지 못하게 유혹하는 여성 이브를 보게 된다. 이브에게 하느님은 "너는 앞으로 남자에게 종속되고, 남자가 너의 주인이 될 것이다."라고 말했다. 사도 바울의 시각도 별반 다르지 않았다. "아내는 남편의 종속물이다. 남편이 아내의 주인이기 때문이다."

물론 성경에는 여성을 우호적으로 대하는 구절도 있다. 그러나 그렇다고 해도 이런 구절들은 지난 수천 년 동안 고착화된 가부장 제도에 그 어떤 영향도 미치지 못했다. 남성 지배사회는 수많은 전쟁, 재앙, 전염병, 경제위기를 겪으면서 오늘날까지 흥망성쇠를 이어 왔다. 그러나 이제는 서서히 종말을 향해 가고 있다. 물론 자유의지로 그렇게 된 것도 아니고, 전 세계에서 똑같이 동시에 진행되는 것도 아니다.

그런데 여권운동을 통해 힘들게 쟁취한 것들은 왜 지극히 당연한 것으로 보이는 걸까? 세계사적으로 큰 사건이 무엇이냐는 질문에 아무도 여권운동을 거론하지 않을 정도로 사람들은 그 노력을 까맣게 잊고 산다.

용기를 낸 사람들
세 번째 만남

황금과 기독교
사이의 결정

# 바르톨로메 데 라스 카사스

*Bartolomé de Las Casas*

1484년 스페인 세비아에서 태어남 • 살라만카에서 대학을 다님 • 1502년 히스파니올라에서 행정부의 고문으로 일함 • 1510년 신대륙의 최초 기독교인으로 산토 도밍고에서 사제 서품을 받음 • 1511년과 1512년 스페인의 쿠바 정복전쟁에 참전 • 1523년 도미니크 수도회에 가입한 사제로서 멕시코, 니카라구아, 페루와 과테말라에서 활동 • 1542년 인디언 노예를 위한 라스 카사스 보호법 발의 • 1544년 멕시코 치아파스의 주교가 됨 • 1566년 마드리드의 누에스트라 세뇨라 데 아토카 도미니크 수도원에서 사망

*
**

스페인 국기가 게양된 어느 범선의 선장은 1492년 10월 12일 행해일지에 이렇게 적고 있다. "동이 틀 무렵 우리는 정박해 있는 배에 무장 상태로 앉아 있었다." 선장 크리스토퍼 콜럼버스가 이제 막 아메리카를 발견한 것이다. 물론 그 당시에는 그도 그 사실을 알지 못했다.

그는 인도로 가는 새로운 항로를 찾던 중이었다. 그 당시 유럽에서 인도로 가려면 아시아의 작은 나라들과 아라비아를 지나는 힘들고 위험한 육로를 택하거나, 배를 타고 아프리카 대륙을 멀리 돌아가야만 했다. 뱃길이 육로보다 더 위험했다. 아프리카 최남단인 케이프타운의 희망봉 근처에서 이는 엄청난 소용돌이 때문이었다. 그 무렵 유럽에서는 지구가 교회에서 가르쳐 주는 것처럼 원반형이 아니라, 공처럼 둥글다는 말들이 나돌고 있었다. 만약 그 말이 옳다면 지금까지 해 왔던 대로 동쪽으로만 갈 것이 아니라 반대쪽인 서쪽으로 계속 가면 인도에 도착할 수 있을 거라고 콜럼버스는 생각했다. 그는 결국 지구 반대편의 먼 동쪽으로 가기 위해 대서양에서 서쪽으로 항해를 시작했다. 이 항로에 큰 땅덩이가 장애물로 등장하리라는 것을 유럽인들은 전혀 예상하지 못했다. 당시 사람들은 신대륙의 존재를 모르고 있었기 때문이다.

이 대륙을 발견한 콜럼버스는 그것을 인도의 다른 쪽 해안이라고 생각해 '서인도'라고 명명했다. 그가 도착한 곳은 사실 카리브 해의 히스파니올라 섬이었다. 항해를 끝내고 집으로 돌아온 선원들은 그곳이 낙원처럼 아름다웠다고 말했다. 그래서 후에도 그곳을 계속 찾았고, 점점 많은 사람들이 그곳에 정착했다. 그리고 불과 20년 후, 낙원 같았던 그곳은 시체 썩는 냄새가 진동하는 지옥으로 변해 버렸다.

완전히 다른 문화에서 태어나 자란 사람들이 서로를 처음 만나 상대에 대해 놀라워할 때는 그런 미래를 미처 알지 못한다. 스페인 사람들은 "엄마 뱃속에서 태어난 갓난아기처럼 모두 벌거숭이"인 원주민들을 신기한 듯 바라보았다. 스페인 사람들이 인디언이라고 불렀던 원주민들이 움직이는 큰 집처럼 생긴 것을 타고 그들 앞에 나타난 백인들을 보고 느낀 충격도 그에 못지않았다. 콜럼버스의 항해일지에는 "우리를 하늘에서 내려온 사람들로 보는 것 같았던" 그곳 사람들이 우아하고, 키가 크고, 몸이 마르고, 예쁘고, 표정이 풍부하고, 다정하고, 인심이 좋았다고 기록되어 있다.

또한 콜럼버스가 스페인 국왕에게 보낸 편지에는 "인디언들은 매우 선하고, 악한 것을 모르는 사람들입니다. 그들은 아무도 죽이지 않았고, 어느 누구를 붙잡아 포로로 만들지도 않았습니다. 학습능력도 뛰어나 기도문도 금방 외우고, 성호를 긋는 법도 익혔습니다. 그러니 그들에게 기독교를 전파하도록 허락해 주시기 바랍니다."라고 적혀 있다.

인디언들이 백인을 어떻게 생각했는지는 알려져 있지 않다. 아마도 처음에는 낯선 외지인을 어떻게 대해야 할지 알지 못했겠지만, 불과 몇 년이 지나지 않아 잘 알게 되었을 것이다. 히스파니올라의 마지막 인디오 지도자였던 아투에이가 백인들이 쌓아 놓은 장작더미 위에 쓰러져 있었을 때, 프랑스인 사제가 천당에 들어갈 수 있게 해 준다며 그를 개종시키기 위해 십자가를 들고 다가오자 그는 기독교인들도 천당에 가느냐고 물었다. 좋은 기독교인은 다 천당에 간다고 사제가 대답하자 그는, 기독교인들과 함께 천당에 있느니 차라리 영원히 지옥에 머물겠다고 말했다고 한다.

유럽 선원들을 친절하고 인심 좋게 환영해 주었던 원주민들을 유럽인들은 잔혹하고 야만적으로 다루었다. 콜럼버스의 항해일지를 보면 처음에는 아무 문제가 없어 보이는 기록들이 이어진다. "나는 원주민들이 우리와 우호적인 관계를 맺으며 살아가기를 바란다. 그들은 우리가 믿는 종교로 개종시키기 위해 무력을 쓰기보다는, 사랑으로 다루어야 할 사람들이기 때문이다." 나중에 콜럼버스는 자신의 바람을 좀 더 구체적으로 적었다. "솜씨가 좋고 착한 그들을 노예로 쓰면 좋을 것 같다. 그들은 우리가 가르쳐 주는 것을 아주 빠르게 습득한다." 그가 원주민을 자기와 같은 사람으로 보기보다는 노예로 봤다는 게 분명히 드러나는 대목이다.

비록 원주민들은 이해하지 못했지만 콜럼버스가 그곳에 도착해 개최했던 축제행사 때 이미, 그 후 수백 년에 걸쳐 서서히 구체화될 일들이 확실히 그 모습을 드러냈다. 스페인 국기를 게양한 후 콜럼버스는 자신이 새로 발견한 땅을 스페인의 영토로 공식 천명했던 것이다.

그는 대체 무슨 권리로 그렇게 했을까? 그의 행동에 대해 당시에는 아무도 신경 쓰지 않았지만, 그가 왕에게 보낸 서신에는 그 이유가 분명하게 나타나 있다. "이곳에 엄청난 양의 금이 매장되어 있는 게 확실해 보입니다."

공식적으로는 기독교를 전파하기 위해서라고 발표했지만, 유럽의 왕들이 탐험대를 세상 밖으로 내보낸 것은 신이 아니라 황금 때문이었다. 실제로 여러 나라의 사제들이 이 먼 여정에 동행했지만 그것은 그곳에서 일어난 일들을 정당화하기 위한 구실에 불과했다. 사제들은 원주민들에게 기독교를 전파하는 대신 그들의 땅을 빼앗았고, 그들의 존엄성을 짓밟았으며, 결국 그들의 목숨까지 앗아 갔다. "우리가 믿는 성스러운 종교"로 개종시키면서 콜럼버스의 바람대로 "사랑으로" 감싸지 않고 불과 검, 그리고 채찍으로 그들을 다룬 것이다.

신대륙 발견 2년 후, 콜럼버스는 스페인 사람들이 19세기까지 '라스 인디아스Las Indias'라고 불렀던 그곳의 총독으로 임명되었다. 그는 자신의 계획을 실행하기 위해 인디언들을 스페인 왕국의 노예로 만들었다. 원주민들은 아무 대가도 받지 못한 채 금을 찾고, 진주를 캐고, 농토에 곡식을 심어야 했다.

당시 콜럼버스가 어떻게 살았는지는 그의 아들 페르난도의 기록을 통해 엿볼 수 있다. 콜럼버스 총독은 원주민들에게 조공 납부의 의무를 부과했고, 금을 캐 오라고 원주민들을 밤낮없이 괴롭혔다. "금맥이 있던 치바오스의 원주민들은 14살이 넘으면 누구나 사금을 캐 큰 병에 담아 갖다 바치고, 1인당 25파운드의 목화도 바쳐야만 했다. 조공을 제대로 바쳤는지 확인하기 위해 동이나 놋쇠로 동전을 만들어 목에 걸고 다니게 하는 조치도 취했다. 목에 동전을 걸고 있지 않은 사람은 조공을 바치지 않았다는 이유로 처벌받았다." 각 개인에게 부과된 할당량을 채우려면 가족과 부족을 내팽개쳐야만 했다. 그 결과 지난 수백 년간 이어져 오던 인디언들의 풍습은 급속도로 파괴되었다. 그들이 살던 주거지는 무너지고, 대신 농장이 들어섰다.

신세계에서 일어나는 일들에 대한 정보를 제대로 듣지 못하는 먼 유럽의 황제나 교황 혹은 왕들은 아무 걱정도 하지 않았다. 그들은 신세계에서 배에 가득 실어 보내오는 금, 보석, 향신료, 이국적인 동물, 과일, 식물에만 관심이 있었다. 누구보다도 빨리 부자가 되고 싶은 꿈을 좇는 사람들이 금을 찾아 신세계로 몰려들었다. 그들과 동행한 사제나 선교사들도 일반 탐험가들과 별반 다를 바 없었다.

콜럼버스가 신대륙을 발견한 지 10년 만인 1502년, 배 한 척이 카리브 해를 향해 출항했다. 승객 중에는 만 18세의 '콘퀴스타도르Conquistador'가 한 명 있었다. 콘퀴스타도르는 당시 스페인과 포르투갈의 군인, 탐험가, 정복자를 일컫는 말이었다. 그는 대학에서 법학과 신학을 공부한 군인 '바르톨로메 데 라스 카사스Bartolomé de Las Casas'였다. 독실한 기독교도였던 그는 신대륙에서 벌어진 유럽인들의 활동을 다른 시각으로 본 몇 안 되는 유럽인 가운데 한 사람이었다. 그는 식민지에서 자행된 잘못들을 왕에게 솔직히 알렸고, 원주민들을 보호했으며, 원주민들에 대한 야만적인 탄압에 맞서 평생을 싸웠다.

후일 그는 「서인도제도의 파괴에 관한 짧은 보고서」를 작성하는데, 그 보고서에는 진주를 캐는 사람들의 예가 언급되어 있다. "이 일은 정말 힘든 일입니다. 이 세상 누구라도 며칠밖에 버티지 못할 정도입니다. 숨을 쉬지 않고 물속에서 작업해야만 하는 인간에게 장수란 꿈 같은 일입니다. 몸은 추위에 끊임없이 노출되고, 호흡을 자주 멈추는 탓에 가슴은 쪼그라듭니다. 이 일을 하는 사람들은 각혈과 설사를 되풀이하다가 결국 죽습니다. 태어날 때 검은색이었던 그들의 머리카락은 바다늑대의 가죽처럼 검붉은색으로 변해 버립니다. 등은 질산염으로 망가집니다. 한마디로 그들의 모습은 인간의 형상을 한 괴물 같거나, 적어도 우리와는 전혀 다른 종류의 인간처럼 보입니다. 스페인 사람들은 원주민들을 그런 참혹한 노동과 지옥 같은 고통의 현장으로 내몰아 결국 죽음에 이르게 하고 있습니다."

라스 카사스는 정복자들의 잔인함에 대해서도 다음과 같이 기록하고 있다. "주지한 바와 같이 신대륙에 주둔하고 있는 스페인 군인들은 원주민을 물어뜯어 죽이려고 혈안이 되어 있는 개를 기릅니다. 군인들은 멀리 행군을 나갈 때면 그 개들의 사료로 쓰기 위해 원주민들을 쇠사슬에 묶어 돼지처럼 끌고 다닙니다. 그들은 원주민을 죽인 후, 인육을 팔려고 내놓기도 합니다. 그러면 다른 사람들은 '고기 한 덩이만 나한테 줘. 다음에는 내가 갚을게.'라고 말하곤 했습니다. 마치 돼지고기나 양고기를 빌려달라고 말하는 것처럼. 그런가 하면 아침에 개 몇 마리를 데리고 인간사냥에 나서는 군인도 있었습니다. 식사 시간에 맞춰 돌아온 군인에게 다른 군인들이 어떻게 됐느냐고 물어보면 괜찮았다고, 개들이 한 스무 명쯤 물어뜯어 쓰러뜨렸다고 당당히 대답했습니다. 그런 악마 같은 짓이 법적으로 용인되었습니다. 세상에 이보다 더 비인간적이고 끔찍한 일이 또 있겠습니까?"

라스 카사스는 노년에 이 글을 썼다. 젊었을 때는 그도 다른 사람들과 다르지 않았다. 물론 그렇게 폭력적이고 피에 굶주리지는 않았지만, 착취와 폭력으로 이익을 얻는 사람이었다. 그가 상륙했던 카리브 해의 섬 히스파니올라는 현재 도미니크 공화국과 아이티로 나뉘어 있다. 그곳에서 그는 니콜라스 데 오반도 총독의 고문으로 일했다. 그는 수차례에 걸쳐 군대의 출정에 참여했고, 그 대가로 전리품이라고 할 수 있는 '엔코미엔다Encomienda'를, 즉 토지와 원주민들을 왕으로부터 하사받았다. 1506년 라스 카사스는 다시 유럽으로 되돌아갔다. 스페인에서 법학사 학위를 받고, 로마에서 사제 서품을 받기 위해서였다. 이후 그는 다시 카리브 해의 섬으로 돌아와 자신의 재산을 관리하고 증식하는 데 몰두하는 지주로, 그리고 미사를 집전하는 성직자로 살아갔다.

그때까지만 해도 그는 약탈 지주인 동시에 기독교 선교사로 살아가는 자신의 삶에 모순이 없다고 생각했다. 그런 모순을 처음 목격한 이들은 1510년부터 히스파니올라로 건너오기 시작한 도미니크 수도회 소속 사제들이었다. 그들이 보기에 자국민들이 그곳에서 저지른—그리고 앞으로도 계속 저지르게 될—짓은 더 이상 간과해서는 안 될 것들이었다. 1492년부터 1508년까지 불과 17년 동안 원주민 수가 30만 명에서 6만 명으로 줄어들었다. 원주민들은 스페인 군대의 공격이나 비인간적인 노동, 영양실조, 질병, 그리고 백인들이 가지고 가 퍼뜨린 전염병으로 죽어 갔다.

이런 상황은 1511년 4월 4일 처음으로 공론화되었다. 도미니크 수도회 사제였던 안토니오 몬테시노 신부가 이런 상황을 처음으로 공개하면서, 이는 기독교 복음과 모순되는 것임을 천명했다. 그는 이런 상황에 대한 단순 고발을 넘어, 인디언 노예 제도와 엔코미엔다 제도의 폐지를 골자로 하는 정치 개혁을 강력히 요구했다.

이러한 설교가 일부 정복자들에게는 영향을 미쳤지만, 그가 바라던 대로 되지는 않았다. "많은 사람들은 침묵했고, 또 다른 사람들은 무관심하게 반응했다. 뉘우치는 사람도 있었지만 자신의 생각과 태도를 바꾼 사람은 아무도 없었다."라고 라스 카사스는 적고 있다. 그 당시에는 그 역시 인식하지 못했지만, 안토니오 몬테시노 신부의 설교는 그의 마음속에 남아 있다가 몇 년이 지난 후부터 영향을 미치기 시작했다. 하지만 다른 사람들에게는 별다른 흔적을 남기지 못한 채 잊혀져 갔다. 그들은 도미니크 수도회 사제들의 주장을 전혀 받아들이지 않았다.

그것은 말처럼 그렇게 간단한 일이 아니었기 때문이다. 도미니크 수도회 사제들의 요구에 응한다는 것은 식민지 사업을 그만두겠다는 것이며, 이는 곧 신대륙의 보물을 포기하겠다는 말과 동의어였다. 본인들이 직접 힘겨운 노동을 하고, 그렇게 해서 얻은 것을 원주민들과 나누느니, 차라리 본국에 머무르는 게 더 낫다는 것이었다. 금방 부자가 되지 못할 바에야 굳이 그 먼 곳까지 찾아가 고향에 대한 그리움을 참아 가며 힘들게 일할 이유가 없다고 그들은 생각했다. 그들의 입장에서 보면, 도미니크 수도회 사제들의 요구는 비현실적이었다. 세상살이에 대해 아무것도 모르는 사람만이 그런 말을 할 수 있다며, 그들은 사제들의 주장을 외면했다. 심지어 그들은 만일 예수 그리스도가 그런 방향의 전환을 주장하는 것이라면, 예수는 현실 세계를 사는 사람들의 말에 귀 기울일 필요가 없어 세상 물정을 모르게 된 구제불능의 선인善人일 뿐이라는 말도 했다.

사람들은 다시 일상생활로 돌아갔고, 라스 카사스도 그랬다. 군종 성직자로서 그는 1512년과 1513년에 디에고 데 벨라스케스가 이끄는 쿠바 정벌 전쟁에 참여해 스페인 군인들이 자행한 대량학살을 두 눈으로 직접 목격했다. 물론 대량학살을 본 후에도 그의 입장에는 변화가 없었다. 백인 대지주들에게는 노동력이 부족했기 때문이었다. 이 문제를 해결하기 위해 더 많은 곳을 정복하여, 더 많은 원주민을 끌고 와야 한다고 그는 생각했다.

기독교인으로서 양심을 지키거나 주저하는 것보다는 이런 식으로 문제를 해결하는 것이 더 낫다고 생각하는 사람들이 많았다. 라스 카사스도 그랬다. 그는 금광과 거대한 농토, 그리고 그 일에 필요한 원주민들이 사는 큰 마을을 소유하고 있었다. 그것들을 위해서라면 여기저기 출정해 학살을 자행해도 된다고 그는 생각했다.

머지않아 입장 변화를 보이게 된 라스 카사스는 원주민에게 빼앗은 토지와 원주민 노예들을 갖고 있었던 그 마지막 시기에 대해 이렇게 회상했다. “원주민들과 함께 농장을 경영했고, 금광에도 원주민들을 보냈다. 그들을 전도하는 본연의 임무보다 그런 일에 신경을 더 곤두세웠다. 그런 면에서 나는 목사의 어린 아들이었을 때처럼 종교에 대한 신념이 거의 없었다.”

그러나 또 다른 대량학살의 현장을 직접 보면서 도미니크 사제가 호소했던 의식의 변화가 라스 카사스의 마음속에서 조금씩 싹텄다. 카오나오Caonao에서는 아무런 저항도 하지 않고 있던 2500명의 원주민들이 정복자들에게 무참하게 학살되었다. 라스 카사스는 “두려워 벌벌 떨면서” 현장을 지켜보았다.

왜 그는 그렇게 무서워했고, 그와는 달리 다른 사람들은 왜 공포를 느끼지 않았을까? 대량학살을 주도한 자들은 왜 아무런 두려움도 느끼지 못했을까? 무엇이 그들을 그렇게 잔혹하고 무자비하고 무감각하게 만들었을까? 종교를 믿는 자들이 어떻게 다른 사람을 죽이고 괴롭히고 노예로 삼았을까? 익숙함, 그리고 이것이 정상이라는 생각 때문이었을 것이다. 모두들 하는 짓이니 나쁘다고 생각하지 않았던 것이다. 게다가 이는 교황과 황제의 명령이기도 했다. 그러므로 그들의 명령을 잘못되었다고 생각할 사람은 아무도 없었다. 교황과 황제는 세상 어느 누구보다도 더 지혜로운 자들이 아닌가! 더구나 성경에도 이렇게 적혀 있었다. “세상 밖으로 나가 모든 백성들을 가르쳐라.” 그런 이유에서 정복자들은 그곳으로 갔고, 그곳에서 자신들이 저지른 모든 일을 정당화했다. 그리고 그렇게 하면서 그들은 아주 빨리, 아주 큰 부자가 되었다. 그들은 이것이 신의 축복이라고 믿었다.

정상이라고 생각하며 매일 익숙하게 처리해 오던 일에 거리감을 두고 의문을 제기할 수 있는 사람은 언제나 극소수의 예민한 사람들뿐이다. 한 번의 설교나 한마디의 말, 하나의 사건에 아주 예민하게 반응한 결과, 이 말에 감염되는 사람, 즉 “건강한 기준”에서 벗어나는 “병”에 걸리는 사람 역시 극소수다. 라스 카사스가 카리브 해의 섬에 온 지 12년이 지난 1514년에, 즉 몬테시노 신부가 스페인 사람들의 야만적 행위에 반대하는 강력한 호소를 한 지 3년 만에, 라스 카사스도 이 “병”에 걸렸다. 그가 집전했던 오순절 미사가 결정적인 도화선이 되었다.

성령의 은사가 현실세계에 나타나 실제로 영향을 미치는 게 사실이라면, 1514년 카리브 해의 오순절 때 그 일이 일어났다고 할 수 있다. 강론 준비를 하던 라스 카사스가 『집회서集會書』를 손에 들게 된 것이 성령의 첫 번째 은사였다. 사실 『집회서』는 오순절 강론에 쓸 자료를 찾을 목적으로는 거의 찾지 않는 책이었다. 두 번째 은사는 라스 카사스가 『집회서』 제34장을 펼쳐, 21절부터 26절까지를 읽게 된 것이었다. 이 구절 역시 예수 그리스도를 믿는 사도들에게 성령의 은사를 부어 준다고 약속했던 오순절과는 아무 상관이 없는 내용이었다. 세 번째 은사는 성령이 라스 카사스의 마음을 움직여, 그가 자신이 읽은 것에 마음을 열고, 거기에 적힌 격노의 말씀을 대면하며, 그 말씀을 토대로 자신이 지난 12년간 보고, 행하고, 체험한 것들을 되돌아보게 된 것이었다.

라스 카사스가 읽었던 구절은 다음과 같다. “불의하게 얻은 것으로 제사를 드리면 부정한 제물이 되고, 무도한 자들의 봉헌은 받아들여지지 않는다. 지극히 높으신 분께서는 불경한 자들의 제물을 기꺼워하지 않으시고, 제사를 많이 바치더라도 죄를 용서해 주지 않으신다. 날품팔이의 재산으로 제사를 바치는 자는 아버지 앞에서 그 자식을 죽이는 자와 같다. 궁핍한 이들의 빵, 그것은 가난한 이들의 목숨이니 그것을 빼앗는 자는 살인자다. 이웃의 밥줄을 끊는 자는 그를 죽이는 자이고, 일꾼의 품삯을 빼앗는 자는 그의 피를 흘리게 하는 자이다."

이 글은 라스 카사스의 마음을 갈기갈기 찢어 놓았다. 이웃의 밥줄을 끊어 이웃을 죽이는 자가 바로 자기 자신이었기 때문이다. 궁핍한 자들은 그를 위해 광산이나 농토에서 일해야 했던 원주민들이었다. 그가 미사 때 제물로 바치던 빵 역시 원주민들에게서 빼앗은 것이었다. 그것은 궁핍한 자의 목숨을 빼앗는 행위였다. 하느님께 제물을 바치는 것이 실제로는 하느님을 괴롭히는 짓이 되었던 것이다. 제단에 올려놓은 그의 손에는 피가 묻어 있었다. 그것은 "황금 송아지에 대한 우상숭배"와 예배를 뒤섞은 것처럼, "도저히 용납할 수 없는 방법으로 그리스도의 피와 뒤섞어 놓은" 원주민들의 피였다. "날품팔이의 재산으로 제사를 바치는 자는 아버지 앞에서 그 자식을 죽이는 자와 같다." 라스 카사스는 자신이, 그리고 스페인 사람들 모두가 도살자였음을 깨닫고 온몸을 떨었다. 계속 그렇게 살 수는 없었다. 완전히 변해야만 했다.

그는 변했다. 다른 사람들 눈에는 완전히 정신 나간 사람처럼 보일 정도로 믿기 어려운 일을 했다. 그는 자신의 재산을 포기한다고 선언했고, 강제노역에 시달리던 원주민들을 풀어 주었다. 또 식민지 스페인 사람들의 행동은 크나큰 불법이며 죄악이라고 비난하면서, 자기와 뜻을 함께할 것을 요구했다. 황금과 기독교, 탐욕과 하느님 사이에서 한 가지만 취해야지 둘 다 가질 수 없다고 그는 강변했다.

그로부터 1년이 지난 1515년, 그는 스페인으로 갔다. 국왕을 만나 식민지의 상황을 설명하고, 식민지 정책의 변경을 청원하기 위해서였다. 그는 정복당한 원주민들에게 완전한 자유를 보장해 줄 수 있을 거라는 희망을 안고 스페인에 도착했지만, 시기가 별로 좋지 않았다. 페르디난드 국왕이 1516년 사망했던 것이다. 그 후 막강한 영향력을 행사하던 칙네로Cicnero 추기경이 국정을 임시로 돌봤는데, 라스 카사스는 칙네로 추기경의 신임을 얻었기에 카를로스 1세(후일 그는 신성로마제국 황제로도 등극하여 카를 5세가 된다.)가 새로운 왕으로 등극하자 바로 알현할 수 있게 되었다. 그는 라스 카사스의 말을 귀담아 들었다.

이 면담을 계기로 라스 카사스는 '서인도제도에 사는 인디언들의 법적 대리인'이라는 칭호를 얻게 되었다. 얼마 후 카를로스 1세는 그가 식민지의 정치 및 경제개혁을 이끌도록 자신의 권한을 위임했다. 이는 큰 성공이었다. 이제부터는 국왕이나 식민지 평의회로부터 권한을 위임받은 스페인 사람들뿐 아니라 원주민들도 스스로를 대변할 수 있게 되었기 때문이다. 그들에게도 권리가 있음을 왕이 증서로 확인해 준 것이다. 그렇지만 이것이 식민지 원주민에게는 큰 도움이 되지 못했다. 온갖 방해와 그로 인한 지연으로 법조문을 완성하는 데만 25년이 넘게 걸렸기 때문이다. 식민지 정복자들 역시 법대로 하지 않았다. 신은 하늘에 있고, 왕은 멀리 있으므로 식민지에서는 자신들 마음대로 한다는 것이 이들의 행동 원칙이었다.

그러나 라스 카사스는 포기하지 않았다. 1537년 5월, 지금은 과테말라의 영토인 어느 한 지역에서 원주민들이 스페인 정복자들로부터 괴롭힘을 당하지 않고 도미니크 수도회 사제들과 어울려 자유롭게 살도록 허용하는 법이 마침내 제정되었다. 그는 그곳에서 원주민들과 신뢰관계를 맺으려고 노력했고, 결국 그렇게 됐다. 라스 카사스는 카를로스 1세에게 편지로 이런 내용을 보고했고, 자신의 구상을 아메리카 전역으로 확대하기 위해 1540년 3월 다시 한 번 스페인을 방문한다. 국왕은 그의 제안을 호의적으로 받아들였다. 이는 인간에 대한 우호적 태도에서 비롯된 것이라기보다는, 조직화된 범죄자들이 백성의 씨를 말려 버리면 자신이 통치하고 있는 제국이 더 이상 번성할 수 없을 것이라는 생각에서 비롯된 것이었다. 죽은 인디언들은 일을 할 수 없을 것이고, 죽은 이교도들은 개종의 대상이 될 수 없는 법 아니겠는가?

황제는 이 사안을 처리하기 위해 협의회를 소집했다. 라스 카사스도 자문 역으로 참여했다. 1542년 11월 20일 마침내 새로운 법이 제정되었다. 그 결과 원주민들의 상황은 개선되었지만, 라스 카사스가 보기에는 충분한 변화가 아니었다. 이 법은 1543년 6월에 개정되었는데, 이를 통해 진주 캐기와 농노화된 원주민들을 대지주에게 나눠 주는 최악의 노예 제도는 폐지되었다. 다만 기존의 노예 관계는 노예 주인이 죽을 때까지는 그대로 유지되었다. 이제 원주민들은 스페인인들과 법적으로 동등해졌으며, 임금을 받고 재산을 형성할 권리도 갖게 되었다.

세비야에서 주교로 선출된 라스 카사스는 멕시코 치아파의 출정 행군에 동행했다. 그곳에서도 그는 개정된 법을 적용하려고 했으나, 지주들의 극심한 반발에 부딪쳤다. 지주들은 이 법에 정면으로 반발하였으며, 더 이상 고국으로 돈을 송금하지 않겠다고 위협했다.

지주들의 반대는 효과가 있었다. 2년 후 카를로스 1세가 이 법을 폐지했던 것이다. 터키로 군대를 보내야 하고 개신교에도 맞서야 했던 국왕은 돈이 필요했다. 독일 은행—특히 벨저 은행—에 상환해야 할 돈도 많았다. 당시 스페인의 식민지였던 베네수엘라 전체가 벨저 은행에 담보로 잡혀 있는 상태였다.

라스 카사스는 정복자들이 행한 전쟁이 왜 부당한지 그 이유를 조목조목 밝히는 책을 발간하는 것으로 법령 폐지에 항의했다. 이 책에서 그는 인디언들이 자신들의 자유와 재산을 어떻게 빼앗겼는지, 그 과정에서 예수님의 이름과 기독교의 믿음이 어떻게 더럽혀지게 되었는지를 기술했다. 책과 말만으로는 라틴아메리카에 주둔하는 대지주들과 맞서 싸울 수 없다고 생각한 그는, 원주민들의 권리를 위해 싸우고자 다시 스페인으로 돌아왔다.

그의 투쟁은 다시 성과를 거뒀다. 스페인 정복자들의 식민지 제도와 관련한 법 규정을 논의하는 협의회가 다시 구성되었다. 하지만 이 협의회는 곧 양분되었다. 한쪽은 라틴아메리카에서 스페인이 벌인 전쟁과 다른 모든 사업들은 정당하다고 주장했고, 라스 카사스를 포함한 다른 사람들은 이런 주장에 반대했다. 이 논쟁에서 어느 한쪽도 일방적인 승리를 거두지 못했다.

라스 카사스는 신학과 법학 논문을 계속 써 냈다. 이 가운데 어떤 것들은 논쟁의 여지가 있어서 그가 죽은 다음에야 출판되었다. 그의 생전에 발표된 논문들은 사람들로부터 많은 관심을 받았지만, 그가 수십 년간 심혈을 기울였던 투쟁의 궁극적인 목표 달성에는, 즉 원주민들의 동등한 권리 획득에는 끝내 실패하고 말았다.

그러나 그의 투쟁이 완전히 무의미했던 것은 아니다. 양분된 협의회에서 한쪽이라도 원주민들의 관심을 대변했기 때문에 라틴아메리카에 대한 스페인의 통치를 부드럽게 만들 수 있었고, 결과적으로 최악의 상황은 피할 수 있게 되었다. 물론 그가 백인에 의해 자행된 식민지 억압을 완벽히 저지했던 것은 아니다. 1492년 콜럼버스의 신대륙 발견과 함께 시작되었던 것들이 여전히 반복되고 있었다.

콜럼버스가 신대륙에 처음으로 발을 디딘 지 거의 300년 만인 1787년, 바운티 호 반란으로 유명해진 윌리엄 블라이 함장은 남태평양의 타히티 섬 원정 항해일지에 이렇게 쓰고 있다. "나는 그 행복한 섬사람들 곁을 떠날 때 무척 슬펐다. 그곳에 있는 동안 그들은 우리에게 최고의 호의를 베풀었고, 지극한 배려와 우정을 보여 주었다. (…) 그들의 정직한 사고와, 세상에 대한 선한 호의가 반영된 그들의 재능은 따뜻한 마음으로 그들에게 다가간 사람들에게 사랑을 전해 줄 것이다."

천국과도 같았던 남태평양의 타히티 섬은 1767년 영국인 선장 월리스에 의해 처음 발견되었다. 그리고 얼마 지나지 않아 프랑스의 탐험가 부갱빌과 영국의 탐험가 제임스 쿡 선장도 그 섬에 도착했다. 세 명의 선장들은 타히티의 원주민들로부터 뜨거운 환영을 받았고, 엄청난 양의 선물도 받았다.

남에게 호의를 베풀고, 정직하고 평화롭게 사는 삶. 기독교인들이 발견한 그곳 사람들의 삶은 하느님이 원했던 기독교인의 삶 그 자체였다. 사실 평화롭게 사는 그들에게 기독교인들은 뭔가를 배워야 했다. 그러나 기독교인들은 배우기 위해 그곳까지 간 것이 아니라, 가르치고 개종시키기 위해서 갔다. 기독교인들은 그들에게 환영을 받기 위해 그곳에 간 것이 아니라, 그들의 소유물을 빼앗기 위해 갔다. 기독교인들이 약탈의 대가로 준 것은 원주민들이 읽을 수도 없고, 이해하지도 못하는 책인 성경이었다. 심지어 성경에 적혀 있는 말씀을 그대로 전달하지도 않았다. 무분별하게 난도질한 토막들만이 그들에게 전해졌다.

"땅을 정복하라.", "그러므로 너희는 가서 모든 족속으로 제자를 삼으라.", "각 사람은 위에 있는 권세들에게 복종하라.", "주께서 그 사랑하는 자를 징계하신다."

정복자들은 두꺼운 성경에서 그런 구절들만 뽑아냈다. 원수를 사랑하고, 무력을 쓰지 말고, 평화를 지키고, 따뜻한 마음으로 서로 나누며 살라고 한 예수의 말과, 성서가 말하고자 한 것이 사랑이었다는 사실은 유럽 정복자들의 의식세계에 아무런 영향도 끼치지 못했다.

남태평양의 천국 같은 섬을 두 번째로 방문했던 쿡 선장은 떠날 때의 소회를 자신의 일지에 이렇게 적고 있다. "우리는 서해안을 따라 항해하면서 행복한 섬과 착한 원주민들과 마지막 작별 인사를 했다." 그러나 몇 년이 지난 후 그는 이렇게 적고 있다. "그 불쌍한 사람들은 아예 우리를 만나지 않았더라면 훨씬 더 좋았을 것이다."

바르톨로메 데 라스 카사스는 자기 생애 중 마지막 5년을 마드리드에 있는 도미니크 수도원 '누에스트라 세뇨라 데 아토차Nuestra Señora de Atocha'에서 보냈다. 그곳에서 그는 자신의 마지막 주 저작들을 썼다. 페루 보물 약탈의 정당성을 부인하는 「페루의 보물들에 대한 논문」, 그리고 페루 정복의 합법성에 의문을 표명한 「12개의 의심스러운 사건에 대한 논문」이 바로 그것이다. 이 밖에도 그는 지하자원 약탈에 대해 페루가 스페인에 보상을 요구해야 한다는 것과, 식민지 이전의 관계를 재건하고 잉카 제국을 다시 세울 것을 주장하기도 했다.

세계는 그의 말에 귀를 기울이지 않았다. 식민주의는 계속 이어졌고, 상황은 스페인 지배하에서보다 더 나빠졌다. 스페인 치하에서는 원주민들이 그나마 목숨은 부지할 수 있었다. 그러나 그와는 반대로 북아메리카에서는 인디언들이 거의 멸절되었다.

바르톨로메 데 라스 카사스는 1566년 82세를 일기로 세상을 떠났다. 가톨릭교에서는 그를 아직 성인으로 추대하지는 않고 있다. 그는 2002년 복자福者로 추대되었다.

용기를 낸 사람들
네 번째 만남

# 자비로운 신을 찾아다니다 | 마틴 루터 *Martin Luther*

1483년 아이스레벤에서 태어남 • 1501~1505년 에르푸르트 대학교에서 공부, 철학 석사학위를 받은 후 법학과에 편입해 공부를 계속함 • 1508년 비텐베르크에서 신학을 공부함 • 1512년 신학 박사 학위를 받고, 시편과 바울 서신에 관해 강의함 • 1517년 「95개조 반박문」 작성 • 1518년 루터에 대한 견제가 시작되어 아우구스부르크를 떠나 도피 • 1521년 교황청으로부터 파문 선고를 받고 추방됨 • 1522년 바르트부르크와 아이스레벤에서 은신하며 신약성경을 독일어로 번역 • 1525년 카타리나 폰 보라 수녀와 결혼 • 1534년 구약성경의 번역을 끝마쳐 루터성경이 완성됨 • 1546년 아이스레벤에서 사망

*
**

당시 사람들은 아직 알지 못했지만, 중세가 끝나고 새로운 시대가 시작되던 1505년 7월 2일, 22세의 나이로 갓 철학 석사학위를 받은 한 젊은이가 에르푸르트 방향으로 홀로 외롭게 걸어가고 있었다. 그곳에서 그는 철학을 강의하며 두 번째 전공인 법학을 공부하고 있었다. 그는 에르푸르트와 막데부르크 사이에 있는 소도시 만스펠트에 사는 부모를 만나고 막 돌아오는 길이었다.

그때 그의 바로 옆으로 벼락이 내리쳤는데, 그것이 그의 인생에서 중요한 전환점이 되었다. 철학 석사 마틴 루더Martin Luder에게 일어난 이 사건은 15년이 지난 후 세계사의 전환점이 되었고, 이 일을 계기로 마틴 루더Martin Luder는 루터Martin Luther가 되었다. 이는 "엘레우테루스Eleutherius"에서 파생된 단어로 "해방된 자"를 의미했다. 그러나 그가 이렇게 이름을 바꾸기까지는 아직 갈 길이 멀다.

반면 에르푸르트는 그때 그가 있었던 곳에서 가까웠다. 목적지까지 6킬로미터밖에 남지 않았으니, 100킬로미터 정도 되는 길의 대부분을 이미 걸어온 셈이었다. 100킬로미터의 외로움. 농토와 초원, 황무지와 광야, 구불구불한 시냇물과 강, 늪, 웅덩이, 연못, 호수, 산과 계곡을 지나며 가끔 숲에서 공터도 만났다. 쉼터는 있었지만 음식점이 있는 마을은 거의 없었고, 시내라고 말할 수 있을 정도로 집들이 한곳에 모여 있는 풍경은 더 보기 어려웠다. 사방에 오직 거친 자연만 있을 뿐, 문명의 흔적은 거의 찾아볼 수 없었다.

피곤에 지치고 외로움에 젖은 이 젊은 사내는 깊은 생각에 잠긴 채 에르푸르트로 향하고 있었고, 그때 천둥 번개가 휘몰아쳤던 것이다. 그는 악천후를 무척 무서워하는 성격이었다. 대학에서 공부했으면서도 악마·마녀·악령이 있다고 믿어, 신이 아니면 악마가 천둥을 친다고 생각했다. 아직 중세적 사고에 얽매여 미신을 믿고 있던 루터가 나중에 근대 사회가 나아갈 길의 방향을 잡아 주는 선구자가 된 것이다.

루터는 천둥과 번개를 하느님의 노여움으로 이해했다. 하느님이 보시기에 흡족한 모습으로 살아가지 못하는 인간의 무능함에 대한 하느님의 노여움 말이다. 가끔씩은 그보다 더 나아가, 개인이나 집단에 가해지는 신의 직접 경고 또는 위협의 몸짓으로 볼 때도 있었다. 번개가 내리쳐 집이 전소되면, 이는 신이 미리 경고했던 벌을 내린 것이었다. 물론 악마가 한 짓일 수도 있다고 생각했다.

세상 모든 사람들이 가장 두려워하는 벌, 즉 지옥에서 영원히 고통받는 것보다는 이런 벌을 받는 게 더 나을지도 모른다. 선한 사람은 천당으로 가고 악한 사람은 지옥으로 가는데, 그토록 열망하는 천국행 입장권을 받기 전에 대부분의 사람들은 연옥煉獄에서 자신의 죄를 참회해야만 한다는 것을 당시 거의 모든 사람들이 믿고 있었다. 이것에 남몰래 의심을 품은 사람은 영주, 왕, 황제, 그리고 멀리 로마에 있는 교황이나 추기경, 주교 같은 사람들뿐이었다.

보통 사람들은 지상에서의 삶이 천국이나 지옥에 가기 전에 잠깐 들르는 곳이라고 확신했다. 지구는 둥근 원반 모양이고, 그 밑에 지옥이 숨어 있는데, 그곳에서 악마들이 가능한 한 많은 영혼들을 밑으로 잡아당기려 한다고 믿었다. 또한 지구 위에 펼쳐져 있는 천국에서는 신, 예수, 성령, 마리아, 천사들과 성인들이 인간의 영혼을 위로 끌어올리려 한다고 믿었다. 그러므로 평평한 원반형 지구는 인간에게 주어진 공간이고, 그곳에서 인간은 선과 악, 신과 악마 사이에서 결정을 내려야 한다고 믿었던 것이다.

그러나 인간이 그런 결정을 내리는 게 가능한가? 천국에 가기 위해 인간이 무엇을 어떻게 해야 하나? 신과 인간 사이를 매개해 주는 성직자들은 정말 많은 것을 말하고 있다. 우선 선한 일을 해야 한다. 교황이나 황제 그리고 모든 권세가들에게 순종해야 한다. 부모를 존경하고, 휴일을 성스럽게 보내고, 신을 두려워하고, 끊임없이 기도해야 한다. 죄를 짓지 말아야 하고, 남의 것을 훔치지 않고, 거짓말을 하지 않고, 남을 속이지 않고, 살인하지 않고, 부당한 짓을 하지 않고, 다른 사람에 대해 나쁜 말을 하지 않아야 한다. 나쁜 생각도 하지 말아야 한다. 그러나 그 모든 것을 지키되, 특히 마지막 것은 지키기 어렵기 때문에 보통 사람들은 정기적으로 고해성사를 해 그간 저지른 잘못과 나쁜 생각을 고백하고 뉘우치고, 벌을 받고, 금욕하고, 죄를 씻기 위해 돈을 내고, 조상을 위한 예배를 올리고, 교회에 초를 기증하고, 면죄부를 사야 한다. 로마의 교황, 유럽의 주교와 추기경들은 이런 것들로 많은 돈을 벌어들였다. 지상에서 행한 선행으로 천국에 자신의 자리를 마련하려고 노력하되, 만약 그것이 충분하지 않다면, 부족한 나머지는 돈을 주고 사면 모든 것이 다 잘 해결되는 셈이었다.

그러나 이런 것이 도움이 되지 않는다면? 사실 그게 무슨 도움이 되겠는가? 신은 인간의 마음을 훤히 들여다볼 수 있다고 마틴 루터는 생각했다. 그러므로 섹스, 권력, 돈, 명예, 명성, 남으로부터 인정받고 싶은 욕구가 끓어넘치는데, 뚜껑을 덮어 그것을 애써 억누르고 모범적으로 보이도록 행동하는 게 다른 사람과 자기 자신을 속이는 짓이라는 것을 신은 이미 다 알고 있다고 믿었다.

당시 대부분의 사람들과는 달리 루더는 하느님이 무엇을 보시는지를 직접 보기 위해 자신의 마음을 열고 그 속에서 해소되지 않은 동경, 비밀스러운 소망과 욕구의 소용돌이를 들여다보았다. 다른 사람들은 일부러 시선을 돌려 외면하고, 자기도 모르는 사이에 본능적으로 시선을 피하는 일에 그는 자석에 이끌리듯 더 가까이 다가갔다. 그리고 그는 인간이 아무 힘도 발휘하지 못하는 심연을 보았다. 그는 우리 마음속에 실제로 있지만, 인식되지는 않아서 그 어떤 통제도 할 수 없는 것, 먼 훗날 프로이트가 '이드id'라고 불렀던 것을 지그문트 프로이트가 등장하기 400년 전에 발견한 것이다.

우리는 원하는 것을 할 수는 있지만, 우리가 원하는 것을 원치 않을 수는 없다. 어떤 사람이 좋은 일을 할 수는 있지만, 자기보다 더 작고 어리석고 못생기고 가난한 사람을 만났을 때 저절로 느끼는 안도감을 감출 수는 없는 것이다. 잘못된 생각을 하지 말자고 결심하는데도 그런 생각이 더 빨리 들기에, 우리의 소망과 사고는 우리가 통제할 수 없는 영역에서 나온다고 그는 믿었다.

그래서 이 세상에 경찰, 판사, 형 집행관, 법원이 필요한 것이다. 그들이 없으면 인간 세계는 아수라장이 되고, 사람들은 서로가 서로를 속이고, 남의 것을 훔치고, 무력을 행사하고, 살인을 저지르게 된다.

그런 생각이 명확해지자 루더는 그런 아비규환에 맞서 싸우기로 하고, 그것을 통제하기 위해 뛰어들었지만, 그런 노력이 다 헛수고라는 것을 알게 되었다. 하느님으로부터 끔찍한 징벌을 받으리라는 두려움이 그를 종교개혁가, 교회 분열자, 양심의 발견자, 최고 권위에 도전하는 자, 이단자 루터로 만들었다. 물론 이 모든 변화는 그가 원하였던 것이 아니었다. 그의 유일한 관심은 자기가 지옥이 아니라 천국에 가는 것이 확실한지에 대한 의문이었다. 그의 삶은 영혼의 치유를 위한 투쟁으로 점철되었다. 그러나 이런 투쟁을 통해 어느 시골 광부의 아들로 태어난 그는, 본인 스스로 원한 것도 아니고 또 제대로 인지하지도 못했지만, 무소불위의 권력을 휘두르던 로마 교회와 맞설 때 필요한 많은 경험과 깨달음을 얻게 된다.

그러나 1505년 7월 2일 만스펠트에서 에르푸르트로 향하던 여정의 마지막을 앞둔 슈토터른하임에서도 이 젊은이는 그런 미래에 대해 여전히 아무것도 모르고 있었다. 자신이 위대한 운동가들 중 한 사람이 되어, 그 무렵 막 움트기 시작한 시대의 변화 속에서 중심 역할을 수행하게 되리라는 것을 말이다.

당시 그가 인간 내면의 심연, 즉 '이드'에 대해 명확하게 인식하고 있었는지는 알 수 없다. 하지만 그 이후 수십 년간 그가 성취하게 될 발전을 고려하면, 적어도 그가 이 '이드'를 어렴풋이 알고 있었고, 그것에 몰두하였다고 결론내릴 수는 있을 것이다.

그 무렵 그가 오직 이런 것만 생각했던 것은 아닐 것이다. 그는 미래에 어떤 직업을 갖게 될 것인지에 대해서도 생각했을 테고, 아버지의 소망, 인생 반려자가 될 여자와의 만남, 가족 구성에 대해서도 많은 생각을 했을 것이다. 그리고 별로 좋아하지 않았던 법학 공부에 대해서도.

그는 아버지가 원했기 때문에, 또 아버지, 선생님, 관료, 주교, 영주, 황제, 교황 같은 모든 권위에 순종해야 한다는 교육을 받아 왔기 때문에 법학 공부를 시작했다. 그는 겉으로는 순종하는 척하고 있었지만, 내적으로 자기 확신이나 소망 때문에 그렇게 행동하는 것은 아님을 잘 알고 있었다. 다른 사람들에게도 마찬가지였겠지만, 그에게도 순종은 어린 시절부터 머릿속 깊이 각인되어 있었던 것이다. 일찍이 사도 바울은 "주께서 그 사랑하시는 자를 징계하시고 그가 받아들이시는 아들마다 채찍질하심이라."라고 말한 바 있는데, 이 말에 의거 이후 수백 년간 모든 독실한 아버지들은 교육자로서 그런 역할을 성실히 수행했다.

그가 법학을 공부한 것은 자신이 사랑하는 아버지가 원해서였다. 그는 자기를 자랑스러워하고, 비싼 학비를 대어 준 아버지에게 감사하는 마음이 컸다. 그의 아버지 한스 루더는 평범한 농부이자 광부였다. 열심히 일하고 근검절약하여 저축한 돈으로 훗날 어느 광산의 지분 일부를 사들일 만큼 이재에도 밝았다. 힘들게 일을 계속한 덕분에 그는 어느 정도 재산을 모으고 명예도 얻을 수 있었다.

그는 만스펠트의 구리 광산에서 허리 한번 제대로 펴지 못한 채 땅만 파야 했던 자기보다는 나은 삶을 아들에게 물려주고 싶었다. 그래서 아들에게 법학 공부를 시켰던 것이다. 그렇게 하면 나중에 관직에 올라, 자기보다 더 쉬운 일을 하면서 돈은 더 많이 벌 수 있을 거라고 생각했다. 육체적으로 힘든 노동을 하는 사람들이 관청에서 펜대를 끄적이는 사람들을 보며, "손가락 세 개"로 일한다고 말하던 시대였다.

1505년 1월 7일 철학과 석사학위 시험에 자기 아들이 17명의 경쟁자들 중 2등으로 합격하자 아버지 루더는 크게 기뻐했다. 그때부터 그는 아들에게 더 이상 반말을 하지 않고 존칭을 사용했으며, 법학을 공부하는 데 필요한 책을 구입할 수 있도록 제법 큰돈을 마련해 주었다.

또한 며느리로 삼을 여자도 아들을 위해 일찌감치 점지해 놓았다. 아들의 행복과 안녕을 위해 아버지로서 만반의 준비를 다해 둔 것이다.

만약 루터가 그 길을 계속 갔다면, 세계사는 우리가 알지 못하는 방향으로 전개되었을 것이다. 우리에게 알려져 있는 단 한 가지 사실은 1505년 7월 2일 에르푸르트 코앞인 슈토터른하임에 이르렀을 때, 갑자기 루터 바로 옆에 벼락이 떨어졌고, 그 요란한 소리에 죽을까 두려워진 루터가 땅바닥에 엎드려 소리를 질렀다는 것이다. "도와주세요, 성 안나! 저는 수도사가 되고 싶습니다!" 산간 마을 사람들이 수호천사라고 믿는 성 안나가 도와주었는지 그는 악마의 저주처럼 보였던 재앙을 이겨냈다. 그리고 14일 후 그는 아버지의 반대를 무릅쓰고 수도사가 되었다.

그날 그런 천둥을 동반한 벼락이 치지 않았다 하더라도, 루터가 수도사가 되었을 가능성은 물론 있었다. 하느님에 대한 궁금증이 워낙 많았던 그가 수도원이 아니라면 어디서 그런 궁금증에 대한 해답을 구할 수 있었겠는가? 어쩌면 하느님에 대한 생각에만 집중하며 살 수 있도록 수도원에 들어가는 것이 그가 마음속으로 가장 바랐던 것일지도 모르겠다. 그날 100킬로미터 정도의 길을 걸어오면서 그는 계속 그런 생각을 했을 수도 있다. 어쩌면 스스로가 중요하게 생각하고 있는 것에 집중하지 못하도록 법학 공부가 방해했기 때문에 그가 법학 공부를 싫어했던 것일 수도 있다. 그는 자비로운 하느님을 어떻게 하면 만날 수 있을지에 대해 늘 진지하게 고민하고 있었다.

그런 상황에서 때마침 벼락이 떨어졌던 것이다. 따라서 이는 악마의 저주가 아니라, 하느님이 내린 계시였는지도 모르겠다. 어쨌든 슈토터른하임의 악천후가 없었다면 루터는 아버지 앞에 가서 "아버지의 뜻에 따라 관청에서 일하고 싶지 않습니다. 하느님의 뜻에 따라 수도사가 되겠습니다."라고 말할 용기를 내지 못했을 것이다.

어쩌면 루터는 아버지가 원했던 정략결혼을 하지 않기 위해 수도원으로 피신했을지도 모른다. 혹은 아버지의 권위에서 벗어나고 싶어서 그랬을 수도 있겠다. 물론 이 모든 것들이 다 뒤섞였을 수도 있다. 어찌 되었든 그는 우리 앞에 당당하게 모습을 드러냈지만, 정작 자기 자신에게는 그렇지 못했다. 아버지의 뜻에 순종해야 한다는 생각이 마음 깊이 사무쳤기 때문이었다.

마틴 루터는 1505년 7월 16일 아우구스티누스 은둔자 수도회 소속 에르푸르트 수도원에 입회를 신청했다. 그는 그런 결단이 아버지와의 관계 단절을 의미한다는 것을 잘 알고 있었다. 실제로 그의 아버지는 루터에게 이렇게 말했다. "그 결심을 철회하지 않으면 부모로서 해 줄 수 있는 일체의 지원을 중단하겠다." 그러나 루터는 자신의 결심을 철회할 의사가 전혀 없었다. '아무리 무섭고 두렵다고 해도, 반드시 제대로 해야 한다고 생각한 일은 꼭 하고야 만다.'는 그의 성격이 이 일을 계기로 처음으로 외부에 표출되었다. 이런 성격은 나중에 종교개혁가로서 자신의 역할을 수행할 때 보다 빈번하게 드러나게 된다.

후일 루터는 체벌에 대한 공포로 점철되었던 어린 시절을 되돌아보며, 자신이 얼마나 겁이 많은 사람이었는지에 대해 이렇게 쓰고 있다. "어렸을 때 자신감을 잃어버린 사람은 무슨 일을 하든지 주눅이 들고, 잘하지 못하게 된다. 그런 사람은 어떤 일을 하든, 시작할 때마다 두려움에 떤다. 더 심각한 것은 어린 시절 그런 공포가 마음속에 한번 자리를 잡으면, 평생 걷어 내기 어렵다는 것이다. 그런 사람은 부모가 무슨 말만 해도 벌벌 떨게 되고, 커서도 뭔가 바스락거리는 소리만 나면 두려워지기 시작하는 것이다."

어쨌든 그는 수도원에 들어가서 육신과 정신을 하느님께 온전히 바쳤으므로, 자신을 치유하는 길에 그 어떤 방해물도 없다고 생각했다. 그는 그곳에서 지켜야 할 의무를 열심히 수행했다. 때로는 하인처럼 빗자루를 들고 청소하며 겸손과 복종을 배웠고, 그곳 사람들이 그가 대학교육을 받은 것을 대수롭지 않게 여기는 것에 대해서도 오히려 잘됐다고 생각하며 받아들였다.

아우구스티누스 수도회는 탁발 수도회였지만, 수도원은 재산이 많았다. 기증, 상속, 위임, 기부, 수도사들의 근검절약으로 수백 년의 세월 동안 쌓인 것이었다. 그런데도 신참인 마틴 루터 수도사는 걸식을 하러 마을을 돌아다녀만 했다. 예수가 살아간 삶의 방식을 체험하기 위해서였다. 이 밖에도 수도원의 생활은 매우 엄격했다. 2평 남짓한, 난방도 안 되는 숙소에는 탁자 하나, 간이 의자 하나, 짚단을 넣어 만든 자루로 이불을 대신하는 나무침상 하나, 주전자와 십자가가 전부였다. 하루에 두 번 검소한 식사를 제공받으며 일곱 번 기도를 올렸다. 첫 기도는 새벽 3시에, 마지막 기도는 자정에 드렸다. 연간 약 100일간의 금식도 필수였다.

세례를 받은 루터는 모든 규칙들을 기꺼이 지켰다. 다른 방식으로는 살아 본 적이 없다는 듯 새로운 생활방식을 적극적으로 수용했고, 예비과정을 아무 문제없이 통과했다. 그는 첫날부터 다른 성직자들에게 자신의 결심이 얼마나 확고한지를 보여 주려 하였다. 그는 영혼이 영원히 구제받을 수만 있다면 그 어떤 일도 마다하지 않을 자세가 되어 있었다.

1506년 9월, 23살이 된 그는 종신서약을 했다. 물질에 대한 욕망에서 벗어나기 위해 평생 빈곤한 삶을 살기로 서약한 것이었다. 또한 그는 권력에 대한 욕망과 남에게 인정받고자 하는 욕구에서 벗어나기 위해 순종할 것을 서약하였으며, 성적인 욕망을 포기하기 위해 순결을 서약했다.

돈과 권력과 섹스에 대한 욕구는 인간이 제대로 다룰 줄 모르는 대표적인 것들이다. 이 세 가지 유혹을 잘못 다룰 때 세계사에서 흔히 볼 수 있는 재앙과 파탄이 빚어지는 것이다. 이런 마당에 그 세 가지 유혹에서 벗어나겠다는 서약을 위해 사람들이 한자리에 모인다면, 그곳에서는 전혀 다른 세상이 펼쳐지지 않겠는가? 성경에 적혀 있는 천국의 의미를 그곳에서 미리 맛볼 수 있지 않을까? 그렇게 되면 영원한 삶에 대한 확신도 저절로 생겨나지 않을까? 모든 수도원 설립의 공통된 기본 이념은 바로 이런 것이다. 신은 인간에게 극단적인 것을 요구하고, 그 요구사항을 충족시킨 사람만이 천상의 나라를 조금이라도 맛볼 수 있게 한다. 마틴 루터는 모든 노력을 다해 그것을 맛보고 싶었다.

에르푸르트의 검은 수도원에서 그를 가장 행복하게 했던 것은 성경 공부였다. 그는 다음과 같이 말할 정도로 성경을 열심히 공부했다. "젊었을 때 나는 성경을 수없이 읽어 성경 구절에 통달하고 있었다. 그래서 찾고자 하는 글귀가 어디에 있는지 금방 알았을 뿐 아니라, 그 글귀가 어떤 상황에서 비롯된 것인지도 잘 알았다."

그런데 그가 성경 공부를 하면 할수록, 자비로운 하느님을 만날 수 있으리라는 희망은 점차 사라지기 시작했다. 그가 책장을 펼치기만 하면 분노하고, 벌주고, 어느 누구도 제대로 할 수 없는 것을 요구하는 낯선 하느님의 모습이 보였다. "인간이 필설筆舌로 형용할 수 없는 고통스러운 상황에 처해 있을 때, 하느님이 나타나 무섭게 분노하며 격정을 토해 낸다. 우리 인간은 숨을 곳이 없고, 위로를 받을 수도 없다. 모든 것이 비난 일색이다." 그는 어디에서도 하느님의 나라를 맛볼 수 없었던 것이다.

루터는 그럴 때마다 더 열심히 노력했다. 단식도 남들보다 더 자주 하고, 돌바닥에서 잠을 청하기도 했다. 그는 고해실告解室에서 오래도록 무릎을 꿇고 앉아 죄를 고백하고 반성하고 보속補贖하였으며, 죄를 사하기 위해 내려진 징벌을 달게 받은 후에도 다시 고해실을 찾아가 몇 시간이나 고해를 했다. 한 신부가 중간에 포기하면 다른 신부를 찾아갔다. 수도원의 신부들은 이런 그가 점차 신경 쓰이게 되었다.

고해실에서 신부들을 괴롭히는 사람을 어떻게 해야 하나? 하느님의 선한 도구에게 강요하고, 심지어 위협하기까지 하는 그를 어떻게 할 것인가? 다른 성직자들까지 정신쇠약에 걸리기 전에 그를 세상 밖으로 내보내야 했다. 에르푸르트와 그 근방 마을에서 미사를 집전하고, 다른 사람들의 고해성사를 들어 주고, 정신적으로 위안해 주는 일을 맡기기 위해 수도원은 그를 급히 교육시켰다. 그렇게 하면 그의 태도에 변화가 생길 것이라고 수도원 신부들은 믿었다.

그러나 그의 태도는 변하지 않았다. 그러자 수도원이 그를 비텐베르크로 보냈다. 그는 1508년부터 그곳의 대학교에서 철학을 가르치고, 신학을 공부하게 되었다. 그는 신학 공부는 매우 열심히 한 반면, 철학 강의는 마지못해 겨우 했다. 그가 그곳으로 간 것은 한편으로는 특혜였지만, 다른 한편으로는 좌천이나 다름없었다. 거주민이 2000여 명에 불과한 비텐베르크는 시장 광장에 퇴비가 쌓여 있는 시골이었다.

루터는 신학과를 우수한 성적으로 졸업했고, 성경 공부의 기초과정 강의도 맡게 되었다. 수도원은 그에게 박사과정까지 밟으라고 권했다.

1510년에는 로마로 가서 담당 성직자를 만나 수도원의 문제를 상의하고 오라는 수도원의 명령을 받았다. 그는 하던 일을 중단하고 1200킬로미터를 걸어가야만 했다. 한겨울인 11월에 알프스를 넘어 세계의 중심이었던 로마까지 갔다 오는 긴 여행이었으니, 이 여행과 관련된 이야기가 얼마나 많겠는가? 그런데 이상하게도 훗날 그가 남긴 기록에는 그때의 여행에 대한 언급이 전혀 없다.

그는 호수, 산, 교회, 수도원, 눈, 얼음 같은 것에 눈길 한번 주지 않고 그 길을 다녀왔던 걸까? 당시 로마에서는 미켈란젤로가 높은 사다리를 타고 올라가 드러누운 채, 시스티나 성당의 천장 벽화를 그리고 있었다. 라파엘로는 교황의 침소에 색칠을 하고 있었고, 베드로 성당의 건축은 이제 막 기초를 다진 상태였다. 그러나 루터는 이런 것들에 대해 언급하지 않았다. 그는 심지어 교황에 대해서도 전혀 언급하지 않았다. 물론 그때 교황은 전장에 나가 군대를 이끌고 있어 로마에 없었지만 말이다.

아마도 루터는 그 먼 길을 걸으면서도 자기 자신과 하느님에 대한 생각에만 몰두하고 있었을 것이다. 그랬기에 자기가 걸어가고 있는 세상에 아무런 관심도 기울이지 않았던 것 아닐까? 그의 시선은 언제나 내면을 향해 있었다. 그런 태도를 유지한 채 그는 로마로 순례를 떠나, 로마를 찾은 모든 순례자들처럼 순례자의 길을 걸으며 고해성사를 하고, 죽은 사람들의 영혼을 위한 미사에 참석하고, 예수가 빌라도의 집으로 가면서 올라갔다는 28개의 빌라도 계단을 기어올랐을 것이다. 가시관과 군인들의 채찍에 찢겨 흘러내린 예수의 피로 적셔졌다는 바로 그 계단 말이다.

그런데 그 계단은 도대체 어떻게 로마까지 간 걸까? 여기에는 두

가지 설이 있다. 하나는 콘스탄티누스 황제의 어머니인 성녀 헬레나가 예루살렘에서 로마로 계단을 옮기도록 명령했다는 설이고, 다른 하나는 천사들이 이 계단을 로마로 옮겨 놓았다는 설이다.

끝까지 다 올라가면 연옥에 가지 않는다는 전설이 있는 이 계단을 마틴 루터 역시 올랐다. 한 칸씩 오를 때마다 잠시 멈춰 기도를 올리고, 바로 위의 계단에 있는 순례자가 다음 계단으로 오를 때까지 기다렸을 것이다. 이로부터 13년이 지난 후 이제 종교개혁가가 된 마르틴 루터는 그런 식으로 무릎을 꿇고 계단을 기어오른 자신의 행동에 대해 격분하며 이렇게 말했다. "전에는 나도 그런 말도 안 되는 것을 굳게 믿고 있었다."

1511년 봄 비텐베르크로 되돌아온 루터는 박사과정에 진학했다. 수도원에서도 승진을 하여 12개의 관할 수도원을 감독하는 부원장 자리에 올랐고, 난방이 되는 수도원 종탑의 방 하나를 개별 집무실로 배정받았다. 그 유명한 '탑실 체험'을 하게 되는 바로 그 방이었다. 1512년 그는 박사학위를 받았고, 29세 생일 직전에 교수로 임명되었다. 그리고 5년 후 종교개혁이 단행되었다. 그러나 그때까지 교수로 지내던 루터의 생활에서는 그가 그런 변화의 창시자가 될 것임을 예감케 하는 것은 아무것도 없었다. 세상은 늘 그랬던 것처럼 똑같이 흘러갔고, 비텐베르크에서도 마찬가지였다.

신부 루터는 할 일이 아주 많았다. 그는 강의와 강론을 하고, 12개의 수도원을 관리해야 했다. 경제나 농업 관련 현안들도 직접 신경 써야 했으며, 미사를 집전하고 신도들의 고해성사에도 나가야 했다. 이곳저곳에 편지 쓸 일도 많았다. 그는 또 성경 원전을 읽기 위해 그리스어와 히브리어를 배웠다. 당시 성경은 라틴어로 된 번역본이었기 때문이다. 그러나 그는 자신이 꼭 해야만 하는 일들 중에서도 가장 중요한 일은 단 한 번도 잊지 않았다. 그것은 바로 "자비로운 하느님을 어떻게 만날 것인가?"에 대한 답을 찾는 것이었다. 이는 그가 청소년기부터 끊임없이 자문해 왔던 평생의 과제였다.

그는 여전히 답을 찾지 못하고 있었지만, 체계적으로 접근하고 있었다. 학교에서 강의를 하면서 제자들까지 그 일에 참여시켰다. 학생들은 자기들이 뭔가 대단한 것을 만드는 위대한 건축가의 작업에 참여하고 있고, 그 작업이 완료되면 엄청난 반향을 일으킬 새로운 것이 나오리라 기대하며 기꺼이 동참했다. 동료 교수들도 그의 강의실을 찾아 열심히 그의 강의를 들었다.

그러다가 1513년과 1516년 사이에 그의 삶에 한 획을 긋는 사건이 일어났다. 당시 그는 로마인에게 보내는 사도 바울의 편지에 대해 오랫동안 연구해 왔는데, 한편으로는 이해한 것 같으면서도 다시 생각해 보면 이해가 되지 않는 한 대목에서 계속 진도를 나가지 못하고 있었다. 그러다가 어느 날 문득 '탑실 체험'이라 불리는 신앙체험을 하게 되었다. 훗날 그는 특별하고, 번개처럼 뇌리를 스친 생각들이 실제로 탑실을 찾아왔었는지에 대해서는 확실하게 말하지 못했다. 어쩌면 그가 화장실에서 깊이 사색하다가 그런 생각을 하게 되어, 정확히 언제 그것을 체험했는지 확실히 말할 수 없게 된 것인지도 모른다. 혹은 어쩌면 오랜 인식의 과정에서 도출된 결과였을 수도 있다.

그가 확실하게 아는 것은 그간 이해하지 못해 고생했던 대목이 로마서 1장 17절이었다는 것이다.

"복음에는 하느님의 의가 나타나서 믿음으로 믿음에 이르게 하나니 기록된 바로서 의인은 믿음으로 말미암아 살리라 함과 같으니라."

성경에 나오는 이 구절을 다른 구절들과 분리해 따로 이해할 수는 없다는 것을 이 젊은 신부는 잘 알고 있었다. 이런 이유에서 그는 맥락이나 연관관계 속에서만 성경 말씀을 분명하게 이해할 수 있다고 학생들에게 가르쳤고, 적어도 한 번 이상 성경을 통독하라고 권했다. 그렇게 하면 개별 문장을 전체와 연관 지을 수 있고, 전체와의 연관관계 속에서 개별 문장을 이해할 수 있게 되며, 중요하지 않은 것과 중요한 것을 구분할 수 있게 되기 때문일 것이다.

로마서 1장 17절만큼이나 그가 이해하기 어려웠던 구절이 로마서 3장 21절과 22절에도 나왔다.

"이제는 율법 외에 하느님의 한 의가 나타났으니 율법과 선지자들에게 증거를 받은 것이라. 곧 예수 그리스도를 믿음으로 말미암아 모든 믿는 자에게 미치는 하느님의 의니 차별이 없느니라."

루터는 평생 '하느님의 의'를 교회가 가르친 대로 이해했었다. 최후의 심판에서 하느님은 재판관이 되어 개인의 선행과 악행을 면밀히 검토한 후, 천국·연옥·지옥 가운데 하나를 결정하실 것이라고 믿었던 것이다.

그는 때로는 그런 판결을 두려워했지만, 때로는 저항의 마음이 들기도 했다. 아무리 성스럽게 살아온 사람이라 하더라도 이 심판을 이겨 낼 수 없을 것이기 때문이었다. 하느님이 애초에 인간을 선하게 만들어 놓지 않았으므로 모두가 벌을 받게 될 텐데, 왜 굳이 그런 심판을 하는 것인지 그는 이해가 되지 않았다. 판결이 이미 정해져 있는데, 이것이 과연 의로운 것일까? 또 정당한 것일까?

사실 그것은 성경에 나타난 하느님과는 어울리지가 않았다. 그래서 그는 사도 바울이 하느님의 의에 대해 적어 놓은 글을 자꾸 반복해서 읽고, 아우구스티누스의 글도 참조해서 읽었다. 그런데 어느 순간 갑자기 그의 눈이 번쩍 떠졌다. '하느님의 의'라는 개념은 서로 보완적인 두 개의 형상을 하나로 합친 이중그림이라는 생각이 뇌리를 스친 것이다. 그때까지 사람들은 오로지 하나의 그림(모습)만, 즉 인간의 선한 행동과 악한 행동을 저울질하며 판결을 내리는 심판관으로서의 모습만 보아 왔던 것이다. 그래서 공적과 성과에 따라 보상과 징벌이 주어진다고 믿게 되었던 것이다.

그런데 그 그림이 갑자기 달리 보였다. 탑실에 있던 그는 이렇게 말했다. "의인이 믿음으로 말미암아 살리라는 말은 믿는 자에게 주어지는 하느님의 선물이 곧 의라는 뜻이다. 그러므로 우리는 이미 구원을 받았다."

자비로운 하느님을 찾기 위해 끊임없이 질문하던 루터의 노력을 완전히 이해하지 못하는 오늘날의 우리는 그의 해답을 이해하기가 어렵다. 그러나 루터에게 그것은 해답이 아니라, 구원이었다. 분노하시는 하느님으로 인해 이제 더 이상 두려움에 떨거나, 머뭇거릴 필요가 없게 된 것이다. 늘 자신을 육체적·정신적 한계까지 끌고 갔지만, 여전히 충분치 않다고 생각했던 자신의 종교적 노력은 헛된 짓이었을 뿐만 아니라, 과도한 것이었다. 마틴 루터는 이미 "의인"이었다. 하느님은 이미 오래전에 있는 모습 그대로의 그를 받아들인 것이다. 그가 어떤 모습을 하고 있든 그 모습 그대로를 사랑한 것이다.

그런 생각이 뇌리를 스쳤을 때 마치 수천 개의 오르간이 한꺼번에 울리고, 수많은 천사들이 합창을 하는 것처럼 느껴졌다. 그는 완전히 새롭게 태어난 것 같았고, 열려 있는 문을 통해 천국에 들어간 것 같았다. 모든 마음의 구속에서 풀려난 그는 탑실에서 나와 제자들과 그의 강의를 들으려던 사람들에게 그러한 경험을 말했다. “종교적으로 너무 몰두하지 마십시오. 지금도 이미 넘칩니다. 하느님은 당신을 있는 모습 그대로 사랑하십니다. 그것을 기뻐하고 찬양하십시오. 그리고 하느님께 감사하십시오. 당신들은 하느님을 믿고 있고, 그것으로 이미 구원되었기 때문에 이제는 세상에 나가 좋은 일, 필요한 일을 할 수 있는 자유의 몸이 되었음을 명심하십시오. 종교를 좇아 햄스터처럼 쳇바퀴 돌리는 짓을 그만두고, 세상 밖으로 나가 그곳에서 당신들의 바퀴를 돌리되, 빈 바퀴가 아니라 세상을 움직이는 바퀴를 돌리십시오.”

그때부터 루터는 더 이상 두려움에 떨지 않았다. 그리고 아직도 두려워하고 있던 다른 사람들의 두려움까지 그가 대신 가지고 갔다. 이때부터 종교개혁이 사실상 시작된 것이다.

마틴 루터 신부는 자신의 파격적인 인식이 몰고 올 후폭풍을 알아채지 못할 정도로 몹시 기뻐하고 흥분했다. 탑실 체험으로 인해 머지않아 교회, 그리고 교황과 심각한 갈등을 일으키게 된다는 것을 그는 미처 알지 못했다. 설령 그가 그것을 미리 알았다고 하더라도 더 이상 두렵지 않았을 것이다. 자유의 몸이 되었다고 생각한 그는 이제 더 이상 무서울 게 없었다. 심지어 악마까지도. 이제 그에게서 악마는 완전히 힘을 잃었다. 루터는 자신의 깨달음과 삶에 매우 만족하며 몇 년 동안 비텐베르크에서 행복한 시간을 보냈다. 그러나 이러한 인식의 변화가 세상과 교회에 몰고 올 파장은 전혀 예견하지 못했다.

그는 34살이던 1517년 가톨릭과는 다른 교리를 신봉하는 이단자가 된다. 비텐베르크의 시립교회에서 고해성사를 해 줄 때 제출되는 면죄부가 급증하는 것을 보게 되면서부터였다. 예를 들어 이런 글이 적혀 있는 면죄부도 있었다. "우리는 이 증서를 통해 우리에게 주어진 권력에 따라 아무개 씨가 저지른 살인 범죄에 대해 무죄를 선고한다. 그러므로 개인이나 교회 당국 중 어느 누구도 그가 저지른 살인 범죄에 대해 고발하거나 판결하거나 징벌할 수 없음을 이 증서로 명령한다. 가격: 7두카트, 서명: 교황."

도미니크 수도회의 요한 테첼Johann Tetzel 신부가 면죄부를 팔고 있었다. 사실 면죄부 판매를 루터는 이미 오래전부터 알고 있었다. 그리고 그렇게 해서 모은 자금이 로마의 베드로 대성전 건축에 쓰이는 것에 대해 반대하는 마음도 없었다. 그때까지도 루터는 면죄부 구입에 진정한 반성의 의미가 있다고 믿었던 것이다.

그러나 살인죄의 면죄부를 7두카트에 구입한다? 하늘에서 벌을 받는 대신, 이승에서 고작 7두카트만 내면 죄가 면해진다? 피 묻은 돈을 모아 하느님의 성전을 짓는다?

그러나 이보다 더 나쁜 것은 죄를 고백하는 사람들이 이제 더 이상 반성하거나 앞으로 나쁜 짓을 하지 않겠다고 약속하지 않게 되었다는 것이다. 오히려 그 반대였다. 그들은 기분 좋게 죄를 짓고, 돈을 지불했다. 어떤 사람이 누군가를 죽이고 싶으면 7두카트의 돈이 모일 때까지 기다렸다가 실행에 옮기면 되었다. 게다가 테첼은 자신이 교황으로부터 엄청난 권력과 자비를 베풀 권한을 부여받아, 매우 경건한 처녀를 범했다 하더라도 그 죄를 용서할 수 있다고 루터에게 자랑했다. 테첼이 면죄부 거래를 촉진하기 위해 사용했던, 시장판 협잡꾼에게나 어울릴 법한 유명한 문구도 루터에게 알려졌다. "돈 통에 돈이 들어가기만 하면, 당신의 영혼은 연옥에서 천국으로 넘어갑니다."

루터는 분노했고, 면죄부를 건네며 죄를 고백하는 사람들의 죄는 사면해 주지 않았다. 그러자 사람들이 테첼을 찾아가 루터에 대한 불만을 토로했다. 분개한 테첼은 시장 광장에 불을 피운 다음, 전지전능하신 하느님과 교황과 자신이 파는 면죄부를 부정하는 이단자를 화형에 처하겠다고 협박했다.

루터는 그의 반응에 대해 이렇게 적고 있다. "테첼이 면죄부를 너무 함부로 다뤘기 때문에 나는 눈먼 말처럼 날뛰게 되었다."

상황이 이렇게 되자 사제들 사이에 벌어진 조그만 싸움이 종교개혁으로 커지게 되었다. 그리고 이제 교회의 분열, 반反종교개혁, 30년 전쟁, 그리고 전 유럽의 변화로 귀결될 기제機制가 작동하기 시작했다. 이때부터 각 계파에 가담한 사람들이 더 이상 상황을 통제하지 못하는 상황이 되었고, 루터도 더 이상 빠져나올 수 없는 소용돌이에 휘말렸다. 그는 교회 내 반대파들이 생각해 낼 수 있는 모든 악행을 넘어 '눈먼 말처럼' 날뛰었다.

우선 그는 비텐베르크 궁정교회 출입문에 그 유명한 「95개조 반박문」을 붙이는 것으로 대응했다. 1517년 10월 31일에 그가 그 내용을 종이에 적어 직접 문에 붙였는지에 대해서는 오늘날까지도 논란이 있다. 그러나 95개조로 된 반박문을 그가 직접 작성한 것은 확실하다. 그러므로 1517년 10월 31일에 종교개혁이 공식적으로 시작되었다고 볼 수 있다. (개신교에서는 매년 10월 31을 종교개혁의 날로 기념하고 있다.)

95개 조항의 반박문에서 루터는 죄와 면죄부의 문제를 철저히 분석했다. 하지만 이는 어디까지나 순수하게 사제적 관점에서 분석한 것이었다. 그는 무지한 백성들이 연옥에 가지 않으리라는 잘못된 희망으로 쓸데없이 돈을 쓰는 것을 막을 책임이 성직자이자 신학자인 자신에게 있다고 생각했다. 그래서 교황은 돈을 바치는 것보다는 자신을 위해 기도하는 것을 더 원할 것이라고도 말했던 것이다.

또한 루터는 교황이 죄를 사해 주면서 돈을 받는 이유에 대해 공개 토론을 벌일 것을 요청했다. 만약 죄를 사면해 줄 권한이 진짜로 교황에게 있다면, 교황은 왜 사랑과 자비로 인간을 용서하지는 않는 것인가? 한걸음 더 나아가 세계 최고의 부자보다 돈이 더 많은 교황이 베드로 성전 건립비용을 왜 스스로 내놓지 않는 것인가?

사람들은 그런 말을 단 한 번도 들어 본 적이 없었다. 이런 질문 덕에 루터는 비텐베르크와 마크데부르크 근방에서 유명 인사가 되었다. 만약 이때 종교개혁의 톱니바퀴에 새로운 메커니즘이 장착되지 않았더라면, 그에 대한 관심은 이 지역에 국한되었을 것이다. 마인츠 출신의 요하네스 구텐베르크가 1450년경 발명한 인쇄술이 바로 그런 새로운 메커니즘이었다. 인쇄술이 발명된 지 50여 년이 지나자, 곳곳에 인쇄소가 생겨났다. 비텐베르크에도 인쇄소가 하나 있었고, 루터는 직접 작성한 반박문을 그곳에서 인쇄해 사람들에게 나눠 주었다.

「95개조 반박문」은 라이프치히, 뉘른베르크와 바젤에서도 인쇄되었고, 곧 더 먼 곳까지 전파되었다. 이런 현상에 대해 가장 놀란 사람은 루터 자신이었다. "14일도 채 지나지 않아 반박문은 독일 전역에 퍼져 나갔고, 4주 후에는 천사가 심부름이라도 해 준 것처럼 거의 모든 기독교인들 사이에 전파되었다. 그 결과 상상할 수 없는 일들이 벌어졌다."

정치적으로 순수했던 루터는 벌집을 쑤셔 놓은 장본인이 바로 자기 자신이라는 것을 알아채지 못했다. 교황은 그의 생각처럼 세상에서 돈이 가장 많은 부자가 아니라 거의 빈털터리에 가까웠고, 거상巨商이었던 푸거 가문에 엄청난 빚을 지고 있었다. 많은 돈이 로마로 송금되었지만, 교황청에 들어오는 돈보다는 교황청에서 빠져나가는 돈이 더 많았다. 전쟁, 과도한 건축 비용, 예술 지원금, 불가피한 뇌물, 축제, 연회, 정부情婦에게 드는 돈이 교황이 거둬들이는 돈보다 늘 더 많았던 것이다.

누구나 궁핍해지면 꾀를 내는 법, 교황도 그런 상황에 처하게 되자 돈을 받고 주교나 추기경 자리를 팔기 시작했다. 그렇게 해도 빚 갚을 돈이 부족해지자, 로마나 푸거 가문이 있는 아우구스부르크에서 돈을 받고 면죄부를 파는 사업까지 벌이게 된 것이다. 그래서 테첼 신부 같은 이들이 면죄부를 팔 때면 푸거 가문에 고용된 직원들이 따라다니며 돈을 관리했다.

루터는 그런 자세한 내막을 전혀 몰랐다. 루터가 직접 만나 공개토론을 벌이자고 했던 학자, 관료, 명망가들은 그런 내막을 알고 있었기 때문인지는 모르겠으나, 그가 작성한 95개 조항의 반박문에 대해 이상할 정도로 소극적인 반응을 보였다. 반박문에 대한 폭발적인 반응은 일반 대중에게서 나왔다. 루터의 동료 학자들과 성직자들은 상황을 예의 주시하며 앞으로 무슨 일이 벌어질지 궁금해했다.

그러나 아무 일도 일어나지 않았다. 다만 테첼 신부가 수도회의 고위직을 찾아가 루터를 강력히 비난하고, 이단자를 화형에 처할 것을 요구했고, 도미니크 수도회는 루터를 벌할 것을 로마에 공식 요청했다. 그러나 그런 일에는 오랜 시간이 걸리는 법이다. 그사이 루터는 면죄부에 대해 보다 깊이 생각하게 되었고, 그 결과를 정리하여 1518년 비텐베르크에서 『면죄부와 은총에 대한 설교』라는 제목의 책으로 출판했다. 이 책은 빠르게 퍼져 나갔고, 독일 전역에서 엄청난 부수가 인쇄되었다. 1520년까지 20쇄가 발간되면서 루터는 이제 세계 최초의 베스트셀러 작가가 되었다.

이 책에서 그는 자신이 탑실에서 깨달은 바를 간명하면서도, 보다 분명하고 풍부하게 풀어냈다. 선행을 행해야 하느님이 인간을 도와주는 것이 아니라, 하느님은 인간과 늘 함께하면서 아무런 대가 없이 "귀한 은총을 내려 준다"는 것이 이 책의 요지였다. 그러므로 결국 돈을 주고 면죄부를 살 필요가 없다는 것이다. 이렇게 하여 루터는 교황과 푸거 가문의 사업에 가장 큰 걸림돌이 되었다.

또한 그는 교회의 전통에도 손을 대기 시작했다. 지난 1200년간 교황들이 공표하고 가르쳤던 것들, 공의회에서 의결한 것들, 교황 재판소가 판결한 것들은 모두 인간이 행한 것이며, 따라서 이런 것들은 성경 내용과 부합할 때에만 유효하다고 루터는 생각했다. 하느님의 말씀을 글로 옮겨 적은 성경만이 기독교인들이 지켜야 할 유일한 규범이라고 주장한 것이다. 그는 또 기독교 세계가 성경, 은혜, 믿음, 이 세 가지에 의해 지탱된다고 보았다.

당시까지도 루터는 교황, 추기경, 주교들이 자기 글을 보고 기뻐할 것이라고 생각했던 것 같다. 그랬기에 그는 교황에게 편지를 보내 그간 자기가 깨달은 바를 설명하였고, 자신이 쓴 반박문에 대해서도 공개적으로 토론할 것을 요청했다. 그는 누구든지 분명한 증거를 대며 자신의 생각이 잘못되었음을 입증하여 자신을 이해시킬 수만 있다면 언제라도 입장을 철회할 수 있다고 했다. 루터는 로마 교황청이 진실이나 신학과 같은 것에 관심이 많을 것이라고 전제하였지만, 이런 생각은 너무도 천진난만한 것이었다.

그러나 로마는 루터를 교황의 사업에 훼방이나 놓으려는, 독일 어느 시골구석에 사는 한낱 이름 없는 신부로밖에 보지 않았다. 이 보잘것없는 자가 무엇을 원하는지 궁금해하지도 않았을 것이다. 어쩌면 그가 보낸 편지는 교황에게까지 전달되지도 않았고, 그 밑에서 일하는 관료들이 한번 쓱 훑어보고 버렸을 수도 있다.

로마는 마음만 먹었다면 시골구석의 신부를 파리처럼 뭉개 버릴 수도 있었을 것이다. 그러나 굳이 그럴 필요가 없다고 생각해 그렇게 하지 않았다. 교황청은 이미 여러 문제로 골치를 썩이고 있었기에 그저 정신 나간 사제 하나가 출몰했다고 생각했다. 그래서 교황청은 짐짓 관대한 체하며, 하느님의 대리 임무를 수행하는 교황은 완전무결한 존재이며, 따라서 "면죄부에 대해 가타부타 말하는 자"는 이단이라고 어느 정도는 오만하게 대응했던 것이다.

그제야 루터는 자기가 맞서고 있는 상대의 실체를 깨닫게 되었다. 그는 평소 성격대로 자신의 생각을 가장 노골적인 말로 표현했다. "교황은 비기독교도이고, 로마의 교황 재판소는 악마의 학교다." 그 말은 곧바로 로마에 전달되었고, 그를 즉시 화형에 처할 것인지 혹은 발언을 철회할 기회를 줄 것인지에 대한 논의가 이뤄졌다. 즉각 화형에 처하자는 쪽이 더 많았다.

한편 로마 교황청은 루터가 일반 대중들뿐 아니라, 몇몇 영주들에게도 인기가 있다는 사실을 파악했다. 그런데 당시에는 투르크 군대가 발칸 반도까지 난입해 있었고, 이들이 유럽으로 더 깊숙이 진군하지 못하도록 총력을 다해 막으려는 로마의 입장에서는 영주들의 지원이 꼭 필요했다. 1518년 마침내 아우구스부르크에서 제국의회帝國議會가 개최되었다. 막시밀리안 황제와 교황의 사절단이 만나 병력 배치를 논의하는 자리였다.

아우구스부르크 제국의회에서는 다른 여러 안건들과 함께 '루터 사건'도 심의되었다. 앞으로 그와 같은 일이 더 이상 발생하지 않도록 단

속하기 위해서였다. 이 사건의 심리를 위해 카예탄 추기경이 로마에서 아우구스부르크로 파견되었다. 그는 이 심의를 통해 루터가 더 이상 잘못된 정보로 대중을 선동하지 않겠다고 맹세하게 만들거나, 아니면 그를 체포해 로마로 압송하거나 해야 했다.

그러나 일은 그리 쉽게 풀리지 않았다. 루터의 뒤에는 황제 선거권을 갖고 있던 프리드리히 선제후選帝侯라는 막강한 후원자가 있었다. 프리드리히는 루터의 반박문에 공감하였을 뿐만 아니라, 교수이자 수도원 관리자, 그리고 성직자로 활동한 루터의 전문가적 식견을 높이 평가했다. 특히 루터가 강의를 하면서부터 비텐베르크 대학의 명성이 높아진 것에 크게 기뻐했다. 이런 이유로 프리드리히는 루터에게 보호의 손길을 내밀었고, 루터가 자신도 모르는 사이에 더 깊이 있게 생각할 수 있도록 도와주었다. 현실세계의 고위 관직자인 프리드리히가 하느님의 사도이자 수도사인 루터를 하느님의 대변인을 자처하는 교황과 교회로부터 보호했던 것이다.

여기에 하나 더 덧붙일 것이 있다. 임무 수행에 지친 막시밀리안 황제는 카를로스 스페인 국왕에게 황제의 권좌를 물려주고 싶어 하였으나, 계속 교황의 반대에 부딪치고 있었다. 세속의 권력이 너무 막강해질 것을 우려한 로마가 나약한 황제를 선호했기 때문이다. 선거권을 갖고 있던 많은 선제후들은 카를로스 스페인 국왕을 황제로 선출하려 하였으나, 프리드리히 선제후만은 생각이 달랐다. 그러다 보니 로마는 루터의 최대 후원자였던 프리드리히와 연대해야만 했다. 이는 카예탄 추기경으로서는 상당히 복잡한 협상 과제였다.

아무튼 이런 이유로 카예탄 추기경은 루터에게 우호적인 태도를 취해야 했다. 물론 루터가 자신의 뜻을 철회하도록 만들어야 한다는 사실은 변함이 없었다. 하지만 협박이나 고문, 강요의 방법을 사용해서는 안 되었다. 상황이 이러하다 보니, 1518년 10월 12일 추기경을 만난 루터는 적잖이 놀랐다. 격론을 벌이자는 게 아니라, 아버지와 같은 입장에서 조용히 문제를 마무리 짓고 싶다고 추기경이 말했기 때문이다. 사실 루터는 이날 격렬한 논쟁이 벌어질 것으로 예상하고 있었다.

카예탄과 루터는 우호적인 분위기에서 대화를 시작했다. 면죄부 판매가 불법이 아니라고 카예탄이 주장하자, 루터는 사도 바울의 편지글, 복음서들, 교령敎令 등을 인용하며 신학적인 관점에서는 이를 반박했다. 결국 카예탄은 분명한 어조로 이렇게 말했다. "자네가 원하든, 원하지 않든 간에 자네 주장은 철회되어야만 하네."

루터는 이튿날까지 시간을 달라고 요청한 후 자신의 생각을 재검토했다. 그리고 그는 신학적인 문제를 다루는 데 있어 교회법이나 전통, 인간의 이성이 그리 중요하지 않다는 결론을 내렸다. 오직 성경만이 중요한데, 성경에는 면죄부의 발행이나 교황의 지위, 그 밖에 다른 많은 사안들을 정당화하는 내용이 없다는 것이다.

이튿날 루터는 자신이 내린 결론을 그대로 전달해 추기경을 당혹스럽게 했다. 더 나아가 자신의 학문적 성과가 교황의 명령에 따라 재단되지 않기를 바란다고 분명히 밝혔다. 또한 그는 자신이 쓴 반박문의 옳고 그름을 유럽의 여러 대학교에서 공개적으로 토론하기를 원했다.

추기경과 그의 일행들은 루터가 목숨을 담보로 그런 엄청난 고집을 부리며 경솔하게 행동하는 것에 대해 경악했다. 그들은 그를 설득하고 질책하며, 주장만 철회하면 아무 일도 없던 것처럼 해 주겠다고 약속했다.

그러나 루터의 대답은 단호했다. "절대 안 합니다."

카예탄이 세 번째 심문을 했지만, 결과는 앞선 두 번의 심문과 똑같았다. 네 번째 심문에서 카예탄은 그동안 보여 주었던 외교적 예의를 더 이상 갖추지 않았다. 그는 이 문제를 무조건 매듭지어야만 했다. 엄중하게 질타하고, 모든 권위를 내세워 협박하고 위협하며, 루터에게 입장 번복을 요구했다.

루터는 훗날 친구들에게 그날의 일을 회상하며 이렇게 말했다. "내가 말을 하려고 한 열 번쯤 시도했는데, 그때마다 그가 크게 화를 내며 고함을 질렀다. 결국 나도 소리를 지르게 되었다."

루터도 소리를 지르기 시작했고, 그런 대립상태는 그 후 몇 년간 계속되었다. 막강한 권력을 가진 교회가 아무 힘도 없는 루터를 향해 큰소리를 치면, 루터는 일단 겁을 먹고 최대한 뒤로 물러서서 방어 자세를 취했다. 그러다가 야생 동물처럼 앞으로 돌진했다. 루터는 자신의 기존 입장에서 단 1센티미터도 물러서지 않고, 방어선을 뛰어넘어 공격을 가하기까지 했다. 교회가 그를 궁지로 몰면 몰수록 그는 더 공격적으로 나섰다. 세상 그 누구도 이런 루터를 막지 못했다. 그가 두려워하는 유일한 대상은 하느님이었다.

오직 하느님의 말씀에만 전적으로 의지하며 큰 자유를 느낀 그는 두려움이 없어졌다. 루터는 훗날 이런 마음을 담은 노래 가사를 만들었다. 그리고 이 가사에 곡을 붙인 노래는 종교개혁을 상징하는 노래가 되어 새로운 역사를 만들었고, 오늘날까지도 개신교에서 종교개혁 축제 때 불리고 있다.

> 내 주는 강한 성이요, 방패와 병기 되시니
>
> 큰 환난에서 우리를 구하여 내시리.

……

이 땅에 마귀 들끓어 우리를 삼키려 하나

우리는 절대 두려움에 떨지 않으리.

이 땅의 왕이 아무리 악독한 짓을 해도

감히 우리를 해하지 못하리.

그의 운명은 이미 정해져 있으니

단 한마디 말로 그는 쓰러지리라.

카예탄 추기경은 마지막 심문에서 앞으로 어디서, 어떻게 살 것인지 루터에게 물었다. 그의 대답은 간단명료했다. "하늘 아래서 살 겁니다." 이 말은 자신의 운명을 하느님 손에 맡기겠다는 뜻이었다.

그사이 그의 운명이 빠르게 결정되었다. 루터를 체포하라는 명령이 내려진 것이다. 수도원장 요하네스 폰 슈타우피츠 신부에게 루터의 "손과 발을 묶어" 끌고 오라는 명령이 떨어졌다.

슈타우피츠는 루터를 잘 알고 있었고, 내심 그를 존경하고 있었다. 그를 10년 넘게 후원하고 지지해 왔었기에 루터를 체포할 수가 없었다. 그러나 지시에는 어떤 식으로든 반응해야 했기에, 그는 몰래 도망치라고 루터에게 권했다.

루터는 다른 방법이 없다는 것을 잘 알고 있었기에 그렇게 하겠다고 했다. 10월 21일 한밤중에 잠자고 있던 루터를 누군가 깨웠다. 아우구스부르크에 산다는 낯선 이들이 와서 잡히지 않으려면 어서 도망쳐야 한다고 말했다. 이들은 루터를 데리고 샛길을 이용하여 시내를 지났고, 시의 성문도 몰래 통과했다. 성 밖에는 사람들이 미리 준비해 놓은 말이 대기하고 있었다. 루터는 이 말을 타고 "바지, 장화, 박차와 검"도 없이 수도복 차림으로 비텐베르크에 도착할 때까지 열흘을 달렸다.

이제 더 이상 수도회 소속 사제 신분이 아니었지만 루터는 수도원으로 돌아왔고, 아우구스부르크에서 더 이상 찾지 않을 때까지 탑실에서 숨어 지냈다. 그런 그를 아무도 방해하지 않았다.

한편 프리드리히 선제후는 카예탄 추기경으로부터 편지를 받았다. 루터를 로마로 압송하거나, 아니면 나라 밖으로 내쫓으라는 내용이었다. 그날이 1518년 10월 25일이었다.

루터는 파리로 망명해 그곳에서 일을 계속하고 싶었다. 그 계획이 과연 잘 진행되었을까? 1518년 말은 루터의 종교개혁을 중단시킬 수 있는 마지막 기회였다. 만약 그때 로마 교황청이 루터를 화형에 처했더라면, 세상은 다시 조용해졌을 것이다.

그러나 그런 일은 일어나지 않았다. 물론 루터 역시 파리로 망명하지 못했다. 그 대신 세계의 정치는 루터 사건의 소용돌이에 휘말리게 되었다. 1519년 1월 막시밀리안 황제가 죽자, 이제 로마 교황청은 이단자의 문제나 루터의 일에 매달릴 시간이 없게 되었다. 스페인 카를로스 국왕이 권좌에 오르는 것을 저지하는 데 총력을 기울여야 했기 때문이다. 그러기 위해 교황청은 비텐베르크의 프리드리히 선제후가 꼭 필요했다. 그 결과 루터의 사건에 대한 논의는 거의 2년 가까이 중단되었다. 종교개혁의 운명이 결정될 그 2년 동안 루터의 책은 계속 팔려 나갔고, 그는 후속작을 꾸준히 내놓았다.

루터는 글을 쓰고, 강연하고, 설교하고, 가르치고, 진지한 토론을 계속하는 등 왕성하게 활동했다. 그의 강연은 이해하기 쉽고 흥미로웠기에, 그가 가는 곳마다 청중이 구름처럼 몰려들었다. 루터는 그런 상황을 즐겼다. 설교할 때면 젖먹이에게 젖을 먹이려는 부인이 된 것 같은 느낌이 들어 "설교단에서 젖을 꺼내, 대중에게 먹여야 한다."고 말한 적도 있을 정도였다. 대중은 열심히 받아 마셨다. 루터가 대중에게 준 것은 아무런 해가 없는 젖이었고, 로마 교황청이 뿌려 놓은 온갖 양념을 걷어 낸 맑은 음료였다. 루터는 점점 과격해졌다. 로마 교황청을 더욱 적대시하며, 거침없이 비판했다. 그런 과정을 통해 그는 교회의 품에서 점점 멀어졌다.

그가 벌인 최후의 담판은 요하네스 에크와의 유명한 설전이었다. 남부 독일 출신의 신학자이자 명석한 지식인이었으며, 푸거 가문으로부터 자금을 지원받고 있던 에크가 루터를 살얼음판 같은 논쟁의 장으로 끌어냈다. 에크는 콘스탄츠에서 100년 전에 화형에 처해졌던 이단자 얀 후스의 말을 거론하며 루터를 공격했다. 루터는 후스가 누구인지, 그가 무슨 주장을 했는지 알지 못했지만 그가 했다는 말에는 공감을 표명했다. 그러자 에크는 루터를 이단자로 낙인찍었고, 이단자 후스처럼 화형에 처해야 한다고 공격했다.

그러나 승리에 도취해 있던 에크를 향해 루터는 느긋하게 말했다. "좋습니다. 그럼 제가 이단이라고 해 두죠. 그런데 후스가 교황이 아니라 예수 그리스도가 교회의 수장首長이라고 말했다면 그건 맞는 말입니다." 이에 에크는 공회의公會議가 후스에게 유죄 판결을 내렸었다고 반박했다. "공회의도 실수를 할 수 있죠. 실제로 실수를 저지른 겁니다."라고 루터가 응수하자 강당에 모여 있던 청중들이 깜짝 놀라 소리를 질렀다.

이 순간부터 루터는 가톨릭의 교리 범위를 완전히 벗어났다. 그런 말은 어쩌다 혼잣말로 해도 큰일 날 말이었다. 그런데 그런 말이 입 밖으로 나와 버린 것이었다. 하지만 이는 차라리 잘된 일이었다. 훗날 루터는 당시를 이렇게 회고했다. "에크가 나를 자극했다. 그 사람 덕분에 나는 다시 돌아올 수 없는 강을 건너게 되었다."

이제 루터는 그 어떤 권위보다도 자신의 믿음과 양심을 우선시했다. 달리 표현하면 이것은, 불과 몇몇 사람만 진실을 볼 뿐, 대부분의 거목巨木들이 속한 집단은 잘못을 저지르고 부당한 짓을 한다는 말이었다. 그런 인식이 그를 현혹했을까? 그랬을 수도 있다. 어쨌든 그는 단호하게 말했다. "만약 당신이 하느님의 말씀을 진정으로 믿는다면 공회의가 뭐라고 할지 굳이 물어볼 필요가 있을까요?"

그날 발언으로 교황청이 루터를 이단으로 낙인찍을 것이 분명했지만, 그는 더 이상 두려워하지 않았다. 그는 만일 자신이 이단이라면, 이제 자신의 이단적 해석이 정통 교의教義라고 생각했다. 그는 가톨릭 교회를 향해 이렇게 말했다. "당신들한테는 그간 신앙심이 깊은 이단들이 없었고, 앞으로도 그럴 것이다. 그들이 당신들 곁에 계속 머물기를 하느님께 간구하라!"

내적으로 그는 자신이 속했던 가톨릭 교회와 갈라선 셈이었다. 그러나 공식적으로, 그리고 최종적으로 결별하기까지는 시간이 좀 더 필요했다. 그 기간 동안 그는 다음과 같은 비판적인 글을 하나씩 발표했다: 「성직자들이여, 폭리를 취하지 말라!」, 「독일의 기독교 귀족에게 보내는 편지」, 「교회의 바빌로니아 감옥」(1540년), 「기독교인의 자유」(1520년).

이 글들은 로마 교황청에 반기를 드는 내용을 담고 있었다. 교황의 권위를 문제 삼고, 기독교인으로 살아가는 데 중요한 것은 오로지 믿음, 은혜, 성경뿐임을 강조한 글이었다. 그는 하느님과 인간 사이를 중개하는 성직자가 필요 없고, 신부나 수녀·교황·성물·재판·성지순례도 필요 없다고 역설했다. 누구나 하느님의 자녀이고, 누구나 하느님이 정해 준 곳에서 최선을 다하는 삶, 즉 자신의 직업에 충실한 삶을 살 것을 역설했다.

그의 글은 들불처럼 널리 퍼져 나갔고, 재판再版 발행이 거듭되었다. 루터의 사상이 세상에서 튼튼하게 자리를 잡게 된 것이다. 그를 화형에 처하거나, 그가 쓴 글을 불태우거나, 그의 강연을 금지시킨다 해도 이제 아무 소용이 없게 되었다. 그의 생각이 이미 많은 사람들의 머릿속 깊이 자리를 잡았기 때문이다.

상황이 이러했지만, 로마 교황청은 새로운 황제 즉위 문제가 해결되면 다시 루터의 입을 막을 생각이었다. 1519년 7월 선거가 실시되었고, 선거 결과 스페인의 카를로스 국왕이 새로운 황제로 결정되었다. 이때 푸거 가문이 엄청난 뒷돈을 대며 카를로스 국왕을 도왔다. 스페인 선단이 신대륙에서 금은보화를 가득 싣고 유럽으로 돌아온 것을 잘 알고 있었던 푸거 가문은 거의 빈털터리에 가까운 로마 교황청보다는 카를로스 국왕과 거래를 트는 것이 더 낫다고 판단했던 것이다. 1520년 10월 스페인 카를로스 국왕이 아헨에서 신성로마제국 황제(카를 5세)로 즉위했다.

선거가 끝나자 로마 교황청은 루터의 사건을 다시 다룰 여유가 생겼다. 교황은 파문을 경고하는 칙서를 비텐베르크에 있던 루터에게 발송했다. 그에게 주장 철회를 다시 요구한 것이다. 루터의 측근들에게도 주장 철회 명령이 내려졌고, 교회의 고위 성직자에게는 루터의 글을 모두 불태우라는 지시가 떨어졌다. 시한은 60일이었다.

철회 기한을 하루 넘긴 12월 10일 마틴 루터는 비텐베르크에서 교황의 칙서를 공개적으로 불태웠다. 교회법전이 실려 있는 여러 권의 책들과 로마교회법전도 함께 태웠다. 비텐베르크의 대학생, 대학원생, 교수와 시민들이 그 모습을 지켜보며 루터를 환호했다.

이 일로 갈등은 이제 더 이상 피할 수 없는 단계에 이르렀다. 로마 교황청은 루터의 파문을 공표했다. 교회는 그를 내쫓았고, 그와의 교류도 금지시켰다. 황제에게는 루터를 체포해 로마로 압송하라는 임무가 부과되었다.

그때 프리드리히 선제후가 다시 개입했다. 그는 어떤 이를 추방하기 전에 그 사람의 심경을 먼저 들어야 하는 의무가 있음을 황제에게 상기시켰다. 황제도 루터의 말을 들어 보겠다고 했다. 루터는 당시 제국의회가 있던 보름스로 출두하라는 명령을 받았다.

루터는 보름스로 갔다. 물론 그곳에 가도 자신이 추방되리라는 것을 알고 있었기에 기분이 별로 좋지 않았다. 그러나 그는 자신의 입장을 황제 앞에서 자세하게 밝히고 싶었다. 그런데 안타깝게도 루터가 원했던 면담은 이루어지지 않았다. 토론은 벌어지지 않았고, 반박문에 대해 설명할 기회도 없었다. 루터는 자신의 주장을 철회할 것인지에 대한 질문만 받았다. 상황이 그렇게 될 것이라고는 미처 생각하지 못했기에, 루터는 그냥 항복해야 하는지 고민할 수밖에 없었다.

그는 마지막으로 생각할 시간을 달라고 간청했고, 다음 날 이렇게 말했다. "저는 제가 잘못했다는 것을 제 스스로 납득할 수만 있다면 모든 잘못을 바로잡고, 제가 쓴 책을 누구보다 먼저 불 속에 집어 던질 용의가 있습니다. 하지만 저는 제 주장으로 불거질지도 모를 위험과 논란들을 이미 충분히 숙고하고 고민해 왔다는 생각이 들었습니다." 결국 그는 토론을 원했다.

그러나 그의 반대파들은 이런 제안에 응하지 않았으며, 주장을 철회할 것인지 아닌지만 말하라고 했다.

그러자 루터가 말했다. “제 양심은 하느님의 말씀 안에 갇혀 있습니다. 그러므로 저는 철회할 수도 없고, 철회할 생각도 없습니다. 양심을 저버리는 행동은 바람직하지도, 옳지도 않기 때문입니다. 저는 여기 이 자리에서 달리 할 수 있는 것이 없습니다. 하느님, 저를 도와주소서! 아멘.”

그러자 제국의회 대표가 그에게 이렇게 말했다. “마틴, 양심은 접어두시오! 당신은 지금 착각하고 있는 거요!”

회의장 내부가 왁자지껄 떠드는 사람들의 목소리로 어수선해지자 황제는 일어나 말없이 그곳을 떠났다.

친구들이 루터를 에워싸고 포옹했다. 그가 광장까지 걸어가는 동안 거리에서 환호성이 터져 나왔다. 물론 불에 태워 죽이라는 목소리도 뒤섞여 있었다.

마틴 루터는 양팔을 높이 들고 큰 소리로 웃으며 이렇게 소리쳤다. “다 끝났다! 다 끝났다!”

그 순간부터 그는 새처럼 자유로운 몸이 되었다. 카를 5세가 서명하고 보름스 의회가 5월 8일 발표한 포고령에는 이런 내용이 적혀 있었다. “마틴 루터라는 사람을 집 안으로 들이지도, 마당에서 맞이하지도, 음식도 주지도, 숨겨 주지도, 말을 걸지도, 몰래 도움을 주지도, 따라가지도, 곁에 있어 주거나 후원하지도 말 것을 엄중히 명한다. 그를 공격하거나 생포해 온전히 데려오는 자에게는 성스러운 일에 대한 보상을 두둑이 내릴 것이다.”

루터는 이제 바람 앞의 촛불 신세가 되었다. 그런 그에게 프리드리히 선제후가 다시 도움의 손길을 내밀었다. 선제후가 사람들을 시켜

보름스에서 비텐베르크로 돌아오고 있던 루터를 납치해 오게 했다. 아무도 모르게 바르트부르크Wartburg로 그를 데려온 것이다. 루터와 동행했던 사람들은 루터가 진짜로 습격을 당했다고 생각해 도망쳤고, 이 사건을 사방에 알렸다. 이 소식은 독일 전역으로 빠르게 퍼져 나갔다. 루터가 죽었다는 소문, 그가 어딘가에 숨어 있다는 소문, 루터가 로마로 갔을 거라는 소문들이 떠돌았다.

그러나 프리드리히 선제후의 최측근들은 바르트부르크에 사는, 긴 머리에 수염까지 덥수룩해 수상해 보이는 융커 외르크가 사실은 마틴 루터라는 것을 알고 있었다. 이곳에서 그는 신약성경을 독일어로 번역하는 또 하나의 큰 업적을 남겼다. 많은 독일어 방언들을 채택한 이 신약성경은 그의 천재적인 언어 감각을 잘 보여 준다. 루터가 번역하기 전까지는 독일어로 된 신약성경이 없었다.

한편 독일에서는 루터의 주장이 원론 그대로 지켜지지 않았지만, 그래도 계속 영향력을 발휘했다. 그 무렵 독일에서는 무력 농민봉기, 우상 파괴, 수도원 습격 등의 사건이 발생했다. 루터는 자신의 피난처에만 머무르지는 않았다. 그는 비텐베르크로 가서 무력을 사용하지 말 것을 호소했다. 비텐베르크 사람들은 그의 말을 들었지만, 다른 곳에서는 그렇지 않았다. 군인들이 잔인한 진압작전을 펼쳤다.

루터는 예전에 늘 머물렀던 탑실로 들어가 글을 쓰고, 설교하고, 가르쳤다. 그는 사제복을 벗고, 다른 사제들에게도 그렇게 하라고 권했다. 굳이 입을 필요가 없는 데다, 사제복을 입어야 한다는 말이 성경에 나오는 것도 아니기 때문이었다. 많은 신부와 수녀들이 그의 권유를 따랐다.

1525년 6월 13일 마틴 루터는 파계한 수녀 카타리나 폰 보라와 결혼했다. 이는 많은 사람들을 충격에 빠뜨린 엄청난 사건이었다. 거기에 한술 더 떠 카타리나가 임신 중이었다는 사실이 밝혀졌다. 엄청난 스캔들이었다. 그는 다시 큰 주목을 받았다. 사람들은 루터의 결혼에 대해 이러쿵저러쿵 말이 많았지만, 루터는 자신의 결혼에 대해 이렇게 말했다. "추기경과 같은 고위 성직자들에 대한 반발로 결혼했다. 하느님을 흡족하게 하면서도 그들은 언짢게 만드는 일이라면, 이보다 더한 일도 나는 했을 것이다. 나는 그들이 좋아하지 않는 일을 앞으로도 멈추지 않고 계속할 생각이다."

그렇게 자기가 원하는 방식으로 살겠다는 루터의 표현대로 그의 삶에는 이제 더 이상 새롭게 해야 할 일이 생기지 않았다. 그런 의미에서 종교개혁은 사실상 마무리되었다고 할 수 있겠다. 말해야 할 것은 이미 다 말했고, 해야 할 것은 이미 다 한 셈이었다. 그는 구약성경 번역 작업 계획을 세우고, 성가 가사도 쓰고, 작곡도 했다. 또한 기독교식의 양육과 학교교육에 꼭 필요한 교리 문답서를 만드는 작업도 했다.

그는 자신을 추종하는 사람들을 위해 교회의 규칙 같은 것도 만들어야 했다. 가톨릭을 떠나 루터를 지지하는 사람들이 도처에서 생겨났기 때문이었다. 영주들도 입장의 변화를 보였다. 교회와 수도원, 그리고 이와 관련된 모든 재산이 자신들의 소유가 될 수도 있는 유리한 상황이었기 때문이다.

로마 교회의 막강한 권력은 큰 손상을 입었고, 이제 더 이상 루터를 제지할 수 없게 되었다. 이후 죽을 때까지 20여 년간 루터는 자신의 목사관에서 부인 카타리나와 수많은 아이들, 그리고 손님들과 이야기하거나, 논쟁하거나, 글을 쓰거나 하며 지냈고, 비텐베르크에서 강의를 하기도 했다.

신부와 수녀 간의 결혼이 루터가 행한 종교개혁의 마지막 행동은 아니었다. 종교개혁의 마지막 행동은 후일 독일 개신교 목사관 운영의 모범이 된 루터 부부의 목사관 운영이었다. 그러므로 루터는 자신의 종교개혁을 부인 카타리나와 함께 완성한 셈이다. 이곳에서 아이들이 자랐고, 개신교식 가정생활이 영위되었으며, 부부와 가족의 의미에 대한 루터의 결론이 도출되었다. 그의 집에는 늘 많은 손님들이 드나들었고, 루터의 그 유명한 식탁담화가 펼쳐졌다. 많은 사람들이 즐겁게 먹고 마시고, 언쟁을 벌이고, 정치에 대해 논하며 갑론을박했다. 그런 초창기의 모습을 통해 개신교 성직자의 관사는 하나의 공공시설이 되었다. 루터는 삶의 마지막 20년을 그런 집에서 보냈다.

마틴 루터는 1546년 고향 아이스레벤에서 생을 마감했다. 6년 후 부인 카타리나도 죽고, 슬하에 4남매가 남았다.

1555년 독일 인구의 90퍼센트가 개신교였다. 아우구스부르크에서 체결된 종교 재산에 관한 협약에 따라 양측 종파 간의 채무지불유예가 합의되었다.

이제 공식적으로 교회가 두 종류로 갈리게 되었으니 진실도 두 개가 있는 셈이다. 만약 진실이 두 개 있다면, 3개나 4개 혹은 더 많은 진실도 있는 것은 아닐까? 혹은 절대적인 진실은 하나도 없는 것은 아닐까?

이는 지금도 여전히 유효한 의문이다. 물론 다른 의문도 있다. 천문학자 니콜라우스 코페르니쿠스는 자신의 계산에 근거해 지구가 타원형이 아니라 공처럼 둥글고, 교회에서 가르치는 것처럼 지구가 우주의 중심이 아니라 태양 주위를 돌고 있다는 주장을 하였다. 그는 그 이론을 증명할 수 없었지만 그것을 믿은 콜럼버스는 자신의 항해로 이를 증명한 바 있다. 이런 사안에 대해 교회가 오류를 범했다면, 교회는 다른 것에 대해서도 오류를 범할 가능성이 있지 않을까?

비슷한 시기 뉘른베르크에는 알브레히트 뒤러라는 화가가 살고 있었다. 그는 성화와 성경에 나오는 장면을 그리다가 나중에는 자신의 어머니, 뉘른베르크의 귀족들과 평범한 사람들의 모습을 그렸다. 이것이 무슨 의미일까? 집 안에 있는 가구들처럼 세상의 많은 것들이 지난 수백 년간 고정되어 있던 장소에서 조금씩 밀려난 것이라고 볼 수 있지 않을까? 코페르니쿠스는 지구를 우주의 중심에서 가장자리로 밀어냈고, 뒤러는 인간을 지구의 중심으로 끌어냈다. 과연 모든 것이 제자리를 찾은 걸까? 15세기부터 16세기로 넘어가면서 세상이 온통 뒤죽박죽이 되어 버린 것은 아닐까?

이런 의문과 발전 속에서 끊임없이 새로운 것들이 나타났다. 교회는 마지막 남은 힘까지 다 짜내어 그런 변화에 완강히 저항했다. 반종교개혁을 도모하고, 스스로 개혁을 단행하고, 전쟁을 일으키고, 마녀를 화형에 처하고, 이단자를 고문했지만 별 도움이 되지 않았다. 코페르니쿠스, 구텐베르크, 콜럼버스, 뒤러와 루터 이후 모든 구태舊態를 쓸어버리며 무섭게 앞으로 돌진한 폭풍 같은 변화를 막기에는 가톨릭 교회의 힘이 부족했다. 결국 이런 변화가 새로운 시대를 열었다. 계몽주의가 시작되었고, 루터식의 교회까지 구식으로 보이게 만들 정도의 발전이 이루어졌다. 양 종파 모두 다시 한번 새롭게 변화하도록 만들 정도의 발전이었다.

구교와 신교는 둘로 나뉘는 아픔을 겪으며 그것을 극복하려고 노력했다. 그러나 달리 방법이 없었던 것 같다. 구교는 무엇보다도 단일성을 중요하게 생각했다. 쟁점 사항에 있어서는 교황이 최종 결정을 내리게 되므로, 자유와 진실이 희생될 수 있었다. 하지만 교황을 통해 교회의 단일성이 구현되었다. 교황이 말하면 세상 사람들은 그의 말에서 그리스도의 목소리를 듣는다. 그러나 이런 장점은 외적으로는 신빙성이, 내적으로는 자유가 줄어드는 희생을 토대로 한 것이다. 세상에 절대 진실이란 존재하지 않는다는 것이 현대인의 절대 진실이기 때문이다. 만약 세상에 절대 진실이라는 것이 존재한다고 하더라도 그것은 생명이 유한한 인간의 것은 아니며, 따라서 교황의 것도 아니다.

개신교의 관심사는 진실이다. 그래서 그들은 하나의 진실에 합의할 수 없다면 진실을 어느 한 사람이 독단적으로 결정하게 하는 것보다는 서로 분리하는 게 낫다고 생각한다. 진실에 대한 싸움에서 자유롭게 다툴 수 있다는 것이 개신교의 장점이다. 그 대신 단일성을 잃어버리게 된다는 것이 개신교의 약점이다. 오늘날 개신교가 무엇을 위해 존재하는지를 명확하게 말할 수 있는 사람은 없다. 그러므로 그들의 목소리는 세상에 거의 들리지 않는다.

그래서 교황이 세상 사람들을 향해 무언가를 말할 때 피임약, 사제의 독신제도, 여성 사제나 성직자에 대해서만 말하지 않고, 개신교도를 위한 말도 항상 조금씩 한다. 또 교황이 그런 것들에 대해 말할 때면 개신교도들은 그의 말을 반박하는 동시에, 가톨릭 신자들을 위한 말도 조금은 곁들인다. 어쩌면 그게 오히려 잘된 일인지도 모른다. 그게 현명한 일일 수도 있다.

용기를 낸 사람들
다섯 번째 만남

# 생존권을 위한 투쟁 | 넬슨 만델라 *Nelson Mandela*

1918년 남아프리카공화국 음베조에서 태어남. 본명은 롤리흘라흘라 달리붕가 만델라 • 1934년 클라크버리 중등학교 입학 후 힐드타운의 감리교 재단 미션스쿨로 진학 • 1939년 포트헤어 대학교에서 법학을 전공함 • 요하네스버그로 피신한 후 비트워터스랜드 대학교에서 법학 공부를 계속함 • 1944년 아프리카민족회의 청년연맹 조직 • 1948년부터 아파르트헤이트(인종차별 정책)를 반대하는 활동에 적극 개입함 • 1956년 국가반역죄로 체포됨 • 1961년 아프리카민족회의의 무장 단체 조직 • 1964년 무장투쟁을 계획한 혐의로 종신형에 처해짐 • 1990년 출소 • 1993년 노벨평화상 수상 • 1994년 남아프리카공화국 사상 최초의 흑인 대통령으로 당선 • 2013년 호흡기 감염 합병증으로 사망*

* 넬슨 만델라는 이 책의 원서가 출간된 해인 2008년 이후 사망하였다. 따라서 이 내용은 옮긴이가 추가한 것이다.

*
**

자유는 유머 감각과 비슷하다. 누구나 그 것을 갖고 있다고 생각하지만, 실제로 갖고 있는 사람은 몇 안 된다. 누구나 자유를 좋아한다고 말한다. 심지어 폭군도 그렇게 말하지만, 진정으로 자유로운 사람은 별로 없다. 그리고 목숨을 바쳐 투쟁하고, 위험을 감수하고, 부당한 권위에 맞서고, 옳은 것을 말할 수 있는 용기를 내고, 열악한 조건(경력, 물자 조달, 교육의 기회)을 감수하며 싸울 정도로 자유에 대한 갈망이 큰 사람도 얼마 되지 않는다.

자유는 품위, 성격, 당당한 태도와 관련이 있다. 어렸을 때부터 굴복하는 태도에 익숙하도록 교육을 받고 자란 사람은 쉽게 복종하고 패기도 없어, 권력과 독재를 두려워하는 사람이 된다. 어렸을 때부터 부모, 교사, 상관, 성직자와 언론매체를 통해 인간을 주인과 하인으로 나누는 게 좋고 합리적이며, 심지어 하느님의 뜻이고, 불변의 원칙이라고 지속적으로 주입식 교육을 받은 사람은 그런 운명에 순응하며 하인으로서의 삶을 살다가 인생을 끝낼 가능성이 아주 높다. 자유를 왜 갈망하겠는가? 자유를 배우지도, 맛보지도 못한 사람이 자유로 무엇을 할 수 있겠는가?

그런데 간혹 100명의 하인 중에, 아니 수천 혹은 수만 명의 하인 중에 주인과 하인의 질서가 자연스럽다거나 하느님의 뜻이라는 것에 의문을 품는 사람이 있다. 그런 사람은 처음에는 남몰래 속으로만 의문을 갖다가, 나중에는 친한 친구들이나 가족에게 자신의 생각을 말하고, 이런저런 경험을 통해 그런 생각을 하는 사람이 자기 혼자가 아니라는 사실을 알게 된다. 하지만 이런 의문을 갖는 사람들도 대부분은 그냥 그대로 살아간다.

그러나 때로는 이런 사람들이 반란을 도모하기도 한다. 그리고 가끔은 이런 반란이 혁명으로 발전해 기존 질서를 무너뜨린 다음, 새롭고 합리적인 질서로 대체하기도 한다. 이렇게 되면 이 사회는 이제 한 단계 더 높은 문명사회로 성장하게 되는 것이다.

언제 그리고 어떤 조건이 형성되면 자유로운 사고가 자유로운 말이 될까? 그리고 그 자유로운 말이 조직화된 공동 행동을 끌어내는 행위로 옮겨지게 되고, 그렇게 해서 결국 기존 질서가 전복되는 일이 일어나게 될까? 아직까지는 보편적으로 인정되는 해답이 없으므로 그것을 찾아내기 위한 연구가 진행된다면 흥미로울 것 같다. 물론 이런 일은 어쩌면 결코 일어나지 않을 수도 있다. 하인으로서의 삶이 뇌리에 깊숙이 박힌 사람이 자유로운 사고를 펼친다는 것은 뭔가 대단히 개인적인 것이고, 또 외부의 우연에 의해 좌우되는 것이기 때문이다. 그래서 자유를 위해 투쟁한 어떤 이는 자신의 과거를 회고하며 이렇게 말했다.

“대체 언제부터 내가 정치적이 되었는지, 내가 언제부터 자유를 위한 투쟁에 내 삶을 바치겠다고 생각하게 되었는지 정확하게 말하기 어렵다. (…) 그전에 나는 단 한 번도 진실을 대면해 본 적이 없었다. 수많은 일들이 계속 반복되고, 많은 상처를 받고, 기억나지 않는 여러 순간들을 겪으면서 내 안에 분노가 축적되었고, 반발심이 생겼고, 우리 국민들을 투옥시키는 체제에 맞서 싸우려는 욕구가 분출했다. 나는 어느 특정한 날에 이제부터 국민들의 해방을 위해 헌신하겠노라고 선언하며 나선 것이 아니라, 달리 할 수 있는 것이 없었기 때문에 그렇게 했을 뿐이다."

이 말을 한 사람은 이 세상에서 자유를 위해 투쟁한 가장 위대한 사람들 중 한 사람이고, 살아서 전설이 된 인물이며, 지금도 많은 사람들에게 사랑과 존경을 받고 있는 인물이다. 교황이나 달라이 라마만큼이나 유명한 이 사람은 바로 남아프리카공화국을 해방시킨 넬슨 만델라Nelson Mandela다. 그는 감옥에 27년간이나 투옥되어 있었다. 그는 그곳에서 백인 지배계급에 맞서 흑인들을 해방시키는 꿈을 27년간이나 꾸어 왔다. 27년간 감옥에 갇혀 아무것도 안 한 것처럼 보이지만, 사실 그는 남아프리카공화국을 해방시키는 데 큰 역할을 했다. 그의 꿈은 결국 실현되었다.

그는 이런 꿈을 언제 처음 꾸게 되었을까? 그조차도 이 질문에는 곧바로 답하기 어려울 것이다. 그렇지만 그의 삶에 일어난 일련의 사건들을 살펴보면, 그는 자유·존엄·자율에 대한 갈망이 주어진 상황이나 현실을 감내하려는 마음보다 훨씬 더 컸던 인간이었음을 알 수 있다.

이는 그에 앞서 수백만, 수천만 명의 젊은이들이 겪었고, 지금도 여전히 겪고 있는 운명과도 같은 일이다. 대부분은 이런 운명에 순응했거나, 순응하고 있다. 그러나 이런 운명에 저항했거나, 또 저항하고 있는 소수에게 이는 큰 파장을 일으키는 삶의 전환이 시작되는 출발점이었거나, 출발점이 될 수도 있다. 22살이던 넬슨 만델라에게도 그런 순간이 왔다. 케이프타운의 동쪽 구석에 있던 포트헤어 대학교에서 공부하던 그는 1940년 어느 날 아침 후견인의 호출을 받았다. 당시의 전통에 따라 후견인이 아내가 될 사람을 점지했다며 그를 부른 것이다.

만델라는 9살 때 아버지를 여의었다. 가정 형편이 좋지 않았기에 어머니는 후견인 요청을 받아들일 의무가 있는 호사Xhosa의 부족장 욘긴타바에게 그를 맡겼다.

만델라는 부족장의 집에서 부족장의 친아들 유스티스와 함께 자랐다. 그곳에서 그는 유스티스와 똑같이 대접받으면서 잘 지냈고, 둘 사이는 끈끈한 형제애로 묶이게 되었다. 함께 포트헤어에서 공부하던 두 사람은 이미 정해져 있는 결혼을 강제로 해야 하는 똑같은 운명에 처하게 되었다. 지참금도 이미 지불되었으므로 이제 혼인을 취소할 수는 없는 상황이었다.

그런데 문제가 생겼다. 만델라와 유스티스가 자유의지에 따라 전통, 가족, 고향, 모든 소중한 사람들과의 단절을 감행하기로 한 것이다. 그들은 길게 고민하지도 않고, 자신들이 앞으로 걸어가도록 정해진 길에서 멀리 도망쳤다. 어떤 말도 소용이 없다는 것을 잘 알고 있었기에 부족장과 이야기를 나누지도 않았다. 그렇게 전통을 뿌리치고, 부족장과의 관계를 끊는다는 것은 더 이상 어떤 경제적 지원도 받지 못하게 됨을, 모든 안전 조치를 잃어버리게 됨을 의미하는 것이었다. 이제는 그들이 스스로 독립해 생활해야만 했다. 그들은 기꺼운 마음으로 그 길을 택했다. 그것은 자율결정에 대해 그들이 치러야 할 대가이기도 했다. 그러나 두 사람이 살아가는 데 적지 않은 비용이 들 것이기에, 이는 결코 간단한 문제가 아니었다.

그들은 요하네스버그로 가려 했다. 부족장의 황소 두 마리를 몰래 팔아 여비를 마련했다. 그런 다음에도 그들은 몇 번 더 거짓말을 하고 속임수를 써야 했다. 흑인은 고용주나 후견인의 허가서 없이는 정해진 구역을 마음대로 벗어날 수 없었기 때문이었다. 그들은 요하네스버그에서 맞이할 미래를 낙관적으로 전망했다. 그곳에서 그들은 행운을 찾으려고 했다.

처음에는 모든 게 쉬워 보였다. 둘은 세계 최대 규모의 금광인 크라운 광산에 취업했다. 그들과 잘 알고 지내던 필리소가 그곳 감독으로 일하고 있었다. 그들은 강제결혼을 피해 도망쳐 왔다는 것을 아무에게도 말하지 않았다. 대신 그럴듯한 이유를 둘러댔다. 필리소는 유스티스에게는 사무실에서 일하는 깔끔한 일자리를 주선해 주었고, 만델라에게는 경비 일을 맡겼다. 만델라는 그 임무에 만족했다. 장화를 신고, 헬멧을 쓰고, 호루라기와 곤봉을 찬 채 광산 입구에서 드나드는 사람들의 신분증을 확인했다. 그가 서 있던 곳 옆에는 팻말이 하나 붙어 있었다. "주의! 원주민용 출입구!"

필리소는 만델라와 유스티스가 자기 집에서 지낼 수 있도록 해 주었다. 그 덕분에 그들은 수백 명과 함께 허름한 숙소에서 힘들게 지내는 고생을 면할 수 있었다. 비록 버는 돈이 많지는 않았지만, 그래도 그들에게는 큰돈이었다. 더구나 그것은 스스로 일을 해서 번 돈이었다. 그들은 스스로를 대견해하며, 부족장을 거의 잊어버리고 살았다.

그러나 부족장은 그렇지 않았다. 그는 그들이 있는 곳을 알아낸 후 필리소에게 전보를 보냈다. "그 애들을 곧장 집으로 돌려보내라!" 필리소는 그들 앞에서 전보를 꺼내 보이면서, 그들이 그간 자기를 속이고 자기의 신뢰를 저버렸다며 화를 냈다. 결국 그들은 집에서 쫓겨났다.

그들이 얻은 자유는 그때부터 힘들어졌다. 직업도 없고 돈도 없이 무엇을 할 수 있을까? 아프리카 사람들이 항상 기대는 것은 친척, 부족, 가문이다. 그것은 언제나 큰 힘이 된다. 만델라는 사촌 갈릭 음베케니를 찾아갔다. 일단 그의 집에서 지낼 수는 있었다. 음베케니가 부동산 중개인을 보조하는 일자리도 마련해 주었다. 만델라는 중단한 법학 공부를 계속해 장차 변호사가 되고 싶다고 그 중개인에게 말했다. 중개인은 그를 도와주었고, 유대계 변호사였던 비트키, 시델스키, 아이델만이 일하는 법률사무소에서 견습생으로 일할 수 있도록 주선해 주었다.

만델라에게 다시 한번 행운이 찾아온 것이다. 흑인이 백인 변호사 사무실에서 일한다는 것이 남아프리카공화국에서는 극히 드문 일이었다. 만델라는 그곳에서 좋은 대우를 받았다. 물론 한 달에 겨우 2파운드밖에 못 벌었지만, 일하면서 배우는 것이 많았기에 실습비를 따로 내지 않아도 되는 것만으로도 좋았다. 특히 시델스키 변호사는 일부러 자기 시간을 할애하여 만델라에게 업무를 자세히 설명해 주었다. 그는 넬슨 만델라에게 대학 등록금을 빌려주었고, 자신이 입던 양복도 선물했다. 만델라는 수년간이나 그 양복을 입고 다녔다.

만델라의 마음속에 아직 저항의 욕구가 싹트지 않았던 것은 아마도 그가 상대적으로 운이 좋았기 때문일 것이다. 하지만 그렇다고 해도 저항의 이유들이 간과되어서는 안 될 것이다. 백인들은 큰 정원을 갖춘, 잘 관리된 저택들이 모여 있는 고급 주택단지에서 살았다. 반면 흑인들은 광산이나 쓰레기 처리장 근처에 있는 비좁은 집에서 위생시설이나 전기시설도 없이 살았다.

백인들은 중요한 임무와 풍족한 보상을 약속해 주는 직업에 종사했고, 흑인들은 청소부, 미용사, 심부름꾼으로 일하거나 백인들이 살고 있는 집에서 하녀, 유모, 요리사, 정원사, 집사로 일했다. 백인들은 좋은 옷을 입고 다녔고, 흑인들은 그 반대였다. 그리고 시내 곳곳에 있는 카페, 식당, 호텔과 관청에는 '백인만 출입'이라는 팻말이 붙어 있었다.

남아프리카공화국의 상황은 실제로 그러했다. 만델라도 몇 해 전에 이미 그런 이야기를 들었지만, 관심을 가지지는 않았다. 그가 또래 친구들과 함께 할례를 받은 축제장에서였다. 16살이었던 그가 축제를 신나게 즐기려 하는데, 나이 많은 족장이 나와 강연을 하며 분위기를 차갑게 만들었다. "저기 젊고 건강하고 늠름한 호사 부족의 후손이자, 우리의 자랑인 아들들이 앉아 있어요. 우리가 방금 전에 할례를 해 저들을 진정한 남자로 만들었다고 생각하지만, 그것이 착각에 불과하다는 말을 하려고 난 지금 이 자리에 섰습니다. 우리 호사 부족과 다른 모든 남아프리카의 흑인들은 이 땅에서 대대손손 노예로 살고 있어요. 우리는 아무런 힘도, 권력도 없고, 우리가 태어난 이 땅에서 우리식으로 살아갈 자격도 없습니다. 저 젊은이들은 앞으로 평생 백인들의 광산에서 탁한 공기를 들이마시게 될 겁니다. 백인들이 근사한 삶을 영위할 수 있도록 해 주기 위해 자신의 건강을 잃어 가며, 해도 보지 못한 채 죽어라 일만 하게 될 겁니다. 저들은 대도시로 나가 다 쓰러져 가는 집에 기거하며 싸구려 술을 마시게 되겠죠. 저들이 물려받아 더 크게 넓힐 땅이 우리에게 없기 때문입니다."

오랜 세월이 지나 만델라는 그때 그런 탄식을 귀담아 들으려고 하지 않았고, 백인들이 이 땅에 좋은 것도 많이 갖고 오지 않았느냐고 반문했던 기억을 떠올렸다. 백인들이 학교를 세워 주고, 큰 공장을 지어 사람들에게 일거리를 준다고 생각하고 있었던 것이다.

백인 억압자들을 증오하지 않는 사고방식, 부정할 수 없는 잘못에도 불구하고 백인들은 늘 정당하다고 여기는 사고방식이 그의 뇌리에 깊이 박혀 있었고, 이는 훗날 흑인들의 자유를 위해 투쟁할 때도 고쳐지지 않았다. 그가 후일 해방된 남아프리카공화국을 통치하며, 남아프리카공화국을 피부색에 상관없이 모두가 평화롭게 화합하며 지내는 나라, 즉 과거 흑인을 탄압했던 백인들과도 함께 어울려 사는 나라로 만든 데에는 이런 사고방식의 영향도 있었을 것이다.

그가 살아온 세대의 다른 사람들은 백인에 대해 그보다 더 적대적이었고, 최소한 속마음으로는 훨씬 더 공격적이었다. 시델스키 법률사무소에서 넬슨의 동료가 변호사들을 향해 독설을 퍼붓는 것도 넬슨은 보았다. "잘 들어 봐요. 우리 부족의 족장이 당신을 위해 일하는 동안 당신은 여기 왕처럼 앉아 있어요. 그런데 원래는 이게 거꾸로 되어야 하는 겁니다. 언젠가 그런 날이 반드시 올 겁니다. 그날이 오면 우리는 당신들을 모두 바다에 갖다 버릴 거예요." 넬슨은 그런 상황이 불편했다. 그는 얼마나 오랫동안 이런 태도를 유지했을까?

넬슨의 의식은 1946년 남아프리카공화국 역사상 가장 큰 규모의 파업이 단행되었을 때 바뀌기 시작했다. 당시 40만 명의 아프리카인들이 일당 2실링을 받으며 광산에서 일하고 있었다. 노동조합은 최소 10실링의 일당, 가족이 함께 살 수 있는 숙소, 2주일의 유급휴가 제공과 부실한 식사의 개선을 요구했다. 그러나 광산주들은 요지부동이었다. 그러자 7만 명의 노동자들이 1주일간 파업을 단행했다. 하지만 이 파업은 아무 소용이 없었고, 급기야 국가가 개입했다. 경찰이 노동자들을 강제로 갱으로 끌고 가는 과정에서 사망자가 속출했다. 경찰은 노동자 숙소를 포위하고, 노동조합 사무실을 수색했다. 파업을 주도한 사람들은 모두 투옥되었고, 파업은 중단되었으며, 정부는 노동조합을 해체했다.

넬슨은 분개하고 경악했다. 마음이 크게 동요한 그는 파업 참가자들을 찾아가 만났고, 노동조합원들과도 이야기를 나눴다.

이제 넬슨 만델라의 관심은 당시 남아프리카공화국에 살고 있던 인도인들에게 쏠렸다. 그들 역시 저항을 했다. 1869년부터 나탈 지방의 사탕수수밭에서 일하기 위해 인도에서 건너온 이주민 노동자들이었다. 인도인들은 당시 3년 계약으로 왔었는데, 계약이 만료된 후 귀국 여부를 스스로 결정할 수 있었다. 그들 대부분은 귀국하지 않고 남아 소작농이나 장사꾼으로 일했다. 그중에는 나탈에서 시민권까지 취득한 사람도 있었다. 그러나 나탈 이외의 지역에서는 유색인으로 분류되어 흑인들과 마찬가지로 아무런 법적 권리를 갖지 못했다.

광부들이 총파업을 벌이던 1946년, 남아프리카공화국 정부는 인도인들의 제한적인 법적 권리를 더욱 축소시키는 법안을 공표했다. 그때부터 그들은 지정된 지역 안에서만 살고, 일할 수 있게 되었으며, 토지 매입은 더욱 어렵게 되었다.

인도인들은 그런 상황에 대해 불만이 많았다. 넬슨은 그들이 어떻게 저항하는지를 유심히 지켜보았다. 인도인들은 마하트마 간디라는 젊은 변호사의 계획에 따라 움직였다. 인도에서와 마찬가지로 남아프리카공화국에서도 '비폭력 저항운동'이 시작된 것이다.

남아프리카공화국에서의 비폭력 저항운동은 정부가 압수해 간 땅을 인도인들이 2년간 무단 점거하는 형태를 띠었다. 그들은 집회 금지 조치를 위반하였고, 경찰이 나타나면 많은 사람들이 순순히 체포당했다. 그렇게 붙잡혀 간 사람들은 수개월간 강제노역형에 처해졌다. 그러나 그러다 출소하게 되면 체포되기 전까지 일했던 곳을 다시 찾아가, 그곳에서 일을 계속했다.

넬슨 만델라는 인도의 가정주부, 변호사, 대학생, 의사, 성직자, 상인과 노동자들이 저항의 표시로 순순히 투옥되는 모습에 깊은 감동을 받았다. "그것을 보고서는 모여서 뭔가 말하고, 중요한 결정을 내리고, 대표단을 파견하는 식으로 활동하지 않고도 자유를 위해 투쟁할 수 있다는 것을 알게 되었다. 무엇보다 중요한 것은 치밀한 조직 체계, 투쟁적인 대중 행동, 특히 고통과 희생을 감내할 각오였다."

인도에서는 그런 식의 저항운동이 성과를 거두었고, 1947년 인도는 독립했다. 인도는 독립 직후 다른 민주국가들보다 훨씬 더 빨리 남아프리카공화국 정부의 승인을 거부하였다. 물론 남아프리카공화국의 인종차별 정책이 그 이유였다.

사실 남아프리카공화국은 제2차 세계대전 이후 식민지 시대가 종식될 무렵, 상황이 개선되어야만 했다. 식민지들은 차례차례 해방되었다. 일부는 자신들을 지배하던 국가와의 평화 협정을 통해서, 또 일부는 폭동과 전쟁을 통해 독립을 선언했다. 제2차 세계대전 이전에 백인들의 식민지 지배하에 있던 나라들도 1947~1967년 사이에 모두 독립했다.

그러나 유독 남아프리카공화국에서만 시계가 거꾸로 돌아갔다. 상황이 나아지기는커녕 더욱 악화되었던 것이다. 이렇게 된 데에는 다양한 원인들이 있었다. 그중 한 원인은 바로 이 나라의 역사에서 찾을 수 있다. 1652년 보급품 저장을 위해 동인도제도 항로상에 위치한 케이프타운에 도시가 건설되면서 백인들의 이주가 시작되었는데, 이주민들 중에는 네덜란드인, 독일인, 위그노 교도들이 압도적으로 많았다. 그중 네덜란드계 백인들인 보어인들이 점점 내륙 깊숙이 들어가 정착하면서 그곳에 살고 있던 유목민들, 농사를 짓고 소를 기르던 원주민들과 심한 갈등을 빚었다. 1779년부터 보어인들은 호사 부족과 결전을 벌였다. 호사 부족은 백인 정복자들에 맞서 오랫동안 항거하다 결국 굴복한 부족이다. 넬슨 만델라가 바로 이 부족 출신이다.

후에 영국인들이 건너와 네덜란드계 백인들이 차지하고 있던 케이프 식민지를 점령했다. 결국 많은 보어인들은 그곳을 떠나 내륙으로 진출했고, 그곳에 나탈, 오렌지 자유국Oranje Freistaat, 트란스발Transvaal과 같은 새로운 공화국을 세웠다. 영국인들은 이런 나라들도 자신들의 통제하에 두려 했고, 일부 지역에서는 성공을 거두었다. 1869~1871년 사이에는 엄청난 매장량을 자랑하는 금광과 다이아몬드 광산도 발견되었다. 그 후 이 지역을 완전히 장악하기 위해 대영제국 군대가 막강한 힘을 이용해 보어인들과 전쟁을 벌였다. 이른바 보어 전쟁이 발발한 것이다. 이 전쟁에서는 결국 보어인들이 패했다. 이로써 아프리카 남부 지역은 완전히 영국의 차지가 되었다.

영국은 보어인들과 평화협정을 맺고, 보어인들의 자치권을 보장했다. 그 결과 1910년 '남아프리카연합'이 출범했다. 한편으로는 영국의 식민지지만, 다른 한편으로는 대영제국 안에서 자치권이 보장되는 국가가 들어선 것이다. 영국과 네덜란드계 백인들이 서로 경쟁하는 두 개의 정당을 세워 함께 통치하는 나라가 된 것이다.

이제 이곳에는 영국에 우호적인 남아프리카당과, 영국에 비판적인 네덜란드계 백인들이 이끄는 국민당이 생겼다. 국민당은 정치·경제·문화 부문에서 가능한 한 영국의 영향을 억제하는 데 주력했다. 양당이 서로 상반된 주장을 펼쳤지만, 한 가지 정책에 대해서만은 서로 의견일치를 보았다. 그것은 소수인 백인만이 남아프리카의 통치를 맡는다는 점이었다. 그 결과 다수인 흑인들은 백인에 복종하고, 저임금을 받으며 일해야 했다.

사정이 이러하다 보니, 후일 인종차별 정책(아파르트헤이트)의 초석이 될 법안이 건국 3년 만에 통과되었다. 흑인들은 원주민 토지 정책에 따라 종족의 땅이라고 명시되어 있는 지역을 제외한 다른 지역의 토지는 매입할 수 없게 되었다. 남아프리카공화국 정부는 '깜둥이'들을 그들이 있어야 할 자리, 즉 가장 밑바닥으로 보내는 것을 목표로 삼아 충실히 임무를 수행했다.

흑인들은 선거권도 없었다. 그러다 보니 이 나라는 흑인들이 거주할 수 없는 백인지역과, 흑인들이 사는 나머지 지역으로 나누어졌고, 백인과 흑인이 함께 사는 것은 금지되었다. 다른 식민지 국가에서도 그런 일이 자주 있었기에 국제사회는 그것에 대해 아무런 비난도 하지 않았다.

그런데 탈식민지화가 진행되면서부터 비로소 이런 정책을 경계하는 목소리가 들리기 시작했다. 그러자 남아프리카공화국의 백인들은 자신들의 권리를 굳건히 지키기 위해 더욱 단호한 조치를 취했다. 그 대표적 수단이 아파르트헤이트였다. 이는 지난 수십 년간 흑인에게 자행되어 오던 인종차별 정책을 법적으로 더욱 강화한 것이다.

사실 이 정책은 1948년 네덜란드계 정당인 국민당이 선거에서 승리하면서 시작되었다. 이때부터 남아프리카공화국 국민들은 4개의 인종, 즉 백인, 흑인, 아시아계(인도인)와 유색인, 그리고 이 세 가지 인종에 속하지 않는 사람들로 분류되었다.

그리고 이 분류에 따라 만들어진 일련의 법과 규정들에 의해 이 4개의 그룹에 속한 사람들의 삶은 이제 완전히 분리되었다. 공원 벤치, 해변, 가게 출입문이 분리되었고, 개별 인종을 담당하는 별도의 관청도 생겨났다. 피부색에 따라 공공시설, 호텔, 식당, 극장, 공연장, 버스, 전차, 공항, 심지어 공동묘지까지 분리되었다. "이제 '백인만 출입'이라고 적혀 있는 문을 흑인이 통과하거나, '백인만 탑승'이라고 적혀 있는 버스에 흑인이 타는 것, 흑인이 신분증을 갖고 다니지 않는 것, 거짓 서명한 책을 소지하고 있는 것, 허가받지 않은 곳에서 일하는 것, 특정한 장소에 사는 것, 주거할 곳이 없는 것 등이 모두 법을 위반하는 행위가 되었다."라고 넬슨 만델라는 그 시절을 회고했다.

통행법에 따라 국가는 국민들이 도시와 시골을 오가는 것을 검문하여, 흑인들이 도시에 들어오지 못하게 막기 시작했다. 또 백인들만 전문직 일자리를 가질 수 있도록 하여 다른 모든 인종 출신의 신분상승을 어렵게 하고, 사회적 계층 이동을 불가능하게 만들었다. 그러므로 인종 분리는 단순히 지정학적·공간적 분리가 아니었다. 그것은 흑인에 대한 사회의 차단벽이었고, 백인의 특권을 고착화하기 위한 조치였다. 그 결과 400만 명의 백인들이 1500만 명의 흑인들을 억누르고, 약탈하고, 감금하고, 권리를 빼앗았다.

학교도 분리되었다. 백인들이 다니는 학교와 비교하면, 흑인들이 다니는 학교에 대한 정부의 재정 지원은 턱없이 적었다. 흑인 학교에서 근무하는 많은 교사들은 초등학교를 겨우 졸업한 학력이었고, 부족한 실력을 보완하기 위해 콩나물시루 같은 교실에서 학생들을 매로 다스렸다. 그렇게 흑인들은 교육과 사회적 신분상승 기회를 지속적으로 박탈당했다.

그러나 백인지배층이 모든 것을 통제하지는 못했다. 당시 이 나라에는 교회와 다양한 기독종파의 선교사들이 운영하는 학교들이 있었다. 물론 이런 학교들 가운데는 칼뱅식 '네덜란드 개혁교회'와 같이 인종차별 정책을 따르고, 그것을 정당화하며 후원하는 곳도 있었지만, 그렇지 않은 학교들도 있었다. 예를 들어 영국 국교와 감리교 재단에서 운영하는 학교들은 비록 인종차별 정책을 따르기는 하였으나, 흑인도 하느님의 피조물로 보고 그들의 존엄성을 인정했다. 이런 학교에서는 흑인들이 더 나은 처우와 교육을 받았다. 물론 이런 학교들도 교육비를 받았으므로 흑인들 가운데 형편이 좋은 상류층만 자식을 이런 학교에 보낼 수 있었다. 이곳에서 공부한 많은 흑인 학생들이 후일 아파르트헤이트에 반대하는 흑인지도자나 시민운동가가 되었다.

넬슨 만델라는 운 좋게 학비가 비싼 감리교 재단의 학교에 다닐 수 있었다. 1825년 감리교 재단에서 세운 클라크버리 기숙학교는 학생들이 다양한 수공업 교육을 받을 수 있고, 교사들도 보수교육을 받을 수 있는 좋은 학교였다. 이 학교의 교장 레버랜드 C. 하리스는 넬슨에게 처음으로 손을 내밀어 악수를 청한 백인이었다. 넬슨의 후견인 욘긴타바는 그를 흑인을 사랑하는 위대한 사람이라고 했다.

바로 이곳 클라크버리 학교에서 만델라는 넬슨이라는 이름을 얻었다. 사실 그의 원래 이름은 '롤리흘라흘라Rolihlahla'로, '선동자'라는 의미가 담겨 있었다. 그의 삶은 이미 이름에서부터 예견된 셈이다. 그런데 학교 선생님들이 아프리카식 이름을 발음하기 어렵다며 영어 이름을 지어 불렀다. 그렇게 해서 '롤리흘라흘라'가 넬슨으로 바뀌게 된 것이다. 후일 넬슨 만델라는 '흑인 넬슨 경'으로 불리게 된다.

클라크버리에서는 자격을 갖춘 흑인 교사들이 가르쳤다. 넬슨 만델라는 그들을 존경했지만, 흑인은 아무리 공부를 많이 해도 항상 백인 밑이라는 것을 그곳에서 처음 깨달았다. 이는 그가 힐드타운Healdtown의 대학교에 진학해서도 마찬가지였다. 그곳 역시 감리교 재단이 세운 학교로, 적도의 남쪽에서는 가장 큰 고등 교육기관이었다.

힐드타운에서 공부하는 흑인 학생들 대부분의 목표는 흑인 영국인이 되는 것이었다. 백인 문화, 특히 영국 문화의 우월함은 학교에 입학하면서부터 그들의 머릿속 깊이 각인되었다. 흑인 영국인이 되면 일반 흑인들보다 더 편하고 대우도 더 좋은 일을 할 수 있게 된다. 이를테면 총독부에서 공무원으로 일하면서 월급을 많이 받을 수가 있게 되는 것이다. 그렇게 되려면 성실하고, 교육을 잘 받았으며, 문명을 깨우쳤다는 것을 백인들로부터 인정받아야만 했다.

1943년 25살이 된 넬슨 만델라는 흑인 영국인이 되려는 자신에 대해 처음으로 수치심을 느낀다. 아프리카의 뛰어난 지도자 가운데 한 사람인 안톤 렘베대Anton Lembede의 카리스마 넘치는 강연이 그 계기가 되었다. 안톤 렘베대는 우렁찬 목소리로 청중에게 이렇게 역설했다. "내 피부색은 우리 어머니의 땅 아프리카의 검은 흙처럼 아름답습니다! 흑인도 백인과 같은 잠재력을 갖고 있다는 것에 대해 감히 누가 의심을 품을 수 있습니까? 자신감이야말로 자율적 사고를 위한 전제 조건입니다."

남아프리카공화국에는 이미 오래전부터 그런 생각을 전파하며, 아파르트헤이트 반대와 흑인의 자율권 확보를 위해 투쟁해 온 정치 세력들이 있었다. 바로 '아프리카민족회의'였다. 이 단체는 국민 과반수를 차지하는 흑인들이 국민으로서의 완전한 권리를 쟁취하기 위해 1912년 설립한 일종의 비폭력 시민운동 조직이었다. 초기에는 주로 흑인 중산층이 당원으로 가입해 보이콧, 파업, 청원, 공개시위와 같은 활동을 통해 평화로운 저항운동을 펼쳤다. 물론 그리 성공적이지는 못했다.

1940년대에는 당시 의장이었던 알프레드 B. 후마Alfred B. Xuma가 젊고 활동적인 사람들을 당원으로 가입시키기 위해 애썼다. 넬슨 만델라와 올리버 탐보Oliver Tambo 그리고 발터 시수루Walter Sisulu도 이때 입회하였고, 곧 이 단체에서 주도적인 역할을 수행하게 된다. 정부가 계속해서 악법을 내놓자 1940년대와 1950년대에는 아프리카민족회의에 입회하는 사람들의 숫자가 급격히 늘어났다. 그 결과 아프리카민족회의는 아파르트헤이트에 맞서는 가장 중요한 저항조직으로 성장하게 되었다.

그리고 그 중심에는 넬슨 만델라가 있었다. 변호사로 수입이 괜찮았던 그는 이제 점점 더 많은 시간을 아프리카민족회의를 위해 일하게 되었다. 그가 아프리카민족회의를 위해 일하면 할수록, 그가 해야 할 일들도 점점 더 늘어났다.

1950년 5월 1일 전국 광부의 절반이 파업을 단행했다. 만델라는 파업을 벌이고 있던 노동자들의 시위현장을 방문했다가, 무자비한 진압현장을 목격한 증인이 되었다. 기마경찰들이 아무런 사전경고도 없이 시위대를 향해 돌진해 곤봉을 휘둘렀다. 만델라와 그의 친구들은 통제가 불가능한 상황에서 경찰이 시위대를 향해 실탄을 난사하기 직전에 그곳을 빠져나왔다.

“그날이 내 인생의 전환점이었다. 경찰의 무자비한 진압작전을 그때 처음 보았고, 흑인 노동자들이 「5월 1일 성명서」를 통해 시위를 지지하는 것에 깊은 감명을 받았다.” 훗날 만델라는 이날의 일을 이렇게 회고했다. 이날 하루 동안 흑인 18명이 죽었고, 많은 사람들이 부상당했다. 시민들이 경찰의 과잉진압에 항의하자, 흑인에 대한 탄압은 더욱 심해졌다.

5월 말 정부는 새로운 법안을 내놓았다. 모든 것을 ‘공산주의’로 몰아붙여 금지시키는 법이었다. “불법적 활동이나 파업 혹은 그런 활동이나 파업을 하겠다는 협박, 정치적·산업적·사회적·경제적 변화를 초래하는 일체의 활동을 지지하는 행위”를 금지한다는 것이 이 법의 주요 골자였다. 달리 말해 정부의 마음에 들지 않는 것은 모두 다 금지시킬 수 있다는 뜻이었다.

다른 많은 흑인들이 이미 오래전부터 알고 있었던 문제를 만델라는 그제야 인식했다. 정부가 모든 자유로운 활동을 억압하는 상황이라면, 아프리카민족회의가 다른 단체들과 거리를 둘 이유가 없다고 그는 생각했다. 인도인, 공산주의자, 유색인종 및 흑인 해방운동 단체가 모두 힘을 합해야 목표를 달성할 수 있다고 본 것이다. 그래서 그는 공산주의자가 아프리카민족회의에 입당하는 것을 반대하지 않았다. 공산주의자들은 흑인도 똑같은 권리를 가진 인간으로 대우했다. 그들은 백인으로서 누릴 수 있는 특권 뒤에 비겁하게 숨지 않았고, 인종차별적인 억압에 맞서 싸웠다.

같은 맥락에서 아프리카민족회의는 인도인협회, 공산주의연합, 아프리카인민회의와 함께 유색인들의 연합체를 결성하여 최초의 공동행동을 벌일 계획을 세웠다. 그들은 1950년 6월 26일 전국 규모의 시위를 벌여, 5월 1일에 있었던 18명의 흑인 사살과 공산당 금지 조치에 항의하기로 결정했다. 만델라는 요하네스버그의 아프리카민족회의 본부 사무실에서 행사 준비에 몰두했다. 그날 전체 근로자의 과반수가 직장에 나가지 않았고, 5000명이 시위에 참여했다. 오늘날까지도 매년 6월 26일은 자유를 촉구하는 대규모 시위의 날로 기념되고 있다.

1951년 12월 아프리카민족회의는 악명 높은 아파르트헤이트 법안의 폐기를 정부에 요구했다. 요구가 받아들여지지 않으면 아프리카민족회의, 인도인협회, 공산주의자들이 전국 규모의 불복종운동을 벌이겠다고 위협했다. 정부는 그들의 요구를 거부했다.

이에 아프리카민족회의는 자신들의 계획을 실행에 옮겼다. 이 모든 활동 계획의 중심에 서 있었던 만델라는 이제 마치 국가 지도자처럼 확신과 승리의 의지를 내뿜었다. '자발적 참여자의 날'로 정한 1952년 6월 22일, 그는 연설자로 나서면서 수많은 대중 앞에 처음으로 모습을 드러냈다. 1만 명이 넘는 청중들이 그를 환호했다.

그 자리에 모인 사람들이 불복종운동에 참여할 것을 결의했다. 그 후 고의적으로 아파르트헤이트를 어기는 사람들이 전국 곳곳에서 나타났다. 그들은 백인만 탈 수 있는 기차의 객실에 앉거나, 백인용 대합실에 들어갔고, 우체국이나 공중화장실의 백인 전용 출입구를 사용했을 뿐만 아니라, 흑인들의 출입이 금지된 구역에 들어가기도 했으며, 출입금지 시간을 어기기도 했다. 모든 시위 그룹에는 대표가 정해져 있었다. 이 대표들은 시위 전에 관할 경찰서를 찾아가 시위 계획을 사전에 알리는 동시에, 시위대에게는 경찰의 공격을 받더라도 폭력으로 대응하지 말라고 당부했다. 시위 참가자들은 노래를 부르며 체포에 응했고, 경찰서에 압송되면서도 희망에 가득 차 이렇게 외쳤다.

"아프리카를 돌려달라!"

만델라도 시위대와 함께 붙잡혀 처음으로 감옥에 수감되었다. 그 후 5개월간 남아프리카공화국 전역에서 다양한 직업에 종사하는 8500명의 시민들이 불복종운동에 참여하였다. 회원 숫자도 폭발적으로 늘어났다. 정부는 흑인, 공산주의자, 인도인들이 연합체를 결성한 것에 거부감을 나타냈으며, 흑인들의 요구에 응하는 대신 법을 더욱 강화하고, 공포 분위기를 조성하여 이 문제를 해결하려 했다. 1953년 제정된 '공공안전법'과 '형법'을 통해 정부는 이제 언제라도 전시법을 발동할 수 있게 되었고, 사람들을 재판 없이 구금하거나 태형 같은 체벌을 가할 수 있게 되었다. 일체의 반정부 활동은 최고 3년의 징역형에 처해졌다.

정부의 권력 과시로 백인의 지배는 수십 년간 더 지속될 수 있었다. 그러나 정부의 이런 조처로 인해 파괴, 폭력, 증오, 적대감의 씨앗이 뿌려졌다. 바로 이것이 남아프리카공화국 정부의 몰락을 촉진하고, 오늘날까지 이어지고 있는 남아프리카공화국의 현실을 결정짓는 싹을 틔운 것이다.

1950년대에 어떤 사람들은 저항을 포기한 반면, 어떤 사람들은 무장투쟁으로 저항했다. 그러나 대부분의 사람들은 애초에 가졌던 절망감에서 벗어나 자신감을 가지고 희망의 의지를 굳건히 다졌다. 넬슨 만델라도 이렇게 말했다. "백인들이 내 펀치의 위력을 실감할 수 있게 되어 난 이제야 비로소 보통 남자처럼 반듯하게 걷게 되었고, 탄압과 공포에 굴하지 않는 자존감으로 다른 사람을 똑바로 쳐다볼 수 있게 되었다."

몇 년 후 넬슨은 아프리카민족회의의 고위층 인사가 되어 저항운동을 조직하거나, 흑인들을 법정에서 변호하는 일을 했다. 그러나 본인도 법정에 자주 소환되어 유죄 또는 무죄 판결을 받았다. 그는 조롱이나 무례한 처우에 시달리기도 했고, 협박도 받았다. 1960년 3월 샤프빌레에서 평화시위를 벌이던 군중들을 향해 경찰이 총을 쏘고, 아파르트헤이트에 반대하는 모든 단체들의 집회를 금지하는 정부 조치가 단행될 때까지 그는 그렇게 지냈다.

만델라와 함께 활동하던 동료들은 정부의 조치를 보며 비폭력 저항운동으로는 목표에 도달할 수 없다고 생각하게 되었다. 폭력을 사용하지 않고는 많은 서방 국가들, 특히 미국·영국·독일 등의 지지를 받는 남아프리카공화국 정부에 맞서 싸울 수 없다고 판단했던 것이다. 당시는 러시아를 주축으로 한 공산주의와, 미국을 중심으로 한 민주주의가 맞선 냉전시대였다. 그런 냉전체제는 양쪽 진영 모두 근시안적 사고를 갖게 해, 상대에게 손해를 입히면 자기들에게는 무조건 좋다는 생각을 하게 만들었다. 러시아가 아프리카민족회의를 지원하자, 서방세계는 공산주의를 따르며 러시아에 우호적인 무리에 대적할 수 있도록 남아프리카공화국 정부를 지원했다. 그러다 보니 서방세계는 아파르트헤이트가 뿌리내리는 것을 묵인하며 백인 압제자들을 지지하는 셈이 되고 말았다.

그런 상황에서 아프리카민족회의는 당원들을 무장시키기로 결의했다. 그들은 '국가의 창'이라는 뜻의 무장조직 '움콘토 베 스즈베'를 만들었다. 넬슨 만델라가 그 조직의 수장을 맡아 활동무대를 지하로 옮겼다. 만델라는 그때부터 자기 목숨이 위태로워졌다는 사실을 잘 알고 있었다. 당시 남아프리카공화국에서는 폭력적인 저항운동을 벌이는 사람을 테러리스트로 간주해 사형에 처했기 때문이었다. 그때의 결심에 대해 그는 이렇게 회고했다. "그 일을 내가 맡아야 한다는 것을 잘 알고 있었다. 삶이 위태로워진다는 것을, 가족과 멀리 떨어져 지내야 한다는 것을 알고 있었지만, 인간으로서 자신이 원하는 대로 살아가는 것이 불가능한 상황에서는 범법자가 되는 것 말고는 다른 방법이 없었다."

그의 지휘에 따라 태업이 계획되고, 실행되었다. 전선과 전신주가 파괴되고, 전화선이 끊어지고, 발전소가 멈춰 서고, 운송로가 차단되고, 군대시설과 경찰서가 공격을 받았다. 아프리카민족회의의 당수 올리버 탐보에게 보낸 서신에 넬슨 만델라는 이렇게 적고 있다. "이 나라를 통제 불능의 상태로 만들어야 합니다." 태업에 참여한 사람들은 인종차별주의 정책에도 불구하고 이 나라에 밀려들어 와 현 정부 체제를 고착화하는 데 도움을 주는 외국인 투자자들이 이것을 보고, 두려움에 떨게 되기를 바랐다. 만델라와 그의 동료들은 정부가 자신들과의 협상에 나서기를 바랐다.

그러나 이런 바람은 실현되지 않았다. 정부는 범인 색출에 골몰했고, 사소한 태업에 참여한 사람에게까지 사형을 선고했다. 만델라는 17개월 동안 지하에서 활동하다가 누군가의 밀고로 체포되었다. 누가 그를 밀고했는지는 아직 밝혀지지 않았다. 체포는 곧 사형 선고를 의미했다.

그러나 그는 운이 좋았다. 당시 남아프리카공화국 정부나 정보기관이 그가 핵심 인물이라는 것을 미처 몰랐기 때문이었다. 그는 신분증을 소지하지 않은 혐의와 파업 참가 혐의로 기소되었고, 법정에서 5년형을 선고받았다.

그러나 그 후 더 심각한 문제가 발생했다. 만델라와 그의 지지자들이 태업 계획을 세우던 본거지가 발각되었던 것이다. 그들의 계획서, 참여자 명단, 장소, 날짜 등 그간 숨어서 준비했던 모든 정보들이 들통났다. 그제야 경찰은 넬슨 만델라가 조직의 우두머리라는 것을 알게 되었다. 통상적인 상황이라면 그는 사형을 선고받아야 했다.

다행히 두 가지 이유로 그는 목숨을 부지할 수 있었다. 남아프리카공화국에 대한 외국 언론의 갑작스러운 주목과, 그에 대한 관심 덕분이었다. 세계의 언론은 1960년대에 처음으로 남아프리카공화국에서 일어나는 일들에 대해 주목하기 시작했다. 유엔이 남아프리카공화국 문제를 다뤘고, 1962년 말 개최된 전체회의에서 남아프리카공화국에 대한 비준이 거부되었다. 그때부터 고위 정치인들이 누구를 만나 회동을 한다는 등 그 결정과 관련된 기사가 신문에 자주 오르내리게 되었다.

만델라는 리보니아에서 열린 자신의 재판에서 그런 대중의 관심을 잘 이용했다. 법정에서 그는 스스로를 변호하도록 허락받았다. 장장 4시간 동안 이어진 그의 변론은 흑인 해방을 위한 투쟁의 기본 원칙을 분명하게 드러내 보인 가장 성공적인 행동이었다. 피고 넬슨 만델라가 자신의 변론을 통해 남아프리카공화국 정부를 고발한 것이다.

만델라는 자신에게 씌워진 혐의를 인정했다. 그러나 “저희가 어쩔 수 없이 행사하게 된 폭력을 테러라고 말할 수는 없습니다. ‘국가의 창’ 요원들은 저처럼 모두 아프리카민족회의의 당원이고, 정치적인 분쟁이 생길 때면 아프리카민족회의의 전통에 따라 비폭력과 협상을 원칙으로 삼았습니다. 우리는 이 나라가 이 땅에 태어나 살고 있는 우리 모두의 나라지, 흑인이든 백인이든 어느 한쪽만의 나라는 아니라고 믿어 왔습니다. 우리는 인종전쟁을 원치 않았고, 최후의 순간까지

폭력을 행사하지 않으려고 노력해 왔습니다. 그런데 지난 50년간 탄압에 대한 비폭력 저항운동은 어떤 성과도 거두지 못했습니다. 오히려 훨씬 가혹해진 법의 제제만 가해지다 보니 우리도 무장투쟁을 해야 한다는 목소리가 커지게 되었습니다. 물론 아프리카민족회의는 평화적인 방법의 사용을 끝까지 독려했습니다. 하지만 평화롭게 시위를 벌일 방법이 없어졌기 때문에 정치 투쟁에 급기야 무력을 사용하게 된 것입니다."

그는 공산주의에 대해서도 말했다. "저는 제 자신을 공산주의자라고 생각한 적이 단 한 번도 없었고, 개인적으로도 공산주의를 반대합니다. 그러나 탄압에 대항해 투쟁하려는 사람들을 사상에 따라 구별해 차이를 두는 게 불필요한 상황이 되었습니다. 특히 그들은 오랜 세월 동안 아프리카인도 똑같은 인간이고, 동일한 처우를 받아야 한다는 정치 구호를 표방한 유일한 정치 세력이었습니다."

넬슨 만델라는 가난, 빈곤, 질병, 오물, 부족한 위생시설, 열악한 교육체계와 주거제한법에 대해 설명하며 흑인들이 살고 있는 열악하고 비인간적인 생활환경에 대해서도 말했다. 그런 다음 그는 판결에 앞서 최후변론을 했다. "흑인에 대한 인간 존엄성의 무시가 백인 우월주의 정책의 직접적인 결과였습니다. 백인 우월주의는 흑인이 열등하다는 것을 전제합니다. 그런 고정관념이 백인들로 하여금 흑인들을 특별한 인간으로 취급하게 만들었습니다. 그들은 흑인도 가족을 부양할 의무가 있는 인간이라고 보지 않고, 흑인도 감정이 있다는 것을 인정하지 않고, 흑인도 백인처럼 누군가를 사랑하고, 아내와 자식을 돌보며 살아가려고 한다는 것을 무시했습니다. 흑인도 자식에게 좋은 교육을 받게 해 주고 싶어 한다는 것을, 잘 먹이고 잘 입혀

학교에 보내고 싶어 한다는 것을 고려하지 않았습니다. 흑인들도 먹고살기 위해 적정한 임금이 필요합니다. 흑인도 정부가 정해 주는 일이 아니라, 자기 재능에 따라 스스로 직업을 선택하기를 원했습니다. 흑인들은 이 땅에서 일반 국민으로 살고 싶었습니다. 게토(흑인 집단 거주지)에서 살라고 강요받는 것을 원하지 않았습니다. 흑인 남성들은 자기들이 일하는 곳에서 아내, 자식과 더불어 살기를 원하지 부자연스럽게 남성 집단 수용소에 갇혀 사는 것을 원하지 않았습니다. 흑인 남성들은 통행금지령에 묶여 있는 어린아이처럼 사는 게 아니라, 밤 11시 이후에도 밖에 나가는 것을 허용받기를 원했습니다. 우리 흑인들은 남아프리카공화국에서 정당한 몫을 차지하고자 했습니다. 우리는 안전과 적절한 일자리를 원했습니다. 특히 동등한 정치적 권리를 행사하고 싶었습니다. 그것 없이는 우리의 억울함을 풀 수 없을 것이기 때문입니다. 모두에게 선거권을 부여하게 되면, 흑인 한 인종만 패권을 차지하게 된다는 주장은 사실이 아닙니다. 피부색을 기반으로 서로 다른 정치적 권리를 부여하는 것은 지극히 인위적인 것입니다. 이것을 폐기하면 한 인종이 다른 인종보다 우월한 처우를 받는 일도 사라질 것입니다. 아프리카민족회의는 바로 이런 것을 위해 싸워 왔습니다. 이것이 현재 전국 곳곳에서 투쟁이 진행되고 있는 이유입니다. 이것은 자기가 태어난 나라에서 고통받고 억압받으면서 자연스럽게 분출된 흑인들의 투쟁입니다. 이것은 생존권을 위한 싸움입니다."

만델라는 변론을 끝내고 종이를 옆으로 치운 다음 판사의 눈을 똑바로 보며 말했다. "저는 흑인 국민들을 위해 제 삶의 전부를 바쳤습니다. 백인 우월주의에 맞서 싸웠고, 흑인 우월주의에도 맞서 싸웠습니다. 저는 민주주의와 자유로운 사회의 이상을 줄곧 추종해 왔고, 모든 사람들이 평화롭게, 동일한 처우를 받으며, 함께 살아가는 사회를 꿈꾸었습니다. 저는 그런 이상을 위해 살아왔고, 지금도 투쟁하고 있습니다. 만약 이 일로 인해 벌을 받아야만 한다면 목숨까지 내놓을 용의가 있습니다."

넬슨 만델라는 그날 역사적인 발자취를 남겼다. 그의 변론이 전 세계에 널리 알려지며 큰 호평을 받은 것이다.

남아프리카공화국 정부를 수신인으로 한 항의서한이 전 세계에서 날아들었다. 유엔 안전보장이사회는 재판의 중단과 그의 석방을 남아프리카공화국 정부에 촉구했다. 이 결의에 4개국만 기권표를 던졌을 뿐, 반대표는 없었다. 국제 노동조합도 연대를 표명했다. 전 세계의 항만 노동자들은 남아프리카공화국 선적船籍 화물선의 짐 부리기 작업을 거부했다. 소련 서기장 브레즈네프는 당시 남아프리카공화국 총리에게 친서를 보내 선처를 부탁했다. 미국 의회의 의원들도 강하게 항의했고, 영국 의회의 의원들은 항의의 표시로 런던에서 시가행진을 벌였다. 유엔 주재駐在 미국 대사와 영국 외무장관 역시 피고에 대한 선처를 위해 동분서주했다.

이 모든 것이 효과를 거두었다. 피고에게 사형 대신 종신형이 선고되었던 것이다. 넬슨 만델라, 그리고 그와 함께 체포되었던 이들은 이제 25년 이상을 감옥에서 보내게 되었다. 그러나 그들은 이제 자유와 정의의 상징이 되어, 자유를 원했기에 그들을 절대 잊지 못하는 국민의 대변자가 되어 당당하게 투옥되었다.

감옥의 환경이 매우 열악한 것은 죄수들의 의지를 꺾고, 사기를 떨어뜨리고, 위축시키기 위해서이다. 그러나 그것을 꿰뚫어 본 만델라는 절대 품위를 잃지 않았다. 그는 자신에게 고통을 준 사람들을 증오하지 않음으로써 "인간은 자유롭다. 사슬에 묶여 있어도 그럴 것이다."라는 프리드리히 실러의 명문장을 증명해 보였다.

죄수들의 일상을 더욱 고통스럽게 만드는 사람은 백인이 아니라 흑인 교도관이었다. 만델라는 교도관 역시 체제의 희생양이고, 죄수들보다 힘은 세지만 그들 역시 자유롭지 않다는 것을 알고 있기에 그들을 정중하고 친절하게 대했으며 언젠가는 변화가 있으리라는 희망을 놓지 않았다. "이 세상 어느 누구도 단지 피부색이 다르다는 이유로 다른 사람이 살아온 삶과 종교를 증오하려고 세상에 태어나지는 않는다. 누군가를 증오하는 것을 배운 사람에게 남을 사랑하는 방법도 가르쳐 줄 수 있다. 사랑이 그 반대의 것보다 훨씬 자연스럽게 받아들여지기 때문이다."

그가 투옥되어 있는 동안 인종차별에 대한 논쟁이 계속 진행되었다. 노동자와 대학생들이 파업과 반정부 시위를 벌였다. 백인 정부에 대한 외부 세계의 압박도 점점 거세졌다. 1976년 요하네스버그의 소웨토에서는 학생들이 시위를 벌이다 진압당하는 과정에서 250명의 흑인이 사망했다. 그 사건으로 반정부 시위는 더욱 거세졌고, 법적으로 금지되었음에도 불구하고 아프리카민족회의에 입당하려는 사람들의 숫자가 폭발적으로 늘어났다. 남아프리카공화국은 결국 경찰국가처럼 변했다.

그런 변화로 정국은 내란상태에 빠져들었다. 정부는 무자비한 진압작전을 벌였지만, 결국 통제력을 상실했다. 넬슨 만델라와 그의 동지들에 대한 석방을 요구하는 외국의 압력은 더욱 거세졌고, 1985년 2월 정부는 무장투쟁 포기를 조건으로 만델라에게 석방을 제안했다.

만델라는 그 제안을 이렇게 거부했다. “당신들은 단순히 정국의 안정을 원하지만 나는 진정한 평화를 원합니다.”

정국의 안정을 지키는 게 점점 어려워졌고, 정부에 유리한 시간도 지나갔다. 베를린 장벽이 무너지며 공산주의가 실패하자 백인 독재는 마침내 파국을 맞이하게 되었다. 이제는 공산주의의 위험이 사라졌고, 남아프리카공화국처럼 반공주의를 표방할 필요가 없어졌다. 마지막으로 미국도 아프리카민족회의가 세계평화를 위협하는 정당이 아니라는 사실을 인정했다. 남아프리카공화국 정부는 최후의 보루였던 영국과 미국의 지지마저 잃게 되자, 국제적인 압력에 채 몇 개월을 버티지 못했다.

1990년 2월 넬슨 만델라는 석방됐고, 아프리카민족회의의 입당 규제도 풀렸다. 석방되던 날 넬슨 만델라는 12만 명의 군중들이 모인 소웨토의 종합운동장으로 가서 화해와 용서의 정치를 펼칠 것을 대내외에 선포했다. “아파르트헤이트를 폐기시킨 사람들 누구나 인종차별을 받지 않고, 모두 하나가 된 민주공화국에서 보편적이고 자유로운 선거권을 갖게 될 것입니다.”

그제야 비로소 흑인과 백인이 동등한 권리를 갖고 만나 남아프리카공화국의 미래에 대한 협상을 진행할 수 있게 되었다. 협상의 목표는 자유롭고 보편적인 선거였다. 백인을 포함한 모든 인종이 평화롭게 살기 위한 대책이 강구되기 시작했다. 그런 변화에 대한 흑인들의 환호성은 독일에서 베를린 장벽이 무너졌을 때 울려 퍼지던 함성과 비슷했다.

그 일이 있은 후 몇 년간 힘든 과도기가 있었던 것도 두 사건이 비슷하다. 과도한 기쁨의 함성이 냉정한 현실을 만난 것이다. 사람들은 자유가 곧 질서·복지·행복과 동의어는 아니라는 것을 알게 되었다. 자유는 인간에게 존엄을 주지만 질서·복지·행복을 위한 전제조건이기도 했다. 질서·복지·행복을 누리려면 먼저 자유가 기반을 다져 놓고 있어야 하는데, 그것을 한 번도 배운 적이 없는 사람들, 살면서 진정한 자유를 누려 본 적이 없는 사람들에게 이는 쉽지 않은 일이었다.

남아프리카공화국에서의 협상은 정체를 알 수 없는 '제3세력'들 간의 혈투로 얼룩졌고, 곧 실패의 위험에 직면하게 되었다. 적절한 교육을 받지 못하고 자라난 젊은이들, 아무런 기회도 제공받지 못하고 살아온 그들이 할 수 있는 게 뭐가 있겠는가? 50년 동안 지속되어 온 아파르트헤이트로 깊어진 증오를 어디에 분출해야 하는가? 빠른 시일 안에 획기적인 개선책을 기대했던 사람들의 꺾인 희망과 조바심을 어디에 쏟아내야 하나?

공산당 당수 크리스 하니가 살해되는 등 폭력이 난무하는 정세와 사회 개혁의 미비로 불만이 팽배한 흑인 국민들은 협상 당사자들에게 신속한 합의 도출을 강요했다. 결국 1994년 4월, 처음으로 총선을 치르기로 합의하였다.

흑인 국민들에게 그때의 선거는 장엄미사와도 같은 것이었다. 그들은 엄숙하게 기도하는 것 같은 표정으로 투표에 임했다. 국제 선거위원회는 선거가 '공정하고 평화롭게' 거행되었다고 선언했다. 만델라의 아프리카민족회의는 3분의 2에 약간 못 미치는 지지를, 네덜란드계인 국민당은 20.4%, 극단 반공주의 인카타 자유당은 10.5%의 지지를 받았다. 1994년 5월 2일 넬슨 만델라가 남아프리카공화국의 대통령으로 당선되었다.

넬슨 만델라는 공약한 바와 같이 정책의 주안점을 모든 국민의 화해와 통합에 두었다. 노벨평화상 수상자이자 아파르트헤이트에 반대한 것으로 유명한 데스몬드 투투 추기경은 남아프리카인들은 모두 평등하다는 의미로 '무지개 국가'라는 별칭을 만들었다.

과거의 범죄 기록들은 투투 주교가 회장으로 있는 '진실과 화해위원회'의 도움으로 재검토되었다. '용서하되 잊지는 말자'는 구호 아래 모든 정당이 저지른 일들이 공개되었고, 자수한 범인들은 면책되고, 희생자들에게는 상징적인 액수의 보상금이 주어졌다. 위원회를 통해 많은 아파르트헤이트 희생자들이 처음으로 가족 및 친척의 불행한 운명과 행방을 알 수 있게 되었다. 3년 동안 큰 아픔 속에서 진행된 심사에서 많은 사람들이 과거를 청산할 수 있었다.

만델라의 화해정치는 서서히 열매를 맺기 시작했다. 최근 설문 조사에서 전체 국민의 70%가 다양한 인종이 함께 어울려 사는 것을 긍정적으로 본다고 답했다. 자유선거는 당연한 것으로 받아들여졌지만, 아직까지 많은 문제가 해결되지 않았다. 사회 계층별 차이와 교육 기회의 불균형 문제가 여전히 남아 있었다. 빈곤과 실업률은 과거 흑인들이 주로 살던 지역에 특히 높다. 지금도 남아프리카공화국은 범죄율이 상당히 높은 나라로 분류되고 있다. 부유층은 안전장치가 갖춰져 있는 주거지에 모여 살고 있으며, 경제적으로 여유 있는 사람들 중에 위험한 지역에서 살고 있는 사람은 소수에 불과하다. 과거의 인종갈등이 이제는 계층갈등으로 이어지고 있다. 빈곤, 에이즈, 폭력은 남아프리카공화국의 최대 현안이다.

그럼에도 불구하고 정부는 사회복지제도, 평생교육과 취업교육 확대를 통해 사회갈등을 해결하려고 노력하고 있다. 많은 사람들이 우려했던 정치와 경제의 파국은 피할 수 있었다. 소란을 일으키며 선동한다는 롤리흘라흘라 만델라의 개입이 성과를 거둔 것이다.

1999년부터 만델라는 공식적인 정치활동에서 물러나 인권을 위한 사회적 기구에서 변호사로 활동하고 있다. 1999년 3월 29일 그는 퇴임사를 한 문장으로 마무리했다. "멀고 긴 길이 앞으로도 계속 이어집니다."

용기를 낸 사람들
여섯 번째 만남

# 로자 파크스
## *Rosa Parks*

한 여인이 자리에 앉아 있자
세상이 벌떡 일어섰다

1913년 미국 앨라배마 투스케지에서 태어남 • 아프리카계 몽고메리 여자상업학교와 워싱턴에서 고등학교를 다님 • 1932년 레이몬드 파크스와 결혼 • 1943년 전미 유색인종 지위향상협회(NAACP)에 가입 • 1955년 시민 의무 불복종과 마틴 루터 킹의 몽고메리 버스 승차거부운동의 원인 제공자라는 혐의로 체포됨 • 1999년 미국 대통령 빌 클린턴이 수여하는 황금명예훈장을 의회에서 받음 • 2001년 몽고메리에 로자 파크스 도서관과 박물관 개관 • 2005년 미시간 주 디트로이트에서 사망

*
**

큰 것을 이루려면 큰일을 해야 한다. 노력할 의지가 없는 사람들은 인생의 성취가 초라한 법이다. 작은 동기는 작은 성과, 큰 동기는 큰 성과. 현실의 법칙이 그렇다.

물론 초인적인 노력을 다했는데 아무것도 이루지 못하는 경우도 있다. 혹은 아주 사소한 동기가 큰 성과로 이어지는 경우도 있다. 그러므로 현실의 법칙이 항상 똑같이 적용되는 것은 아니다. 크고 작은 성과를 내는 데 얼마나 많은 노력이 필요한지는 결국 전체적인 짜임관계에 달려 있다. 유리한 짜임관계 속에서는 작은 불꽃이 큰 불길로 번지고, 작은 사건을 계기로 혁명이 일어나기도 한다. 하지만 반대의 경우라면 커다란 횃불로도 불을 피우기 어렵고, 불꽃도 금방 사그라지는 법이다.

그런 불리한 짜임관계가 1955년 6월 남아프리카공화국의 정세였다. 그곳에서는 6월 25일과 26일에 백인, 흑인, 인도인, 기타 유색인들 3000명이 요하네스버그의 남쪽 클립타운에 모여 '자유헌장'을 채택했다. "남아프리카공화국 국민인 우리들은 온 나라와 전 세계에 다음과 같이 선언한다. 남아프리카공화국은 이곳에 살고 있는 흑인과 백인 모두의 나라이다. 우리는 국민의 뜻을 거역하는 독재정부를 인정하지 않고, 오로지 국민의 뜻을 받들며, 피부색, 인종, 성별, 종교에 상관없이 개개인의 평등한 권리를 인정하는 민주국가만을 지지하겠다."

자유헌장은 민주적인 정부 구성, 모든 국민들에게 선거권 부여, 모든 국민들에게 국가의 민주적 운영에 참여할 수 있는 기회 제공, 학교·법원·모든 공공기관에서의 평등권 보장, 인종차별 반대를 보호하는 법률 및 아파르트헤이트 폐지를 위한 법률 제정을 요구했다.

그러나 회의를 마치고 사람들이 회의장을 빠져나가려는 순간, 경찰이 무대로 돌진해 마이크를 빼앗고, 회의 참석자들을 감금하였으며, 각종 서류와 사진 자료, 기록과 전단지를 압수했다. 이날 자유헌장에 적혀 있던 것들이 현실에서 실현되기까지 40년의 시간이 더 필요했다.

그로부터 불과 몇 개월이 지난 어느 날, 남아프리카공화국에서 북서쪽으로 약 1만 2000킬로미터 떨어진 미국에서 유리한 짜임관계가 형성됐다. 아주 사소한 사건이 역사적 전환점의 계기가 된 것이다. 1955년 12월 1일, 42세의 흑인 재단사 로자 파크스Rosa Parks는 미국의 앨라배마 주 몽고메리에서 버스로 퇴근하고 있었다. 그녀는 그날 자신의 퇴근길이 역사적인 사건이 되리라는 것을 전혀 예상치 못했다.

그때까지도 미국, 특히 앨라배마와 같은 남부는 남아프리카공화국과 똑같은 상황에 처해 있었다. 즉 학교, 주거지, 식당, 대합실, 극장, 화장실과 세면대, 공원의 벤치, 분수대, 도서관, 슈퍼마켓, 병원, 회사 내의 탈의실, 수영장과 승강기 등 거의 모든 시설이 백인용과 유색인용으로 나뉘어 있었던 것이다.

심지어 보행로에서도 인종차별 원칙이 적용되었다. 백인이 걸을 때, 흑인은 백인이 지나갈 수 있도록 옆으로 비켜서야 했다. 심지어 도로 위나 다른 쪽으로 비키도록 해 놓은 주들도 있었다. 흑인과 백인 간의 결혼도 금지되었다. 모든 공공생활이 분리된 장소에서 이뤄졌다. 흑인과 백인 기독교인들은 같은 신에게 기도를 하면서도 각자 다른 교회에서 예배를 드렸다. 남아프리카에서처럼 극단적인 아파르트헤이트는 없었지만, 백인 우월주의에 따른 인종차별은 곳곳에 산재해 있었다. 예를 들어 그날 로자 파크스가 퇴근길에 탄 버스 같은 대중교통에서도 그랬다.

그녀가 탄 버스는 앞자리 4줄이 백인 전용석이었다. 그 자리가 비어 있고 다른 자리는 만원滿員이라도 해도 흑인은 그곳에 앉을 수 없었다. 흑인들은 뒤쪽에 앉아야 했다. 뒷좌석들이 모두 차면, 중간 자리에 가서 앉을 수는 있었다. 그러나 버스 중간에 있는 이 자리들은 백인이 승차해 앉겠다고 하면, 즉시 비워 주어야 하는 자리였다.

어릴 때부터 흑인들은 자신들이 과거에 노예였고, 지금도 열등한 인간임을 그런 식으로 매일 되새기며 살아가야 했다. 이런 일상의 굴욕을 더 심하게 느끼도록 만드는 규칙도 있었다. 흑인들은 버스에 타려면 일단 앞문으로 올라가 운전사에게 버스표를 산 다음 백인들이 앉아 있는 자리를 지나 뒤쪽으로 가는 것이 아니라, 버스에서 내려 뒷문으로 다시 타야 했다. 운전사가 뒷문을 너무 빨리 닫는 바람에 흑인들은 버스표만 사고 미처 버스에 타지 못하는 일도 종종 생겼다.

1955년 12월 1일, 로자 파크스는 규칙에 따라 버스 앞자리를 피해 앉았다. 그러나 그녀가 앉은 자리는 버스 운전사가 필요에 따라 팻말을 옮겨 세우는 가변석이었다. 세 번째 정거장에서 백인들 여럿이 버스에 오르자 제임스 블레이크라는 운전사가 팻말을 뒤로 옮겨 흑인석을 줄였다. 그 결과 로자 파크스는 백인석에 앉아 있는 셈이 되었다. 버스 운전사가 그곳에 앉아 있던 흑인들에게 자리에서 일어설 것을 요구했다. 남자 승객 3명은 그 말에 따라 뒷자리로 옮겼지만 로자 파크스는 그대로 앉아 있었다. 일어서라는 말을 듣지 못했느냐는 운전사의 물음에 그녀는 일어나고 싶지 않다고 말했다. 그러자 운전사가 그녀에게 말했다. "좋아요, 당신이 자리에서 일어나지 않겠다면 나는 당신을 경찰에 넘길 겁니다." 그녀는 마음대로 하라고 말했다.

결국 경찰이 출동했고, 로자 파크스는 체포되었다. 경찰의 지시에 따라 지문을 찍고, 검거 사진(죄수번호 7053)도 찍은 로자 파크스는 4일 후 '분수에 맞지 않은 행동'을 했고, '공공규칙'을 위반했다는 죄목으로 14달러의 벌금형을 선고받았다. 1992년 발간된 로자 파크스의 자서전『마이 스토리』에서 그녀는 그날 과로로 몸이 힘들어 자리에서 일어나지 않은 것이라는 소문을 일축하고, 진실을 이렇게 밝혔다. "그 말은 사실이 아니다. 단순한 육체 피로가 아니었다. 평소에 일을 끝내고 집으로 갈 때 느꼈던 것 이상의 피로를 그날 느꼈던 것도 아니다. 또한 많은 사람들이 생각하는 것처럼 내 나이가 대단히 많지도 않았다. 나는 그때 불과 42살이었다. 내가 그날 느꼈던 피로는 언제나 양보만 해야 하는 것에 대한 피로였다."

이는 어느 이름 없는 여인의 작은 저항이었지만, 엄청난 파장을 불러일으켰다. 12만 명의 주민 중 40퍼센트가 흑인이었던 몽고메리에 그녀의 이야기가 퍼져 나갔다. 약 5만 명에 이르는 흑인들의 마음속에는 벌써 오래전부터 로자 파크스가 느꼈던 기분과 비슷한 것이 싹트고 있었다. 그녀뿐 아니라 많은 사람들이 일상적으로 일어나는 조롱과 굴욕을 참느라 지쳐 있었던 것이다.

버스에 앉은 채 자리를 양보하지 않은 사람이 로자 파크스가 처음이었던 것은 아니다. 또 그녀만 그렇게 한 것도 아니었다. 몽고메리에서는 50여 년 전에도 버스 승차거부운동이 일어나, 몇 가지 금지 조치들이 완화된 적이 있었다. 로자 파크스 사건 발생 2년 전에도 바톤 루즈Baton Rouge에서 버스 승차거부운동이 일어나 성공을 거둔 바 있다. 몽고메리에서는 로자 파크스 사건 직전 10개월 동안 세 명의 흑인이 버스 좌석 규정을 따르지 않아 교도소에 수감되었다. 그들 가운데 한 명은 15살짜리 여학생이었다. 다시 한번 버스 승차거부운동을 펼치자는 의견이 몇몇 흑인 거주지역에서 그때 이미 제기되었다. 그러나 여전히 생각에 머물렀을 뿐, 조직적이고 체계적인 저항으로 이어지지는 못했다. 그 일에 동참하려는 사람들의 숫자가 너무 적었기 때문이다. 우호적 짜임관계는 아직 형성되지 않았다. 하지만 흑인들 사이에 불만의 분위기는 점점 고조되는 상태였다.

그런 분위기에서 작은 불씨가 되는 사건이 벌어지자 들불처럼 멀리 퍼져 나가는 짜임관계가 형성되었다. 흑인들은 부당한 처우에 대해 매우 예민해졌고, 그것에 맞서 싸우자는 쪽으로 의견이 모이게 되었다. 비슷한 생각을 가진 사람들이 모여 대책을 논의하고, 의식 교육도 하는 작은 모임들이 이곳저곳에 만들어졌다. 이런 분위기 속에서 흑인들은 백인들의 인종차별적 행태에 촉각을 곤두세웠다.

몽고메리에는 소시민의 권리를 다루는 '여성정치회의'라는 단체가 이미 오래전부터 활동해 오고 있었다. 이 단체는 시영버스에서 인종차별을 유발하는 규정들을 폐지하라고 요구하며, 개선되지 않을 경우 버스 승차거부운동을 벌이겠다고 압박했다. 몽고메리에는 또 '전미 유색인종 지위향상협회'라는 단체도 있었는데, 로자 파크스는 12년 전부터 이 단체의 회원이었다.

'여성정치회의'는 로자 파크스 사건 발생 이전 몇 달간 버스에서 발생했던 인종차별에 항의하기 위해 이미 전단지를 만들어 놓은 상태였고, 때마침 로자 파크스의 좌석양보 거부사건이 일어나자 전단을 대량으로 찍어 흑인들에게 나눠 주었다. 로자 파크스 사건이 일어나고 불과 며칠 만에 이뤄진 일이었다. 전단지에는 로자 파크스의 재판이 열리는 12월 5일에 버스 승차거부운동을 벌이자는 호소문이 실려 있었다. 흑인들은 버스를 타지 말고, 동행을 모아 택시를 함께 이용하거나 걸어 다니자는 것이었다. 이번에는 일이 순조롭게 진행되었다. 모든 흑인들의 마음을 움직이는 데 4일이면 충분했다. 이날 몽고메리에 살고 있던 거의 모든 흑인들이 동참했다.

이러한 짜임관계를 완성시킨 작은 사건이 하나 더 있었다. 한 젊은 목사가 약 1년 전에 이사를 와 몽고메리의 덱스터 가에 위치한 침례교회에서 목회활동을 하고 있었다. 버스 승차거부운동이 벌어지던 첫날, 사람들이 함께 모여 대책을 논의하는 자리에서 그의 뛰어난 언변을 기억하는 몇몇 사람들이 대중 앞에 나서서 연설할 사람으로 그를 지목했다. 이 목사에게 자기 교회에서 5천 명의 대중을 향해 연설해 줄 것을 요청한 것이다.

목사는 요청을 수락했고, 청중의 심금을 울리는 강연을 했다. 그간 고통받으면서도 말없이 참고 지내기만 했던 것들을 꺼내 말로 표현하고 문제 삼은 그의 목소리를 그 자리에 모인 5천 명뿐만 아니라 몽고메리의 모든 흑인들이 들을 수 있었다. 얼마 후 그의 목소리는 미국 전역에 살고 있는 모든 흑인들을 위한 것이 되었다. 이 목소리의 주인공은 바로 26살의 마틴 루터 킹 목사였다. 그날 이후 그는 자신만의 방식으로 더 자주 강연을 하게 되었다.

몽고메리에서 행한 첫 번째 대중연설에서 킹은, 거의 비슷한 시기에 남아프리카에서 넬슨 만델라가 그랬던 것처럼, 비폭력 저항운동을 주장했다. 인도의 마하트마 간디에게 깊은 인상을 받았던 킹은 애당초부터 무력을 사용하지 않으며 악에 맞서 싸우는 쪽을 택했다. 증오에 증오로 맞서는 복수와 앙갚음을 중단하는 대신 사랑으로 이겨 내자고 주문했다. 과거 탄압을 가하던 자에게 똑같은 방식으로 앙갚음하지는 말자고 했다. 폭력이 복종을 원하듯, 비폭력은 용서와 평화를 원한다. 거짓된 타협이 아니라 진정한 평화를 원하는 것이다. 흑인과 백인이 같은 눈높이에서 서로를 바라보는 것이 그의 목표였다.

이는 투쟁 없이는 이루기 어려운 목표였기에 킹 목사는 이렇게 설파한 바 있다. “비폭력 저항운동은 겁쟁이들의 저항 방법이 아니고, 수동적인 저항도 아닙니다. 비폭력 저항운동을 하는 사람은 보이콧에 참여하거나 파업하는 방식으로 저항합니다. 비폭력 저항운동에 참여한 사람이 상대에게 물리적인 공격을 가하지 않는다는 점에서 수동적이라고 말할 수도 있겠지만, 그의 영혼과 감정은 항상 능동적으로 깨어 있습니다. 그는 폭력을 행사하라고 자극하는 상대에게 수단과 목적이 서로 분리될 수 없음을 알려 줍니다. 수단이 이상을 구체화하면서 목표를 달성하는 것이기 때문에 나쁜 수단을 통해서는 좋은 목표에 도달할 수 없습니다. 그러므로 우리는 평화로운 수단으로 평화로운 목표를 쟁취해야 합니다.”

그리고 바로 이런 이유로 킹 목사는 몽고메리에서의 첫 연설에서 이렇게 말했던 것이다. “여러분도 알다시피 우리는 강경한 탄압에 짓눌려 고통스러워했습니다. 굴욕의 낭떠러지로 밀려 떨어져 아무런 위로도 받지 못한 채 절망하며 가슴 아파했습니다. 찬란한 7월 햇살 같은 삶에서 등 떠밀려 살을 에는 11월의 추위가 몰아치는 산비탈에 홀로 서 있어야 하는 것에 가슴 아파했습니다. 우리는 이 모든 아픔 때문에 오늘 밤 이 자리에 모였습니다. 분명히 말하지만 우리는 폭력을 정당화하기 위해 여기 모인 것이 아닙니다. 우리는 그것을 이미 극복했습니다. 저는 몽고메리와 온 나라에 우리가 기독교인이라는 것이 널리 알려지기를 소망합니다. 우리는 기독교를 믿고, 예수의 가르침을 믿습니다. 오늘 저녁 우리가 갖고 있는 유일한 무기는 항의의 마음입니다. 이것은 아직 많은 것이 부족한 미국의 자랑일 뿐만 아니라 민주주의의 자랑이기도 합니다."

그런 다음 그는 약칭 KKK단으로 불리는 인종차별주의 극우 비밀조직 쿠클럭스클랜Ku Klux Klan을 예로 들어 비교했다. 1950년대와 1960년대에 이 단체는 살인까지 서슴지 않는 폭력행위, 공개적인 압력 행사와 공포감 조성 등을 통해 겨우 싹을 틔우기 시작한 흑인들의 저항의지를 꺾으려 하였다. 그러나 이에 대해 흑인들이 똑같은 방식으로 앙갚음해서는 안 된다고 킹 목사는 역설했다. "우리는 백인을 집에서 끌어내 외진 곳으로 끌고 가 살해하는 짓을 하지 맙시다. 우리 가운데 어느 누구도 이 나라의 헌법을 거역하는 짓을 하자고 선동해서는 안 됩니다."

사실 흑인들이 원한 것은 오히려 법을 준수해 달라는 것이었다. 법에는 저항운동이 정당한 것으로 보장되어 있었다. 그러므로 그들이 하려는 행동은 부당한 짓이 아니었다.

"우리가 하는 짓이 불법이라면 이 나라의 최고법원도 불법을 자행하는 겁니다. 우리가 불법이라면 미국의 헌법도 잘못된 것입니다. 우리가 불법이라면 전지전능하신 하느님도 잘못하시는 겁니다. 우리가 불법이라면 나사렛 예수는 유토피아를 꿈꾸었던 사람에 불과할 뿐이고, 이 땅에는 절대 내려오지 않았을 겁니다. 우리가 불법이라면 정의는 한낱 웃음거리에 불과합니다."

이는 흑인들이 오랫동안 기다려 왔던 말이었다. 우레와 같은 박수 소리에 마틴 루터 킹의 연설은 수차례 중단되었다. 연설이 끝나자 청중들은 자리에서 일어나 열광적으로 환호했다. 백인의 자존감을 떨어뜨리지 않으면서도 흑인의 자존감을 강화시킨 연설이었고, 앞으로 가야 할 길과 목표를 제시하는 말이었다. 킹은 흑인들이 그간 한 번도 해 보지 않은 것을 시작하는 용기를 낼 수 있게 해 주었다. 킹의 연설이 끝난 후 다음과 같은 결의안이 만장일치로 채택되었다.

1. 버스사업자들은 승객에 대한 예의를 갖추어야 한다.
2. 승객은 도착한 순서에 따라 자리에 앉는다. 다만 흑인은 뒤에서부터 앞으로 앉고, 백인은 앞에서부터 뒤로 앉는다.
3. 흑인들이 주로 이용하는 노선에는 흑인 운전사를 투입한다.

이는 미약해 보이는 요구였지만, 변화를 위한 첫걸음이었다. 두 번째 걸음은 바로 그다음 날부터 381일 동안 이어졌다. 몽고메리의 흑인 거주민들이 버스 승차거부운동을 계속한 것이다. 그들은 걸어 다니거나, 차를 함께 타는 모임을 만들거나, 자동차 소유주들이 공짜로 태워주는 차를 이용하거나 하며 1년 넘게 버스를 타지 않았다.

백인들은 흑인들의 요구조건을 들어주려는 시늉조차 할 생각이 없어 보였다. 흑인들의 저항운동을 일종의 선전포고로 본 백인들은 흑인들에게 패배를 안기기 위해 온갖 수단을 다 동원했다. 흑인 택시운전사들이 버스 승차거부운동에 동참하는 사람들에게 운임을 10센트만 받자, 시 당국은 택시운전사들에게 최소 45센트를 받으라고 지시했다. 그러자 300명에 이르는 흑인 자동차 소유주들이 자동차 함께 타기 운동을 벌였고, 사람들이 타고 내릴 수 있는 임시 정거장도 만들었다. 그런 승차거부운동에 들어가는 비용은 전국에서 보내오는 후원금으로 충당할 수 있었다.

백인들은 승차거부운동이 끝났다는 거짓 정보를 흘리거나, 폭력을 휘둘러 저항운동을 중단시키려 했다. 시에서는 보험사에 연락해 흑인 운전사들의 보험 해지를 종용했다. 그러자 저항운동 본부는 런던의 로이드 보험회사를 통해 흑인 운전사들이 보험을 유지할 수 있도록 해 주었다. 크고 작은 사건들이 계속 이어졌다. 경찰은 걸핏하면 승차거부운동에 참여한 사람들을 체포해 벌금형에 처하거나 아니면 재판에 넘겼다. 마틴 루터 킹도 유죄판결을 받고 벌금을 500달러나 내야만 했다. 승차거부운동을 하지 말라는 법을 어겼다는 것이었다. 그러나 공포 분위기를 조성하려고 한 이런 시도들은 결국 소기의 목적을 달성하지 못했다.

마틴 루터 킹과 그의 가족은 테러도 수차례 당했다. "껌둥아, 이제는 우리도 더 이상 못 참아. 이번 주가 지나기 전에 넌 여기 몽고메리에 온 것을 후회하게 될 거야."와 같은 협박 전화도 끊이지 않았다. 승차거부운동이 지속될수록 반발은 더 거세졌다. 킹에 대한 증오도 커졌다. 1956년 1월 말에는 그가 살고 있는 집에 폭탄 공격이 가해졌다. 다행히 아무도 다치진 않았다. 그 후에도 다른 공격들이 계속 이어졌다. 로자 파크스는 어떻게 되었을까? 그녀도 사람들의 증오를 느꼈다. 직장도 잃어, 디트로이트로 이사를 가야만 했다.

그러나 아무것도 변하지 않았다. 흑인들은 물러서지 않았고, 여전히 버스를 타지 않았다. 이런 강경함이 시영 운수사업에 치명타가 되었다. 손실이 눈덩이처럼 커졌다. 승객의 4분의 3이 갑자기 버스를 외면한 후 1년 넘게 돌아오지 않고 있었던 것이다. 우기에 접어들면 승차거부운동도 끝날 것으로 관계 당국과 버스 회사들은 예상했지만, 이는 오산이었다. 거부운동은 날씨가 좋을 때뿐 아니라, 비가 오는 날에도 계속됐다. 몽고메리에 사는 흑인들의 완고함은 쉽게 꺾일 것 같지 않았다.

흑인 시민운동사에서 최초의 성공 사례로 기록된 이 승차거부운동은 이제 온 세상에 다음과 같은 신호를 보냈다. "이제 탄압을 중단하라! 이제 흑인들은 백인들의 푸대접을 더 이상 받아들일 용의가 없다. 우리도 이제 당당하게 맞설 것이다."

몽고메리의 흑인들이 벌인 승차거부운동은 버스 내 인종차별을 금지하는 미국 연방대법원의 판결이 내려지고 나서야 끝이 났다. 이는 감격적인 성공이었고, 그 후 일어날 연쇄반응의 시발점이었다. 이제 미국 전역에서 인종차별에 반대하는 크고 작은 저항운동이 일어났다. 흑인들은 조직을 만들기 시작했다. 흑백 평등을 위한 '공민권 운동' 단체들 역시 이때 생겨나, 이후 수년간 성공적으로 활동하게 된다. 흑인 예술가들 역시 콘서트를 열어 그 수익금을 공민권 운동 단체에 기부했다. 또 해리 벨라폰테Harry Belafonte처럼 부유한 흑인들에게 기부금을 받기도 했다.

몽고메리에서 벌어진 버스 승차거부운동과 관련된 이야기들이 미국 전역으로 퍼져 나가면서, 그것을 다양한 방법으로 모방 또는 변주하는 사례가 이어졌다. 어떤 주에서는 오직 백인들만 앉아서 식사할 수 있도록 된 백화점 음식코너에 흑인들이 자리를 차지하고 앉는 방식으로 평화시위를 벌였다. 인종차별을 자행하는 백인이 경영하는 업체에 대한 불매운동도 벌어졌다. 이제 점점 더 많은 흑인들이 대중교통을 이용할 때 로자 파크스처럼 자리에서 일어나지 않았다.

이런 조직적인 행동들은 기존의 활동가들이 신참들에게 각종 비폭력 저항운동 방법을 전수해 주는 단체들을 중심으로 활발하게 전개되었다. 저녁이면 사람들은 교회에 모여 자축하면서, 마틴 루터 킹의 연설을 들으면서, 음악을 듣거나 밤늦게까지 춤을 추면서 저항운동을 위한 용기를 북돋우고, 에너지를 비축했다. 이때 이들이 자주 부른 노래 중 하나가 바로 〈우리 승리하리라〉였다. 흑인 시민운동가들의 찬가였던 이 노래는 후일 다른 많은 해방운동의 찬가로도 널리 사랑을 받게 된다.

하지만 이런 모임은 한가로운 산책이나 파티와는 그 성격이 엄연히 다른 투쟁이었으므로, 매번 백인 우월주의와 맞서는 힘겨운 저항을 계속해야만 했다. 마틴 루터 킹에 대한 체포와 구금이 반복되었고, 흑인들의 공민권 운동에 대해서도 백인들의 무차별 공격과 경찰의 개입이 계속되었다. 킹은 어린이와 청소년도 시위에 합류시키자는, 일견 무모해 보였지만 결국은 성공적이었던 의견을 냈다. 그는 성인들을 잔인하게 진압했던 공권력이 어린이와 청소년들에게도 그렇게 할 수 있을지를 살펴보자고 했다.

공권력은 실제로 그렇게 했다. 하지만 그런 부당한 짓이 세간의 주목을 받게 되면서, 시위 참가자 수는 오히려 더 많아졌다. 진보 성향의 백인들과 언론도 관심을 가지기 시작했다. 1963년 5월 2일 버밍햄에서는 1천 명이 넘는 시위 가담자들이 체포되었다. 경찰의 무차별적인 진압작전은 다음 날까지 계속되었다. 5월 4일, 참혹했던 그날의 진압작전에 대한 사진들이 전국으로 인쇄·전송되었다.

상황이 이렇게 되자 케네디 대통령은 법무부 특사를 버밍햄으로 보냈다. 특사는 비밀리에 시위대 책임자들과 백인 사업가들, 그리고 지역의 원로들을 만나 협상을 벌였다. 협상이 진행되는 동안에도 시위대는 시위를 계속하며 압력을 가했다. 그 결과 백인 정치인들과 사업가들은 자기들이 평등권을 지지하며, 체포된 시위대는 석방되어야 한다고 선언했다. 또 한번 성공을 거둔 것이다.

하지만 이런 합의가 이루어진 바로 다음 날 두 건의 폭탄 테러가 발생하면서 화해 정국에는 또다시 암운이 드리워졌다. 하나는 마틴 루터 킹을, 다른 하나는 젊은 청년 알프레드 다니엘을 겨냥한 테러였다. 다행히 부상자는 없었다. 케네디 대통령이 연방군 3000명을 분쟁지역에 급파하자, 비로소 긴장이 완화되었다.

그러나 백인들의 폭력적인 공격은 끊이지 않았다. 수많은 흑인들이 살해되었고, 미국 남부에서는 공민권을 위해 싸우던 백인 운동가들까지 살해당하는 등 공포 분위기가 계속되었다. 그리고 마침내 1963년 9월 버밍햄의 성 밥티스트 16세 교회에서 폭탄이 터져 4명의 소녀가 목숨을 잃는 사건이 발생했다. 이 사건은 흑인들의 결속을 강화시켰고, 흑인으로서의 자의식을 형성하는 계기가 되었다. (이런 자의식은 "검은 것이 아름답다"라는 슬로건에 잘 표현되어 있다.) 이제 미국 전역에서 흑인들의 시위가 벌어졌다. 1963년 여름 4개월 동안 196개 도시에서 841번의 시위가 벌어졌다. 특히 1963년 8월에는 25만 명(그중 6만 명은 백인들이었다.)이 평등권을 보장하는 법 제정을 요구하기 위해 워싱턴으로 행진했다. 마틴 루터 킹이 '나에게는 꿈이 있습니다.'라는 그 유명한 연설을 한 것도 바로 이때였다.

케네디 대통령은 흑인들에게 우호적이었다. 그는 공민권과 관련하여 민권운동가들의 요구 대부분을 수용하는 법률안을 준비하라고 지시했다. 이 일은 그의 후임 린든 존슨 대통령에 의해 계속 추진되었고, 1964년 6월 19일 마침내 공민권 법안이 공포되었다. 이로써 인종차별은 법적으로 폐기되었다.

비폭력 저항운동은 전 세계적으로 큰 호응을 얻었고, 마틴 루터 킹은 1964년 노벨평화상을 수상했다. 또 미국의 시사저널『타임』지는 인권운동에 헌신한 린든 존슨 대통령을 '1964년, 올해의 인물'로 선정했다. 하지만 백인들의 거부감은 여전히 사라지지 않았다. 마틴 루터 킹에 대한 살해위협은 더욱 빈번해졌다. 흑인들의 투쟁은 계속 이어졌고, 킹 목사의 반대파들은 점점 위기의식을 느끼게 되었다. 1968년 4월 4일 6시, 멤피스에서 총성이 울렸다. 총알은 호텔 발코니에 서 있던 한 남자를 관통했는데, 그는 바로 마틴 루터 킹이었다. 마틴 루터 킹의 시신은 1968년 4월 9일 5만 명의 조문객이 참석한 가운데 치러진 장례식이 끝난 후 애틀랜타 소재 흑인 공동묘지 사우스 뷰South View Cemetery에 안치되었다. 꿈을 꾸던 자가 죽은 것이다. 그러나 그의 꿈은 여전히 살아남았고, 투쟁은 계속되었다.

이 투쟁은 재단사로 일하던 한 여인이 버스에서 일어나지 않고 그대로 앉아 있는 용기를 내면서 시작된 일이었다. 그날 이후 "로자 파크스가 자리에 앉아 있자 세상이 일어섰다."라는 말이 계속 회자膾炙되고 있다. 물론 로자 파크스는 그렇게 용기를 낸 대가를 톡톡히 치러야만 했다. 승차거부운동 이후 그녀는 엄청나게 많은 협박편지를 받았다. 다행히 그녀는 그러한 시련을 잘 이겨 냈지만, 그녀의 남편 레이몬드 파크스는 신경쇠약으로 쓰러졌다. 1957년 로자 파크스는 남편과 함께 동생이 살고 있던 디트로이트로 이사했다. 그곳에서 그녀는 다시 재단사로 일했고, 민권운동 모임에도 계속 참여했다. 그녀는 디트로이트 하원의원이자 유명한 인권운동가였던 존 코니어스의 제의로 1965년부터 그의 사무실에서 일하게 되었다.

남편과 사별하고 10년이 지난 1987년 로자 파크스는 디트로이트에 청소년을 위한 시설 '로자와 레이몬드 파크스 자아발전 연구소'를 세우고, '자유를 향한 오솔길'이라는 프로그램을 운영했다. 청소년들이 버스를 타고 전국을 돌면서 미국에서 일어난 공민권 운동의 역사적 현장을 직접 탐방해 보는 프로그램이었다.

로자 파크스는 1996년 미국 정부가 민간인에게 수여하는 최고의 상인 '자유 메달'을 받았고, 1999년에는 『타임』지가 뽑은 '20세기의 가장 영향력 있는 인물 100인'에도 선정되었다. 또 1999년 5월에는 86세의 나이로 빌 클린턴 대통령이 수여하는 미국 의회 황금메달을 받았다.

말년에 로자 파크스는 치매를 앓았으며, 2005년 10월 92세의 나이로 디트로이트에서 사망했다. 그 후 그녀는 여성 최초로 워싱턴 로텐더 홀에 안장되었다. 하지만 이런 모든 영예는 늦게, 아주 늦게 주어졌다. 이는 미국 백인들이 평범한 유색인종 재단사를 인정하기까지 얼마나 많은 시간이 필요했는지를 보여 주는 것이기도 하다.

그런데 그녀는 대체 어디서 그런 용기가 났을까? 사실 그것은 어느 날 갑자기 생긴 것이 아니라, 그녀의 마음속에 오랫동안 축적되어 있던 것이었다. 버스에서 자리를 옮기지 않고 계속 앉아 있었던 그녀는 몽고메리의 '전미 유색인종 지위향상협회'에 가입한 지 12년이나 되는 시민운동가였다. 그녀는 그곳에서 총무로 일한 경력도 있다. 12년 동안 이 단체의 회원이었다는 것은 좌절할 수밖에 없고, 또 뚜렷한 성과도 나지 않는 일을 12년간이나 해 왔다는 뜻이다. 12년간 말하고 푸념하고 탄식하고 분노했다는 것은 아무것도 하지 못하는 것에 대해 절망하고 좌절하면서도, 침묵하는 다수의 무기력과 체념이 끝나기를 기다려 왔다는 뜻이다. 이는 또한 수동적인 태도는 영원히 지속되는 것이 아니며, 모두가 함께 조직적으로 대응하면 주어진 운명을 바꿀 수 있다는 것을 다수에게 알리기 위해 일했다는 뜻이다.

로자 파크스는 체포되던 해 여름에 하일랜드 센터에서 열흘간 교육을 받은 바 있다. 노동자 운동과 공민권 운동에 참여하는 사람들을 위해 테네시에 세워진 이 센터에서 파크스는 오래전부터 활동해 온 민권 운동가들을 만나 토론하며, 많은 것을 배웠다. 인종차별에 반대했던 과거의 투쟁에 대해 특히 많은 이야기를 들었고, 미국 내에서 벌어지는 인종차별의 역사와 노예의 역사에 대해서도 공부했다. 이런 과정을 통해 그녀는 당시로서는 아직 미미하여 사람들에게 거의 알려지지 않았던 운동에 참여하게 되었다.

로자 파크스가 버스에서 한 용감한 행동은 역동적이진 않지만, 상당히 긴 전사前史가 있어 가능했다. 지극히 평범하고 정상적이며 교육을 제대로 받지는 못했지만, 언제부턴가 어떤 일에 관여하여 고집스럽게 매달리고, 어떤 시련에도 용기를 잃지 않았던 많은 이름 없는 사람들이 그녀 앞에 있었던 것이다. 작은 일에도 고집스럽게 매달렸던 이 사람들의 열정이 없었다면, 로자 파크스도 없었을 것이다. 만약 그녀가 가입한 지 11년 만에 이 단체에서 탈퇴했다면, 마틴 루터 킹이 대중연설을 할 이유가 없었을 수도 있다. 킹의 연설이 없었다면, 몽고메리의 흑인들이 381일간 버스 승차거부운동을 계속할 수 없었을 것이다. 그리고 많은 사람들이 함께 참여해 저항운동이 지속되도록 노력하지 않았다면, 미국은 아직도 인종차별이 만연한 나라로 남아 있었을 것이다.

이를 통해 우리는 위대한 사람이 큰 용기를 내어 무슨 일을 하려고 할 때에는 이름 없는 많은 사람들의 작은 용기가 필요하다는 것을 알 수 있다. 그 일에 동참하겠다고 결심하는 것이 용기를 내는 첫걸음이다. 여기서 우리는 다음과 같은 두 번째 교훈도 얻을 수 있다. '용기가 부족한 사람들은 자신이 더 큰 용기를 내지 못한다고 좌절해서는 안 된다. 또 아주 용감한 사람들만 연단에 세우려 해서도 안 된다. 많은 사람들의 작은 용기를 함께 모아 놓고, 그것에서 어떻게 커다란 용기가 생겨나는지를 지켜보는 것만으로도 충분할 때가 많다.'

그러므로 변화에 유리한 짜임관계가 운명적으로 형성될 때까지 막연히 기다리기만 해서는 안 된다. 그보다는 각자 자신이 할 수 일에 자신이 할 수 있는 만큼 참여함으로써 유리한 판세가 만들어지는 데 기여할 수 있는 것이다.

여전히 한 가지 의문점이 남는다. 왜 남아프리카에서보다 미국에서 흑인 문제가 훨씬 빠르게 해결되었던 것일까? 1955년 로자 파크스가 버스에서 자리 양보를 거부한 이래, 1964년 인종분리가 법적으로 금지되기까지 불과 9년밖에 걸리지 않았다. 그러나 남아프리카공화국의 흑인들은 백인과 똑같은 권리를 가진 인간으로 인정받기까지 25년 동안이나 투쟁해야만 했다.

왜 그랬을까? 권리를 쟁취하기 위한 투쟁은 양쪽에서 거의 비슷한 시기에 시작되었다. 한쪽에는 마틴 루터 킹이, 다른 한쪽에는 넬슨 만델라라는 강력한 지도자가 있었다. 참여 의지와 용기도 부족하지 않았다. 참여 의지나 용기는 사형이나 종신형의 위험을 무릅써야만 했던 남아프리카공화국 쪽이 오히려 더 컸다고 할 수 있다.

아일랜드의 노벨문학상 수상자인 조지 버나드 쇼가 쓴 다음과 같은 문장에서 이 질문에 대한 답을 찾을 수 있다. "사람들은 나를 흔히 풍자의 달인이라고 하지만, 그런 나도 뉴욕 항구에 자유의 여신상을 세울 생각은 절대 할 수 없었을 것입니다." 사람들의 눈에 가장 잘 띄는 곳에 자유의 여신상을 세운 미국의 위선을 버나드 쇼는 이 말 한마디로 지적한 것이다. 자유의 여신상은 1776년, 미국의 독립 100주년을 기념해 프랑스가 미국에 보낸 선물이었다.

자유의 여신상 건설 취지를 밝힌 미국 측 서류에는 이런 글귀가 적혀 있다. "모든 인간이 평등하게 창조되었으며, 삶, 자유와 행복을 추구할 양도할 수 없는 권리를 조물주로부터 보장받았음을 천명한다." 만약 그 문구를 작성한 사람이 "모든 백인들은 평등하게 창조되었다."라고 적었더라면 그것이 현실에 더 가까운 말이었을 것이다. 유럽에서 미국으로 이주해 온 사람들의 자유는 대부분 보장되었다. 그러나 백인들이 자유의 나라를 설립하기 이전에 거의 멸종 위기에 내몰려야만 했던 인디언 원주민과 같은 다른 인종에게 그런 선언은 공허한 말장난에 불과했다.

자유의 여신상은 새로운 이주민들이 뉴욕 항구에 도착하자마자 자신들이 무한한 가능성이 있는 자유의 나라 미국에 온 것을 실감하라는 의미에서 지금 그 자리에 세워졌다. 그러나 1536년부터 1848년까지 서부 아프리카에서 노예로 팔려 신대륙까지 끌려온 이들(1500만 내지 2000만 명의 성인 남녀와 아동들)에게 자유의 나라는 전혀 다른 운명을 예고하고 있었다.

그들 가운데 600만 명은 항해 도중 사망해 미국에 도착하지도 못했다. 도망치기 위해 바다에 뛰어든 사람은 상어의 먹이가 되었다. 노예 상인들이 몸이 약하거나, 아픈 환자를 종종 바다에 던졌기 때문에, 육식어류가 늘 가까이 있었다. 몸무게가 60킬로그램 이하인 사람은 이상적인 몸무게가 될 때까지 동물처럼 사육되었다. 노예의 경우 남자는 근육의 양, 여자는 가슴너비, 아동은 치아 상태에 따라 가격이 정해졌다.

노예의 후손들은 어떻게 되었을까? 그들은 좀 더 나은 대우를 받았을까? 그들에게 주어진 것은 천대뿐이었다. 노예 주인의 후손들은 그들을 2등급 인간으로 취급했다. 그러나 그런 노예의 후손들은 남아프리카에서보다 조금 더 빨리 그들의 운명을 바꿀 방법을 찾아냈다. 역으로 말하자면, 그들이 찾아내 디딤돌로 삼을 수 있었던 것이 남아프리카에는 없었다. 그것은 바로 '모든 인간이 평등하다'는 거창하고 위선적인 선언이었다. 남아프리카에는 그런 글귀조차 없었다. 그래서 남아프리카 흑인들은 먼저 그런 글을 만들기 위해 싸워야 했다.

미국에서는 그런 선언문이 1776년부터 존재했으므로 흑인들은 백인들에게 저기 저렇게 적혀 있지 않느냐고 말할 수 있었다. 거기 적혀 있는 글은 우리가 살아가는 실상과 당신들이 우리를 대하는 태도가 거짓된 것임을 보여 주는 증거라고 그들은 항의했다. 마틴 루터 킹도 그렇게 주장했다. "우리가 불법이라면, 미국의 헌법도 잘못된 것입니다."

정부와 관청은 이런 흑인들의 반발을 계속 외면할 수는 없었다. 이런 요구의 정당성을 백인들도 부정할 수 없었기 때문이다. 미국 헌법의 현실과 요구 사이에 존재하는 엄청난 격차를 좁혀야만 했다. 버스에서 자리를 양보하지 않은 로자 파크스의 용기 있는 행동이 그런 격차를 메우는 첫걸음이 되었다.

물론 이 격차는 오늘날까지도 완전히 메워지지 않았다. 아직도 미국에서는 흑인들이 백인들보다 훨씬 더 많이 체포·구금되고, 종신형에 처해진다. 흑인은 학교 중퇴자와 십대 미혼모 비율도 높고, 평균수명도 짧다. 한때 킹의 공민권 운동으로 재력을 키웠던 흑인 중산층은 빈곤 계층으로 다시 추락했다. 인종분리가 법적으로는 폐지되었지만 현실에서는 여전히 존재한다. 흑인과 백인은 서로 다른 지역에 거주하고, 서로 분리된 채 같은 하느님을 섬기고 있다.

그런가 하면 흑인인 버락 오바마가 2008년 11월 4일 역사적인 선거를 통해 미국 최초의 흑인 대통령이 되었다. 오바마를 기준으로 삼는다면, 로자 파크스가 버스에서 자리를 양보하지 않은 이후 모든 목표가 달성된 것처럼 보인다. 지난 50년간 그 격차가 많이 줄어들었다. 그러나 목표를 향해 뻗어 있는 길은 아직 끝나지 않았다. 미국이나 다른 여러 나라에서 많은 사람들이 여전히 그 길을 함께 걸어가고 있다.

용기를 낸 사람들
일곱 번째 만남

# 진실에 매달리다 | 마하트마 간디 *Mahatma Gandhi*

1869년 인도의 포르반다르에서 태어남. 본명은 모한다스 카람찬드 간디 • 1883년 카스투르바 마크하리와 결혼 • 1888년 런던 대학교에서 법학을 공부 • 1891년 봄베이에서 변호사 면허 취득 • 1893년부터 1914년까지 남아프리카에 거주 • 1894년 '나탈 인도국민회의' 창설 • 1903년 트란스발에 변호사 사무실 개소 • 1913년 트란스발을 향해 행진하던 시위를 주도하였는데, 이 일을 계기로 인도인에 대한 차별법이 모두 폐지됨 • 1915년 인도로 귀국 • 1920년 인도국민회의(INC) 의장이 됨 • 1930년 소금세 폐지를 위한 '소금 행진'을 벌임 • 1942년 인도의 독립을 주장하다 2년간 투옥됨 • 1948년 뉴델리에서 암살됨

⁂

그들이 그를 감금하면 민중이 들고일어났다. 그들이 그를 석방하면 그때도 민중이 들고일어났다. 사람들은 그를 따랐고, 그들은 속수무책이었다. 처음에는 그를 비웃었고, 나중에는 그를 두려워했다. 그들은 그를 제거하고 싶었을 것이다. 그러나 법치국가에서 그럴 수는 없었다. 사형을 선고하기에는 그가 저지른 범죄가 턱없이 미미했다. 영국 수상 윈스턴 처칠의 표현대로 이 "반벌거숭이 수도승"에게는 새롭고, 음험하고 세련된 그 무엇이 있었다. 그는 공권력을 자극하였지만, 그 어떤 폭력도 행사하지 않았기에 죄를 짓지는 않았던 것이다.

10여 년의 분쟁기간 동안 영국 관료와 정치인들이 할 수 있었던 것은 그에 대한 협박, 감금, 석방을 반복하는 것뿐이었다. 그리고 이 과정에서 영국은 자신들의 식민지 중에 가장 중요하고 덩치가 큰 아대륙亞大陸 인도를 잃어버리게 되었다. 이런 과정에서 가장 큰 역할을 하며 영국인들을 곤혹과 절망에 빠뜨린 '반벌거숭이 수도승'은 바로 마하트마 간디Mahatma Gandhi였다. 그는 넬슨 만델라나 마틴 루터 킹과 같은 시민운동가들, 그 밖에 평화와 자유를 위해 투쟁한 많은 사람들에게 영감을 주었고, 아직까지도 전 세계의 많은 사람들로부터 존경을 받고 있는 특별한 인물이다.

윈스턴 처칠은 그를 아사시키려고 했다. 1942년 간디가 다시 체포·구금된 후, 항의의 표시로 단식투쟁을 벌여 거의 사경을 헤매고 있을 때 처칠은 이렇게 말했다. "그냥 죽게 둬. 그러다 죽으면 그건 그 사람 문제지, 우리 문제는 아니야."

그러나 처칠은 다음과 같이 말하는 사람들 때문에 결국 자기 뜻대로 하지 못했다. "그것이 그의 문제인 것은 확실합니다. 그러나 그가 죽어서 순교자가 되어 교도소 밖으로 실려 나가게 되면 인도인들은 집단 폭동을 일으킬 겁니다. 그렇게 되면 그건 우리 문제가 되지요."

결국 간디는 1944년에 다시 석방되었다. 그는 체포되기 직전에 활동했던 곳으로 되돌아갔고, 그곳에서 자기가 하던 일을 계속했다. 그리고 이 일이 있은 지 3년 만에 인도는 독립하게 되었다.

24살 무렵부터 1948년 79살의 나이로 암살당할 때까지, 그는 어디에서 무엇을 하든 간에 늘 소란을 일으켰다. 그가 감옥에 있든, 인도에서 이 마을 저 마을 돌아다니든, 아쉬람Ashram(힌두교 은둔자들이 모여 명상하던 곳 — 옮긴이 주)에서 물레를 돌리든, 혹은 대도시에서 연설을 하든, 침대에 누워 있든, 단식을 하든, 책상 앞에 앉아 많은 이들을 두려움에 떨게 하면서도 평화로운 어조로 자기 뜻을 밝히는 연설문을 작성하든 간에 말이다. 말년에 그는 세계적으로 유명해졌다. 존경과 사랑을 받는 존재이자 선망의 대상이었는가 하면, 두려움과 증오의 대상이기도 했다. 그는 늘 논쟁의 대상이었다. 인도인들에게 그는 오늘날까지도 눈엣가시 같은 존재이다. 인도인들은 한편으로는 그를 자랑스러워하면서도, 다른 한편으로는 그가 가르치고 권했던 것과는 정반대의 삶을 살아가고 있다. 많은 기독교인들이 그리스도의 말씀과는 전혀 다른 삶을 살아가고 있는 것처럼.

어쨌든 1869년 모한다스 카람찬드 간디라는 이름으로 태어난 그가 기발함과 강한 의지, 그 밖의 다양한 방법으로 제국 전체를 부숴 버린 비폭력 저항운동과 시민 불복종운동의 선봉에 서기까지는 많은 우여곡절이 있었다. 일단 그가 명망 높고 유복한 사업가 가문 출신이었던 것은 그에게는 분명 유리한 환경이었다. 그의 아버지는 라지카트Rajkat 지방의 고위 관리였다.

간디는 카스트 제도상 제3계급인 바이샤(상공인, 농민)에 속했다. 참고로 카스트 제도의 최고등급인 제1계급은 브라만(성직자, 학자, 지식인), 제2계급은 크샤트리아(무사, 귀족), 마지막 제4계급은 수드라(하층계급의 노동자)이다.

간디는 겨우 제3계급에 속해 있었지만, 바이샤는 사실 그리 나쁜 계급이 아니었다. 바이샤들은 원지 및 해양 무역, 은행 관련 사업 등에 종사했고, 땅도 많이 소유하고 있었다. 이 계급에 속한 사람이 돈과 부동산으로 부를 쌓지 못하면 대단히 어리석은 사람 취급을 받았다. 오늘날에도 인도인들 중에 재산이 많은 도시 상류층 대부분은 바이샤 출신이다.

부유하다는 것은 교육을 시킬 수 있다는 것을 의미한다. 인도에서는 19세기 이후 상당히 오랫동안 돈 없이는 교육도 불가능했기 때문이다. 간디의 부모는 아들의 교육에 돈을 아끼지 않았다. 그들이 신앙심 깊은 힌두교도였기에, 간디는 까다로운 힌두식 정규 교육과 종교교육도 함께 받게 되었다.

카스트 제도에서 제3계급까지는 이른바 '두 번 태어난 사람들', 즉 '재생족'에 속한다. 이는 성년식 이후 성전(베다)을 배우고, 제물을 바칠 권리를 갖게 된다는 것을 의미한다. 그러므로 젊은 시절 간디는 교양·문화·종교에 관한 교육뿐 아니라, 자부심과 계급 자존감 교육도 일정 부분 받았을 것으로 짐작할 수 있다. 이것은—나중에 그의 삶이 증명하는 것처럼—그에게 늘 불리하게만 작용하지는 않았다.

간디는 자유를 위해 싸우는 투쟁가에게 꼭 필요한 전제조건을 두루 갖추고 있었다. 완고함, 조국을 떠나 바깥세상으로 나가는 용기, 자율적인 결정으로 살아가려는 욕구 등이 바로 그것이다. 조혼 제도에 따라 그는 16살에 강제로 결혼해야만 했다. 당시 그는 그런 제도에 맞서 싸울 준비가 되어 있지 않았지만, 런던에서 법을 공부한 후에는 완전히 달라졌다. 이로 인해 그는 독실한 힌두교 신자인 부모님과, 그리고 무엇보다도 카스트 제도와 갈등을 겪게 되었다.

힌두교인이 외국에 나가면 '순수하게' 살아갈 수 없다는 것은 힌두교를 믿는 부모의 생각일 뿐 아니라, 카스트라는 제도의 입장이기도 했다. 따라서 간디는 인도에 있어야 했다. 결국 그의 부모는 두 손 두 발 다 들었지만, 카스트는 그렇지 않았다. 영국에서 술, 여자, 고기는 손도 대지 않겠다고 간디가 많은 사람들 앞에서 맹세했지만 카스트 제도는 그의 외국 유학을 끝내 허락하지 않았다.

그럼에도 불구하고 간디는 출국했다. 그는 한번 마음먹은 일은 반드시 관철시키는 성격이었다. 그 일로 인해 카스트에서 퇴출될 수 있었지만, 간디는 그런 위험까지도 감수했다. 1888년부터 1891년까지 그는 런던에서 공부했다. 유복한 부모의 지원이 없었더라면 불가능한 일이었다.

그는 카스트 제도에 따라 '순수함'을 지켰다. 여자, 술, 고기를 멀리하는 것으로 자신과의 약속을 지킨 것이다. 그러나 그는 그런 것과는 전혀 다른 방식으로, 즉 고국의 독실한 힌두교들이 생각하는 것보다 훨씬 더 은밀한 방법으로 순수함을 잃어버리게 되었다. 여자, 술, 고기와 전혀 다른, 그것보다 훨씬 더 위험하며, 사람 자체를 완전히 바꾸어 놓을 수도 있는 것에 빠져든 것이다. 그것은 바로 책, 이념, 사상, 그리고 경전이었다. 모한다스 카람찬드 간디에서 인도에서 영국의 퇴각을 요구하던 마하트마 간디가 되기 전에 그는 세계의 여러 사상이 적혀 있는 글과 다양한 문화에 심취했던 것이다. 그 결과 대외적으로 활동하기 전에 이미 간디의 머릿속에서는 본질적인 변화가 일어났다. 물론 이러한 의식 형성의 과정은 런던에서 시작되었다.

처음에 그는 카스트의 뜻에 따라 힌두교 경전인 바가바드기타를 열심히 공부했다. 힌두교인에게 그것은 무슬림의 코란, 유대인의 율법서, 기독교인의 성경과 같은 것이었다. 그런데 신기한 것은 그가 바가바드기타를 20살 때, 기독교를 믿는 서양에서 처음 공부하기 시작했다는 것이다. 고국 인도에 있었을 때 그는 700절이나 되는 이 경전에 전혀 관심이 없었다. 그런 그가 이제 런던에서 이 경전을 훨씬 더 관심있게, 마치 인도에서는 그것을 보고 싶어도 볼 수 없었던 사람처럼 열심히 공부했던 것이다.

또 하나 신기한 것은, 그가 두 명의 영국인 신지론자神智論者의 권유로 바가바드기타 공부에 몰두하게 되었다는 것이다. 그는 그들과 함께 이 책을 원어로, 즉 산스크리트어로 읽었다. 이 일을 계기로 그는 힌두교에 관한 문헌들뿐 아니라, 다른 종교에 관한 책에도 관심을 갖게 되었다. 그래서 그는 코란과 성경을 읽었고, 이를 통해 자발적으로 일종의 신지론자가, 즉 서로 다른 역사·관습·신앙·찬송·기도문을 가진 여러 종교들이 사실상 하나의 신을 경배하고 있으며, 각 종교들은 그 신성의 한 단면만을 붙잡고 있을 뿐이라고 믿는 사람이 되었다.

신지론자가 되었지만 그가 종교를 바꾼 것은 아니다. 후에도 그는 계속 자신이 힌두교도라고 밝히고 다녔다. 그러나 사실 그는 더 이상 힌두교도가 아니었다. 그는 또한 엄밀히 따지면 신지론자라고도 할 수 없는, 뭔가 새롭고, 아직은 어떤 명칭을 부여할 수 없는 그런 사람이었다.

경전을 열심히 읽으면 읽을수록 종교에 대한 간디의 관심은 더욱 커져 갔다. 종교는 그가 공부하고 있던 법학보다 훨씬 더 흥미로웠다. 물론 그는 공부도 열심히 해, 3년 만에 법학사 학위를 받았다. 하지만 이 기간 동안 그는 법학과 종교보다 훨씬 더 많은 것들을 배웠다. 완전히 낯선 문화에 오랫동안 머물게 되면 누구나 그 낯선 곳에서 받은 인상을 뇌리에 깊이 새기게 된다. 그리고 다시 고향으로 돌아와 익숙한 환경에서 살게 되었다 하더라도, 그중 많은 것들은 무의식에 남아 오랫동안 영향을 미치게 된다.

후일 간디는 예수의 산상수훈에 깊은 감명을 받았고, 그것이 자신의 삶에 깊은 영향을 주었다고 말했다. 하지만 이것 말고도 자신이 미처 인식하지도 못한 상태에서 받은 여러 영향들 또한 무시해서는 안 될 것이다. 민주주의 체제를 갖추고 있으면서도 식민지를 경영하는 모순적인 강대국의 모습처럼, 영국 상류층이 다른 인종들에게 당연한 듯 주인 행세를 하는 것에 대해 간디는 일언반구도 하지 않았다. 그것이 그에게 아무런 영향을 미치지 않았고, 그 어떤 인상도 남기지 않았다고 보기는 어렵다. 그가 그것을 스스로 고백하지 않으려고 했을 수는 있겠지만, 외면하면 할수록 그 영향은 더 강해졌을 것이다.

영국의 생활방식은 분명 젊은 간디에게 영향을 미쳤다. 이는 런던에서 그가 값비싼 유행복들을 잘 사 입었고, 프랑스어·댄스·바이올린 연주를 배웠다는 사실만 보아도 잘 알 수 있다. 그는 영국 신사가 되고 싶었고, 인도에서도 그런 모습으로 살기를 원했다. 인도에 귀국한 후에도 그는 정통 영국식 복장으로 다녔고, 영국 사람처럼 행동했다. 아침 식사 역시 채식(귀리, 코코아, 식빵)이긴 했지만, 영국식으로 먹었다.

영국 유학 당시 부지불식간에 그의 머릿속에 깃든 것이 또 있다. 서방세계에서 흔히 볼 수 있는 근본적인 모순에 대한 감정이 바로 그것이다. 이론적으로는 기독교와 계몽주의 원칙에 기반을 두고 있는 백인의 문화는 일상에서는 그것과 반대되는 모습, 즉 모순적인 양상을 보였다. 영국이 신약성경, 특히 산상수훈을 진지하게 받아들였다면 아무 고민 없이 식민지 지배를 계속할 수 있었을까? 만일 백인들이 다른 인종들의 독자적인 철학이나 자유·평등·동지애에 대한 그들의 이상을 수용했더라면, 그들을 열등한 인종으로 취급할 수 있었을까?

그런 모순들을 말로 표현하기 훨씬 전부터 이미 감지하고 느끼게 되는 것이 사람이다. 간디도 이런 모순을 영국에서 이미 느꼈을 것이고, 한참이 지나서야 이를 말로 표현하게 되었을 것이다.

인도에서 그는, 자신이 영국인과 모든 면에서 똑같은 인도의 신사라고 생각했다. 그러나 문제가 하나 있었다. 고국에서 그는 더 이상 그런 부류에 속할 수가 없었다. 카스트가 그를 퇴출했고, 다시 받아주려고 하지 않았기 때문이다. 그는 자신이 대영제국의 시민이라고 생각했지만, 이것도 사실 맞지 않는 것이었다. 영국 관료들이 자신을 대할 때 보이는 경멸적인 태도에서 앞으로도 그렇게 될 가능성은 전혀 없으리라는 것을 그도 분명히 느낄 수 있었다.

그러나 이것보다 더 힘든 문제가 두 가지 더 있었다. 그중 하나는 카스트의 도움 없이는 변호사 사무실을 열기가 어렵다는 점이었다.

여러 번 시도해 봤지만 아무 성과도 없자, 이 일이 불가능해 보이기까지 했다. 설령 카스트가 그를 도와줬다고 하더라도 문제는 여전히 남았다. 그는 변호사로서의 경력을 쌓아 가기에는 천성적으로 세상 물정을 너무 몰랐고, 특별히 영리하지도 않았으며, 현실에 대한 감각도 많이 떨어졌다. 만약 그가 직업적인 성공을 원했던 것이라면, 영국법을 배워야 하는 런던에서 법학을 공부한 것부터가 첫 단추를 잘못 끼운 셈이었다. 인도에서 일하려면 영국식 인도법, 힌두법 또는 무슬림 가족법이 필요했다. 두 번째 문제는 간디의 어눌한 말솜씨였다. 이는 이미 세상이 다 알고 있어, 놀랄 만한 일도 아니었다. 그는 몇 마디 말을 하는 것조차 힘들어했다. 더구나 말을 더듬지 않고는 자기 생각을 말할 수 없었기에, 봄베이의 어느 법정에서는 단 한마디도 하지 못한 채 사건을 동료 변호사에게 넘겨야 했을 정도였다.

말도 제대로 하지 못하는 사람이 왜 하필 변호사가 되려고 했을까? 그는 이 질문에 답을 하지 않았다. 하지만 그는 절대로 포기하지 않는 사람이었다. 말을 잘하지 못하는 변호사가 할 수 있는 일이 뭐가 있을까? 그는 글을 썼다. 청원서·지원서·감정서 작성과, 서면으로 이뤄지는 협상에 그는 아주 능숙했다. 그것으로 생활비는 충분했고, 돈을 더 벌 생각은 전혀 없었다.

그러던 어느 날 그는 어떤 회사가 남아프리카 지사에서 일할 고문 변호사를 구한다는 말을 듣고 지원해 합격했다. 1893년 그는 남아프리카 나탈 주의 더반Durban이라는 도시로 가서 변호사 일을 계속하게 되었다.

그곳에서 그는 전혀 새로운 경험을 했다. 고국에서는 영국의 식민지 지배로 2등급 인간 취급을 받기는 했지만 그래도 자유롭게 활동할 수 있었고, 법원에 소송을 제기할 수 있는 서면 작성권도 갖고 있었다. 그런데 남아프리카에서는 유복한 가문 출신으로 영국 유학까지 마친 그가 3등급 인간 취급을 받았다. 이발소에 가면 아무도 그의 시중을 들지 않았고, 법원에서는 터번을 쓸 수가 없었고, 밤 9시 이후에 집 밖으로 나가려면 고용주의 통행 허가증을 소지해야만 했다. 이는 그의 자존심과 독립에 대한 의지에 큰 상처를 입혔다. 그러나 이보다 더 나쁜 것이 그를 기다리고 있었다.

재판에 참여하려면 더반에서 프리토리아Pretoria까지 기차를 타고 가야 했으므로, 그는 근사한 영국 사업가처럼 차려입고 당연한 듯 1등석에 앉았다. 그런데 마리츠버그Maritzburg에서 승차한 백인 승객 한 명이 유색인종인 간디를 보고는 차장을 불렀다. 차장은 간디에게 화물칸에 타라고 지시했지만, 간디는 이 지시를 거부했다. 정당하게 끊은 기차표를 보여 줬지만 차장은 개의치 않고, 화물차로 옮기라는 지시를 계속했다.

간디도 고집이 셌다. "더반에서 1등석에 앉아 갈 수 있게 해 줬으니, 계속 여기에 있을 겁니다."라고 그가 말하자, 차장은 "당장 기차에서 내리지 않으면 경찰을 불러 당신을 기차 밖으로 집어 던지라고 할 겁니다."라고 응수했다. 그러자 간디는 자기 발로는 기차에서 내리지 않을 테니 경찰을 부르라고 했다. 결국 출동한 경찰이 간디의 멱살을 잡아 그의 가방과 함께 기차 밖으로 집어 던졌다.

이런 일을 당하면 보통 사람들은 어떤 반응을 보일까? 대부분의 사람들은 체념하며 자기의 운명을 받아들이면서도 속으로는 절대 잊지 못할 증오심을 품고 살아갈 것이다. 많은 사람들은 더 이상 부딪치지 않기 위해 위선적이면서도 교활하게 복종하는 모습을 보일 것이다.

이들 역시 겉으로 보기에는 초월한 것처럼 보이지만, 마음속으로는 불같은 복수심에 치를 떨 것이다. 혹은 타협하지 않고 반란을 도모해, 여러 사람들의 증오를 하나로 묶은 다음, 그들의 절망감을 힘으로 표출해 내려는 사람도 있을 것이다. 이들은 증오하는 압제자를 무참하게 쓰러뜨린 다음, 자신들이 그 자리를 차지하기 위해 결집된 에너지를 이용할 것이다. 그런 다음 이들은 과거의 압제자들만큼이나 잔인한 방법으로 사람들 위에 군림하려고 할 것이다.

약탈, 억압, 증오, 복수, 반란, 전복. 이것은 충분히 예상 가능하며, 발생 개연성도 높은 일반적인 현상들이다. 세상은 통상 이런 식으로 돌아간다. 그런데 기차에서 내동댕이쳐진 간디에게 전혀 일상적이지 않고, 따라서 발생 가능성도 높지 않아 미리 예측할 수도 없었던 특이한 일, 한마디로 기적 같은 일이 벌어졌다. 그 순간 간디도 반란을 도모하기로 결심한다. 하지만 그는 증오로 가득 찬 폭력이 아니라, 비폭력으로 사랑을 베풀며 반란을 도모하기로 한 것이다. 많은 사람들이 이미 자주 듣고 읽었지만, 그대로 실천해도 별 성과가 없어 말들의 단순한 나열처럼 생각되었던 하나의 텍스트가 비옥한 땅에 떨어진 한 알의 씨앗처럼 마음속에서 싹을 틔우고, 자라고, 열매를 맺는 아주 특별한 일이 간디에게 일어난 것이다. 그 텍스트는 그가 런던에서 읽었고, 남아프리카에서도 계속 탐독했던 예수님의 산상수훈이었는데, 거기에 나오는 다음과 같은 말을 간디가 그대로 따른 것이다. "악을 악으로, 폭력을 폭력으로 대적하지 말고, 원수를 사랑하라."

예수님이 평화를 수호하라는 거창한 뜻으로, 혹은 서로 사이좋게 지내라는 단순한 의미로 그렇게 말한 것이 아님을 그는 잘 알고 있었다. 적이 오른뺨을 때리면 왼뺨을 내주라고 했던 예수가 자신은 평화를 주기 위해서가 아니라 칼을 주기 위해 왔다는 말을 했다는 것도 그는 잘 알고 있었다. 예수를 온전히 이해하기 위해서는 그 두 가지를 함께 생각해야 하고, 그래야 그 말의 뜻을 이해할 수 있다. 이는 악을 수용하라는 뜻이 아니라, 오히려 그 반대다. 악이 계속 만들어지는 구조가 세상에서 없어질 수 있도록 투쟁하라는 것이다. 다만 폭력을 사용할 것이 아니라, 오히려 폭력의 악순환을 끊고 사랑으로 그렇게 하라는 말이다. 물론 이렇게 하면 바로 천국이 펼쳐지는 것이 아니라, 오히려 극심한 갈등이 초래된다. 그러나 이러한 갈등 속에서 자신들의 관심사와 특권이 침해당한 자들에게 쌓인 증오가 온화한 투쟁가들에게 역습을 가한다고 하더라도, 이런 갈등은 반드시 극복되어야 한다.

간디는 예수님의 말을 다음과 같은 두 개의 원칙으로 정리해 평생 동안 지키며 따랐다. 첫째, 누군가 억압하는 것을 절대 용납하지 않는다. 둘째, 투쟁 시 상대가 폭력을 행사하더라도 자신은 절대 폭력을 쓰지 않는다. 억압을 용납하지 않되, 폭력은 사용하지 않는 것이 어떻게 가능할까? 과연 이것이 실제로 가능할까?

기차에서 내동댕이쳐졌을 때에는 간디 역시 이 질문의 답을 알지 못했다. 생각을 정리하고, 그 다음에 어떻게 해야 할지를 결정하기까지는 시간이 필요했다. 하지만 그때 이미 그의 마음속에서 무언가가 자라나 영향을 미치기 시작했고, 그의 다음 행동에도 영향을 미쳤음은 그날 프레토리아에서 열린 재판을 처리하는 과정에서 잘 드러났다.

사실 그는 그날 재판에서 이길 확률이 높았다. 만약 그렇게 되었더라면, 거액을 한꺼번에 갚아야 하는 피고(채무자) 회사는 부도가 날 가능성이 높았다. 간디는 그런 사태를 피하고 싶었다. 그래서 법의 테두리 밖에서 합의를 보려고 했고, 채무자에게 돈을 분납해도 된다고 배려해 주었다. 그 결과 채무자는 사업을 계속할 수 있게 되었고, 간디 측 회사는 감사한 마음을 갖게 된 거래처와 그 후로도 계속 거래할 수 있게 되었다.

훗날 간디는 일이 그렇게 처리된 것에 대해 말할 수 없을 정도로 기뻤다고 말했다. "나는 그 일을 계기로 법 실무를 제대로 배우게 되었다. 인간 본성의 선한 면을 움직이고, 인간의 마음에 더 가까이 다가가는 방법을 배운 것이다. 또한 나는 분쟁하는 양측이 합의에 도달할 수 있게 만드는 것이 변호사의 진정한 임무임을 알게 되었다. 이 일은 내게 잊히지 않을 만큼 강한 인상을 남겼기에, 나는 변호사로 활동한 지난 20년간 수백 건의 사건이 개인적인 합의로 처리될 수 있도록 하는 데 많은 시간을 할애했다. 이렇게 함으로써 나는 돈도, 내 영혼도 잃지 않았다." 아마도 이런 과정을 거치며 그는 비로소 말문이 트이게 된 것 같다. 이제 그는 연설도 할 수 있게 되었다.

간디는 변호사로 일하면서 큰돈을 벌지는 못했다. 물론 그것이 그의 목표였던 적은 단 한 번도 없었다. 그의 진정한 목표는 의미 있는 삶이었는데, 인도로 돌아가기 직전 남아프리카에서 그는 이 목표를 발견하게 되었다. 사실 그는 두 가지 방법으로 자신의 목표를 찾았는데, 그 하나는 책을 통해서였고, 다른 하나는 개인적인 경험을 통해서였다.

여기서 후자, 즉 개인적 경험이란 인도인인 그가 남아프리카에서 감내해야만 했던 다양한 차별과 조롱, 그리고 굴욕이었다. 그가 고국으로 떠나기 전 그가 다니던 회사의 쉐트 압둘라 사장이 그를 위해 송별식을 마련해 주었다. 그곳에서 그는 남아프리카 인도인의 선거권 박탈을 골자로 하는 새로운 법안이 만들어지고 있다는 신문기사에 대해 이야기했다. 그러자 이 사실을 처음 접한 사람들은 갑자기 그에게 귀국을 몇 주일 미루고, 이 일을 한번 맡아 보지 않겠냐고 제안했다. 결국 그는 그렇게 하기로 했다. 그는 배표를 취소하고, 출국을 미뤘다. 물론 이 일이 계기가 되어 그의 귀국은 몇 주일이 아니라, 20년 넘게 미루어지게 되었다. 이 기간 동안 그는 남아프리카 인도인들에 대한 차별에 맞서 싸웠고, 이 일로 인도에서도 유명한 사람이 되었다.

이제 인종차별에 맞선 투쟁의 막이 올랐다. 간디는 사람들 앞에 나섰고, 인도인들이 처음으로 남아프리카 의회에 제출하게 될 청원서를 작성했다. 그는 남아프리카 인도인들의 선거권을 유지해 달라고 호소했다. 청원은 결국 받아들여지지 않았지만, 이 활동은 모든 인도인들을 하나로 뭉치게 만들었고, '나탈 인도국민회의'가 설립되는 계기가 되었다. 간디는 이 단체의 명예 총장이 되었다.

탄압을 더 이상 용납하지 않되, 폭력은 사용하지 않겠다는 자신의 기본 원칙을 간디는 계속 시험해 볼 수 있었다. 그가 파업을 벌이는 노동자 단체의 대표로 있었을 때가 그 좋은 예이다. 시위대에 채찍을 휘두르기 위해 경찰이 말을 타고 출동했을 때 간디는 피하지 않았다. 폭력을 피해 달아나지도, 스스로 폭력을 행사하지도 않겠다는 결심을 굳힌 그는 시위대를 향해 모두 바닥에 엎드리라고 지시했다. 그러자 말의 본능적 행동 때문이기는 하지만, 많은 사람들에게 깊은 인상을 남긴 일이 일어났다. 기마경찰이 아무리 해도 말들이 바닥에 엎드려 있는 사람들을 짓밟고 지나가지 않았던 것이다. 말들은 시위대 무리 앞에 멈춰 서서 뒷발을 구르며 울음소리만 낼 뿐, 단 한 발자국도 전진하지 않았다. 경찰은 결국 철수할 수밖에 없었다. 이는 마치 말들이 말을 타고 있는 사람들보다 훨씬 더 인간적이라고 말하는 것 같았다.

이 일을 통해 공권력에 대항하는 투쟁에서 폭력을 사용하지 않고도 이길 수 있음이 증명되었다. 물론 이것이 항상 가능한 것은 아니다. 또 이런 식의 투쟁은 통상 도덕적인 명분을 얻을 수는 있지만, 극심한 고통을 감수해야 한다. 어느 날 간디는, 인도인들은 영국 여권을 갖고 있어도 영국인처럼 대우받지 못하니 차라리 여권을 소각해 버리자고 제안했는데, 이때의 사건이 이를 극명하게 보여 준다. 이날 간디는 인도인들의 여권을 모두 모아 경찰 앞에서 불태웠다. 그러자 경찰 하나가 그에게 곤봉 세례를 퍼부었다. 그는 힘이 다할 때까지 여권을 불에 집어 던지다가 결국 피투성이가 되어 쓰러졌다. 이 소식은 급속도로 퍼져 나가, 남아프리카에 살고 있는 인도인들의 결속을 강화시켰고, 이들의 저항 의지를 쇄신하였으며, 무엇보다도 인도인들의 존엄성을 되찾아 주었다.

간디의 인생에서 두 번째로 중요한 역할을 한 것은 책이었다.

영국의 작가이자 화가이며, 옥스퍼드 대학교에서 예술사와 사회철학을 가르쳤던 존 러스킨(1819~1900)은 수공업에 대한 자신의 칭송이 한 인도인 변호사가 대영제국의 목줄을 죄는 데 이용될 줄은 상상도 못했을 것이다. 러스킨이 수공업을 높이 평가하면서 농부나 수공업자의 삶을 사는 게 바람직할 뿐만 아니라, 꼭 체험해 볼 만한 일이라고 칭송하는 것을 보고 간디는 큰 감동을 받았다. 그래서 간디도 일상생활에서 손으로 작업하는 것을 소중하게 생각하게 되었고, 본인은 물론이거니와 동료들에게도 의무적으로 수작업을 하게 했다. 후일 간디는 물레를 새롭게 인식하게 되었고, 바로 그 물레로 영국 섬유 산업에 일격을 가했다.

수작업에 대한 칭송은 간디가 러스킨에게 매료된 여러 요인들 중 하나였을 뿐이다. 러스킨의 경제윤리도 간디를 사로잡았다. 러스킨은 노동이 상품으로 경시될 것이 아니라, 윤리적 가치로 존중받기를 바랐다. 그는 오늘날에 와서야 생겨난 시설, 즉 근로자를 위한 시민대학과 전원도시 같은 것들의 설립을 그 당시에 이미 주장하기도 했다. 그의 저서 『참깨와 백합』에 나오는 다음과 같은 문장을 보면 러스킨의 주장이 오늘날의 실상과도 얼마나 부합하는지 잘 알 수 있다. (간디도 이 문장에 감탄한 바 있다.) "우리가 말을 구입하는 데 쓰는 비용과 비교하면, 공적인 또는 개인적인 용도로 책을 사는 데 우리가 쓰고 있는 돈은 어느 정도라고 당신은 생각하는가요? 혹은 다른 예를 들어 보면, 와인 저장고에 들어 있는 와인의 수와 비교할 때, 우리 책장에는 공적인 용도나 개인적인 용도로 구입한 책이 얼마나 많이 꽂혀 있다고 생각하십니까?"

러스킨의 사회비평도 간디에게 깊은 인상을 주었다. 그는 이렇게 썼다. "재력은 전기와 같은 힘이다. 그것은 불평등을 통해 만들어진다. 누군가의 주머니에 있는 1기니(영국의 옛 화폐 단위—옮긴이 주)가 가지는 힘이 어느 정도인지는 그의 이웃의 주머니에 돈이 얼마나 있느냐에 달려 있다. 만약 그 이웃이 그리 궁하지 않다면, 돈을 갖고 있는 사람에게도 그 돈은 별 이득이 되지 않는다. 하지만 이웃이 가난하고 오랫동안 실직 상태에 있다면, 돈을 갖고 있는 사람에게 1기니는 그 이상의 가치를 지닌다. 인간이 재력으로 차지하려는 것은 다른 인간에 대한 권력이다. 부자는 다른 사람이 가질 수 없는 것을 자신이 갖고 있음을 항상 명심해야 한다. 그러므로 부자는 가장 가난한 사람도 풍족하게 가질 수 있을 때까지 사치를 삼가야 한다."

간디는 러스킨이 자신에게 큰 영향을 미쳤고, 자신의 발전에도 많은 도움을 주었음을 훗날 분명하게 밝히고 있다. 그러나 러스킨이 정신을 개조하는 데 만족한 나머지, 자신의 삶을 변화시킬 힘을 찾지는 못했다는 점에 대해서는 비판적이었다. 간디는 사고와 행동이 일치해야 한다는 주장을 미국인 작가 헨리 데이비드 소로(1817~1862, 매사추세츠 주 콩코드에서 살았다)의 책에서 읽었다.

간디가 읽은 소로의 책에는 이런 글이 나온다. "나는 한 가지 사실은 분명히 알고 있다. 내가 이름을 댈 수 있는 1000명, 100명, 10명의 사람들 가운데 단 10명, 아니 매사추세츠 주에서 단 1명만이라도 노예 소유를 중단하고 노예제도를 거부해 감옥에 갈 각오가 되어 있다면, 미국의 노예제도는 끝이 날 것이다. 그 시작이 얼마나 미미했는지는 중요하지 않다. 좋은 일을 행하는 것은 언제나 의미가 있다. 하지만 우리는 그저 그것에 대해 말만 하고 있을 뿐이다."

"우리는 그저 그것에 대해 말만 하고 있을 뿐이다." 바로 이 말이, 비록 소로처럼 분명하게 표현되지는 못했지만, 만년의 간디를 가만히 앉아 있지 못하게 만들었다. 어떤 생각을 이해하였고, 그것이 옳다고 믿는다면, 그것에 따라 행동해야 한다. 그렇게 하지 못한 것들은 모두 창피할 수밖에 없다. 간디는 믿음과 행동 사이의 불일치를 받아들이기 어려워했다. 그는 언행일치를 이루는 것을 자신의 가장 중요한 과제로 삼았다. 부당한 체제가 사람들을 탄압하고 있다는 판단을 내렸다면, 그것에 대항해 싸워야 하는 것이다.

송별회 이후 그가 한 행동은 모두 그런 것들이었고, 그런 이유로 그는 계속 체포·구금되었다. 그러나 그는 별로 개의치 않았다. 오히려 그 반대였다. 그는 투옥을 하나의 기회로 보았고, 그것의 장점을 다음과 같이 상찬했다. "그곳에 가 있으면 밖에서 생활할 때보다 걱정이 적다. 그곳에서는 교도관이 지시하는 것만 하면 되지만, 일상에서는 수많은 사람들의 지시를 따라야 한다. 교도소에서는 날마다 음식을 구할 걱정을 하지 않아도 된다. 정부가 모든 것을 해 준다. 건강을 돌보아 주면서도 돈은 받지 않는다. 일거리도 많고, 그것을 하다 보면 건강도 좋아진다. 또 건강에 해로운 습관들에서 해방된다. 영혼은 자유로워지고, 기도할 시간도 충분하다. 몸은 비록 갇혀 있지만 영혼은 그렇지 않다. 지고지순한 영혼으로 가는 진정한 방법은 교도소에 들어간 다음, 조국과 자신이 믿는 종교를 위해 그곳에서의 고통과 결핍을 견디는 것이다."

이는 매우 세련된 해석이다. 국가권력이 내린 처벌을 받는 사람이 이 처벌을 더 이상 처벌로 생각하지 않고, 오히려 자기에게 좋은 일이라고 생각하게 되면, 처벌을 통한 압박 효과는 사라지게 된다. 국가의 입장에서는 징벌의 목적과 효과가 모두 사라지는 셈이다. 결국 처벌은 국가의 부담만 가중시킬 뿐이다. 많은 사람들이 간디처럼 생각하고 행동하면 더더욱 그렇게 된다. 대규모의 체포·구금이 이어져도 국가에 유리할 것은 하나도 없고, 일과 비용만 더 늘어날 뿐이다.

간디는 소로의 다른 책도 읽었는데, 그 책이 그에게 큰 충격을 주었다. 1846년 7월, 소로는 세금 납부를 거부했다. 세금을 납부하는 것이 미국 정부, 미국이 벌이고 있는 멕시코와의 전쟁, 그리고 노예제도를 후원하는 짓이라고 생각했기 때문이었다. 결국 소로는 투옥되지만, 이 일을 계기로 『정부에 대한 저항』(1849년)이라는 수필집이 집필되었다. (이 책은 나중에 다시 붙인 『시민 불복종』이라는 제목으로 세상에 널리 알려졌다.) 이 책은 훗날 소로의 표현대로 시민 불복종 분야의 시조이자 고전이 되었다. 간디는 남아프리카에 정착한 지 수년이 지나, 이미 수많은 비폭력 저항운동으로 교도소를 들락거리던 무렵 이 책을 처음 읽었다.

교도소에서 이 책을 읽으면서 그는 생면부지의 미국인이 자기와 생각이 너무 비슷해 많이 놀랐다고 한다. 남아프리카의 교도소와 미국 교도소, 인도인과 미국인 사이에 묘한 연대가 생긴 것처럼 보였다. 간디는 이 보이지 않는 연대를 통해 자신이 옳았음을 느꼈고, 이 사상의 정수를 더욱 발전시킬 용기와 동기를 얻게 되었다.

간디에게 깊은 영향을 끼친 세 번째 서양인은 러시아의 소설가 레오 톨스토이였다. 그를 통해 간디는 나이가 훨씬 많이 들어서도 자신이 남들에게 가르치고 설법한 바를 자신의 삶 속에서 실천하는 사람이 있다는 것을 알게 되었다.

1885년 97세의 톨스토이는 사회적 지위와 재산을 포기하고, 소박하고 청빈한 삶으로 되돌아가려고 했다. 그는 맨발에 가난한 농부 옷차림으로 쟁기질과 써레질을 하고, 씨앗을 뿌렸다. 그는 담배를 끊고, 사냥도 중단하였으며, 육식도 더 이상 하지 않았다. 그는 또한 수작업·무욕·무소유·살생의 기피를 칭송하였고, 군대제도를 저주하였으며, 병역 거부를 옹호했다. 그는 대토지 소유를 죄악시했고, 돈을 받고 싶지 않아 노벨문학상 수상도 거부했다. 이런 그를 러시아 정교회는 파문했다.

간디는『하느님의 나라는 당신 안에 있다』라는 작품을 통해 톨스토이를 처음 알게 되었는데, 이 책에서 톨스토이는 교회사를 잔혹과 공포의 역사로 기술하고 있다. 아주 오래전부터 사람들은 "평화를 빕니다!"라는 말로 인사를 건네면서도 다른 한편으로는 상대에게 무기를 겨눌 무장한 군대를 유지하고 있다는 것이다. 소로와 마찬가지로 톨스토이도 교의教義와 행동 사이의 모순을 비판했다. 그는 모름지기 기독교인이라면 이웃과 다투지 않아야 하고, 무력을 사용할 것이 아니라, 그 반대로 행해야 한다고 주장했다. 즉 저항을 하지 말고 고통을 감내해야 하며, 그런 태도를 통해 자기 자신뿐만 아니라 세계를 악과 모든 외부의 폭력으로부터 해방시켜야 한다고 것이다. 그는 나쁜 정부에 대해서도 평화롭게 저항할 것을 주문했다.

톨스토이에 심취한 간디는 마침내 교의教義와 행동의 일치를 이룰 결심을 굳혔다. 그래서 땅을 구입해 피닉스 농장을 만든 후, 러스킨·소로·톨스토이의 가르침대로 살기 위해 가족과 동료들을 그곳으로 불렀다. 그는 이 농장을 인도의 힌두교 수도원 명상센터인 아쉬람처럼 만들었다.

소로는 자신의 생각을 '시민 불복종'이라는 말로 표현했다면, 간디는 자신의 생각을 '사티아그라하Satyagraha'라는 단어로 표현했다. 간디가 이름을 공모해 만든 이 신조어는 비폭력 불복종 운동을 상징하는 말이 되었다. 남아프리카에서 새로 제정된 법이 '사티아그라하'라는 단어를 만든 계기가 되었다. 이 법에 따르면 남아프리카에 거주하는 8세 이상의 모든 인도인들은 지문등록을 해야 했는데, 이것이 인도인들의 분노를 불러일으켰다. 1906년 11월 11일 대규모 시위 현장에서 간디는 지문등록법을 따르느니 차라리 죽겠다고 선언했다. 법에 맞서 싸우는 동안 간디는 자신의 투쟁을 한마디로 표현할 수 있는 독자적인 명칭을 갖기를 원했다.

지문등록법에 맞서 싸우면서 부당한 법에 맞서 싸우는 것을 의미하는 단어를 찾기 위해 그는 『인디언 오피니언』이란 잡지 구독자들을 대상으로 명칭을 공모했다. (간디는 이런 일이 있기 2년 전 주간지 『인디언 오피니언』의 편집 책임을 맡아 회사를 부도 위기에서 구해 낸 인연이 있었다.) 그때 '좋은 것에 매달리다'라는 뜻의 '사다그라하'가 최종 심사까지 올라왔다. 간디는 이 단어를 변형하여 '사티아그라하'라는 단어를 만들었고, 이 단어는 이후 간디의 삶을 상징하는 말이 되었다.

'진실에 매달리다'라는 뜻을 가진 '사티아그라하'는 인도어 사전에도 없는 신조어였다. 간디는 이 단어로 '폭력을 쓰지 않고 고통을 감수하면서, 적의 이성과 양심에 호소하는 전략'을 의도했다. 하지만 여기에는 투쟁의 의도도 담겨 있었다. 적을 '입장을 완전히 바꾼' 내 동맹이나 친구로 만들어야 하는 것이다. 그렇게 하려면 협박이나 폭력보다는 고통을 감수하겠다는 내 마음이 적의 마음과 양심에 더 효과적으로 영향을 미쳐야 한다. 비폭력으로 폭력의 악순환 고리를 끊고, 이를 통해 적을 자기편으로 끌어당기는 상황이 되어야 한다. 그러므로 비폭력은 약한 자의 무기가 아니라, 정신적으로 가장 강한 자의 무기인 것이다.

이런 진실의 힘을 믿고 투쟁을 시작한 사람은 이제 '사티아그라하'가 된다. 이런 사람들을 위해 간디는 다음과 같은 규칙을 만들었다.

- 사티아그라하는 적의 분노를 참는다.
- 사티아그라하는 자기가 받는 고통을 참고, 복수하지 않되, 처벌에 대한 두려움에는 굴복하지 않는다.
- 관청에서 체포하려고 오면 사티아그라하는 순순히 체포에 응하고, 재산을 빼앗기거나 압류당해도 저항하지 않는다.
- 사티아그라하는 다른 사람이 믿고 맡긴 물건을 절대 내주지 않는다. 설령 목숨을 잃을 위험에 처하더라도 그렇게 해야 한다. 복수는 절대 하지 않는다.

- 복수에는 저주와 모욕이 포함된다.
- 그러므로 사티아그라하는 절대로 적을 모욕하지 않는다.
- 사티아그라하는 영국 국기에 대해서는 경례를 하지 않지만, 영국인이든 인도인이든 간에 관리는 모욕하지 않는다.
- 투쟁 중에 누가 관리를 모욕하거나 공격을 가하면 사티아그라하는 관리가 모욕이나 공격을 당하지 않도록 보호해 준다. 설령 목숨을 잃을 위험에 처하더라도 반드시 그렇게 한다.

간디는 이론적으로는 위와 같이 정의를 내려 놓고, 그런 상황이 되면 곧바로 실행에 옮겼다. 이런 상황은 부지기수로 많았다. 자유로운 이주의 제한, 인두세 도입에 이어 1913년 인도인에 대한 식민지 당국의 적대 조치가 하나 더 추가되었다. 남아프리카의 호적 업무 담당관 앞에서 이루어지지 않은 모든 비기독교인 부부의 혼인을 인정하지 않는다는 조치였다. 인도인들에게 이는 중대한 명예 훼손을 의미하는 것이었다. 부인이 동거인의 지위로 격하되기 때문이다. 게다가 이제는 자식들이 상속권을 가질 수도 없게 되었다.

이런 조치에 대한 간디의 대응은 '사티아그라하 운동'이었다. 인도인을 차별하는 이 법안들로 인해 사티아그라하들은 다양한 활동을 전개하게 되었다. 5만 명의 광부들이 계약직 노동자에게 징수하는 인두세에 항의해 파업했다. 이 와중에 어린이를 포함한 인도인 수백 명이 나탈에서 트랜스발 쪽으로 행진하다가 불법 이주 혐의로 체포되었다.

교도소는 수용 인원을 초과했고, 죄수의 관리 비용도 덩달아 치솟았다. 광산의 파업은 매출 감소로 이어졌고, 정부는 어쩔 수 없이 협상 테이블로 다시 나와야만 했다. 이 사건은 결국 인도인들의 완벽한 승리로 끝났고, 간디와 그의 추종자들은 모두 석방되었다.

1914년 간디의 남아프리카 체류가 끝나게 되었다. 건강 문제로 고생하던 그는 고국 인도로 돌아가려 했던 것이다. 하지만 그는 승리자의 모습으로 남아프리카를 떠나지는 못했다. 인종차별주의는 그 후 수십 년간 계속되었고, 상황은 오히려 더 악화되었다. 그러나 간디의 사상은 여전히 전염성이 높았고, 어느 날 한 남자를 감염시켰다. 이 남자는 간디와 비슷한 방법으로 간디의 투쟁을 계승했고 결국 성공을 거두게 된다. 그는 바로 넬슨 만델라였다.

간디는 이제 남아프리카 정부보다 훨씬 더 강한 적인 대영제국에 맞서 싸워야만 했다. 투쟁에 꼭 필요한 것들 — 이론, 경험, 특히 자국민의 신뢰 — 은 남아프리카에서 이미 다 준비했다. 그가 남아프리카에서 자국 동포들을 위해 어떤 일을 해 왔는지를 인도인들은 이미 잘 알고 있었다. 1915년 1월 9일, 간디와 그의 아내 카스투르바는 국민들의 기대와 열렬한 환영을 받으며 귀국했다. 사람들은 그에게 '마하트마'라는 애칭을 붙여 주었다. 이는 '위대한 영혼'이라는 뜻이다.

당시 인도에서는 영국인들을 나라 밖으로 몰아내자는 독립 투쟁이 한창이었다. 독립운동 지도자들은 간디에게 큰 기대를 품고, 그가 동참하기를 기다렸다. 인도가 영국의 식민 지배에서 벗어나야 한다는 것은 간디도 물론 동의하는 바였다. 그러나 독립운동 지도부가 옛날 영국인들의 자리를 차지하고 앉아서, 식민지 시대 지주들처럼 인도 인구의 80퍼센트를 차지하는 농민들을 착취하려는 것이 간디의 눈에 띄었다. 간디가 원한 것은 인도 상류층의 부귀영화가 아니었다. 그는 지배계층만 바뀐 채, 기존의 삶이 그대로 유지되기를 바란 것은 아니었다. 그는 나라 전체가 완전히 바뀌어, 새롭게 출발하기를 바랐다.

이런 이유로 그는 독립운동 지도부의 도움 요청에 소극적 태도를 취했던 것이다. 그는 인도에서 충분히 경험을 쌓게 되면, 정치 문제에 대한 자신의 의견을 대중에게 밝히겠다고 말했다. 이렇게 말하기는 했지만 간디는 늘 여러 정치인들과 함께 일했고, 그중에서도 훗날 수상이 된, 간디의 평생 동지였던 자와할랄 네루Jawaharlal Nehru와는 특히 더 각별했다. 그러나 그는 인도의 엘리트 정치인 그룹에 속하지는 못했다. 그들과 간디 사이에는 일정한 거리가 있었다. 일례로 정치인들과의 모임 때 그는 정치인의 하인이나 운전사를 식사 자리로 불러 함께 식사를 했다. 심지어 어떤 때는 하인이 들고 온 쟁반을 받아 사람들에게 차를 나눠 주곤 했다. 이야기를 나누다 말고 벌떡 일어나 누군가를 도와주거나, 잠시 실례한다며 자리를 뜨는 행동 때문에 사람들은 굉장히 신경이 거슬렸다. 이런 상황에서 인간 간디의 전혀 다른 면모가 드러났던 것이다. 주변 사람들은 간디의 이런 모습에 불편해하고, 불안해했다. 종종 언짢아하는 이들도 있었다.

인도로 돌아온 간디는 카티야바드로 가 친척과 친구들을 만난 다음, 기차로 전국을 여행했다. 그러다 그해 5월에 아메다바드의 코츠라브에 사티아그라하 아쉬람 공동체를 만들었다.

1917년 영국인들이 인도 북부 비하르의 참파란 농부들을 탄압하는 사건이 발생했는데, 이는 간디가 인도에서 사티아그라하 운동, 즉 비폭력 저항운동을 시작하는 계기가 되었다. 이곳 농부들은 영국의 강제 경작 정책에 따라 인디고를 심어 헐값에 팔아야 했던 반면, 세금은 너무 과도하여 굶어 죽을 지경이라는 것이 간디의 분석이었다. 하지만 이런 사실을 말하는 것만으로도 영국 관청과의 마찰을 피할 수 없었다. 영국 관리들은 간디에게 그 지역에서 즉시 떠날 것을 요구했지만,

간디는 이를 거부했다.

간디는 법정에서 자신의 유죄를 인정하고, 적절한 처벌을 요구했다. 그러자 간디가 이미 잘 알고 있던 일이 이곳에서도 그대로 벌어졌다. 남아프리카에서 그는 정의, 민주주의, 인권을 소홀히 하는 인종차별적인 보어인 정부와 맞서 싸워야 했다. 하지만 인도에서 그는 그 반대의 상황과 맞서야 했다. 이번에는 민주주의 원칙들을 잘 지킨다는 문명화된 나라에서 온 영국인들과 싸우게 된 것이다. 영국인들은 수단과 방법을 가리지 않고 어떻게든 자신들의 정치적·전략적·경제적 이해관계를 추구하려 했지만, 그래도 자국의 법을 지키지 않을 수는 없었다. 결국 간디는 무죄로 석방되었다. 그리고 그의 혐의에 대한 조사를 계기로 강제 경작 정책은 폐지되었고, 세금도 경감되었다.

이로써 간디는 시민 불복종이라는 자신의 전략이 성공을 거둘 수 있음을 증명해 보였다. 하지만 이 성공은 독립을 위한 긴 여정에서 내디딘 아주 작은 첫걸음이었을 뿐이라는 것도 간디는 분명히 느끼게 되었다.

인도에서 소요가 늘어나자 영국은 전시법을 도입하였고, 간디는 이제 두 번째 발걸음을 내딛어야 했다. 전시법하에서는 혐의만 가지고도 사람을 재판 없이 감금할 수 있었고, 인도인들은 영국의 횡포에 무방비 상태가 되었다. 1919년 간디는 전시법에 맞서 비폭력 저항운동을 전개했다. 나라 곳곳에서 인도인들의 평화시위가 벌어졌다. 1919년 4월 13일, 북인도 암리차르에 주둔한 레지널드 E. H. 드와이어 장군은 이런 인도인들의 평화시위에 본때를 보여 주고 싶어 했다. 당시 시내에서 가장 큰 광장에 2만 명의 비무장 시위대가 모여 있었는데, 드와이어는 몇 안 되는 광장 출입구를 봉쇄하고 군인들을 도열시킨 후, 아무런 사전 경고 없이 비무장 시위대를 향해 발포를 명령했다.

어디로도 도망칠 수 없는 시위대를 향해 10~15분간 총성이 울렸다. 시위대 가운데 약 4000명이 사망했고, 1200명이 넘는 부상자가 발생했다. 암리차르 대학살을 계기로 인도인들은 영국을 절대 믿지 않게 되었다.

물론 영국은 이 사건을 조사했고, 드와이어 장군도 심문했다. 그러나 그는 전全 인도에 경고 신호를 보내기 위해 그런 작전을 펼쳤으며, 이를 통해 질서를 회복하려고 했을 뿐이라고 주장했다. 그는 직위만 해제되었을 뿐, 그 이상의 처벌은 받지 않았다. 하지만 이 일로 인도와 영국의 관계는 파국을 맞이했고, 간디는 시민 불복종 운동의 새로운 방법으로 총파업을 생각해 냈다.

하루 날을 정해 모든 인도인들이 기도하겠다고 모이면 인도가 마비될 거라고 간디는 설명했다. 영국인들의 시중을 들어 주고, 요리와 청소와 세탁을 해 주고, 쓰레기를 버려 줄 사람이 없게 될 것이고, 기차나 택시도 다니지 못하게 될 것이다. 결국 영국 관청은 마비되고, 군대는 군인들에게 보급품을 지급하지 못하게 된다는 것이다.

1919년 4월 6일 몇몇 도시에서 실제로 파업이 단행되었다. 이를 통해 간디는 겨우 수십만 명의 군인과 관리들로는 2억 명이나 되는 인도인들을 통치할 수 없음을 영국인들에게 확실하게 보여 주었다.

총파업은 시민 불복종 운동의 한 방법이었다. 수많은 사람들이 이 운동에 동참했지만, 남을 상해하지도, 기물을 파손하지도 않았다. 가판대에서는 금지된 책들을 팔았는데, 그중에는 간디의 저서 『힌두 스와라지』와 『사르보다야』도 있었다. 전국에 광풍이 휘몰아쳤다. 수많은 사람들이 체포되어 유죄 판결을 받았다.

간디는 저항 활동의 또 다른 방법으로 '물레 운동'을 시작했다. 물레를 이용해 각자의 집에서 직물을 생산하자고 간디는 전국을 다니며 호소했다. 이는 영국산 직물에 대한 불매운동이었다. 간디 자신이 본보기를 보였다. 젊은 시절 영국 양복을 즐겨 입었던 그가 이 무렵부터는 도티Dhoti(얇은 면으로 된 긴 천을 몸에 걸친 채 허리 부분에 매듭을 짓고, 바지처럼 다리 주위를 감싼 인도 전통의상)를 입고 다녔다. 그리고 손재주가 없다는 아내의 타박을 들으면서도 틈만 나면 물레를 돌렸다. 물레 운동은 영국산 직물 수입에 맞서기 위해 시작된 것이지만, 가난한 인도인들에게는 좋은 부수입원이 되기도 했다.

그 당시 상황을 간디는 이렇게 회상한 바 있다. "인도에는 70여만 개의 마을이 있었는데, 그중 대부분이 굶어 죽을 위기에 처해 있었다. 1년 중 6개월은 일거리가 없었기 때문이다. 부업 같은 것이 꼭 필요한 상황이었으므로 손으로 물레를 돌려 옷감을 짜는 게 좋은 부업거리가 되었다." 1921년 7월 31일 봄베이에서 간디는 수입 의복에 불을 지르며, 외국 직물 불매 운동을 벌였다. 증오심 때문에 그렇게 했던 것이 아니라, 인도인의 단결, 외세의 지시에 대한 거부, 자립의지를 보여 주기 위해 그렇게 했던 것이다.

간디는 모자와 셔츠도 이용하지 않았다. 너무 가난해서 이런 외국 의류를 구입할 수 없는 인도인들이 수백만 명이나 된다는 것을 그는 잘 알고 있었다. 그는 삭발을 했고, 직접 염색한 무명천으로 허리를 감싼 다음, 직접 물레를 돌려 짠 천을 그 위에 걸친 옷차림으로 다녔다.

간디는 물레를 인도 독립의 상징으로 만들었다. 이 운동을 통해 그는 인도인들을 평화로운 저항으로 이끌었다. 그의 제안에 따라 새로운 '독립 깃발'도 제작되었다. 평화, 순수 그리고 인도 내 모든 종교의 통일을 상징하는 백색, 녹색, 홍색 위에 물레를 그려 넣은 깃발이었다.

영국 관리들의 입장에서 보았을 때 간디는 이제 너무 튀는 존재였다. 1922년 3월 10일 그는 경찰에 연행되었고, 3월 18일 아메다바드에서 역사적인 재판이 열렸다. 이 재판에서 (본인의 진술대로라면) 농부이자 방직공인 53세의 피고 모한다스 카람찬드 간디가 직접 변론에 나섰고, 다음과 같이 자신의 유죄를 인정했다. "나는 세상의 그 어떤 정부보다 훨씬 더 큰 피해를 인도에 입힌 영국 정부에 복종하지 않은 것을 자랑스럽게 생각합니다. (…) 나는 자비를 구하지 않습니다. 법정이 내릴 수 있는 최고 형량을 선고해 줄 것을 요청합니다. 나는 그것을 기쁘게 받아들이기 위해 이 자리에 섰습니다. 법의 관점에서는 나의 행위가 고의적인 범죄로 판단되겠지만, 나는 국민에게 주어진 가장 고귀한 의무를 다했을 뿐입니다." 간디는 6년 형을 선고받았지만, 1924년 2월 5일 조기 석방되었다. 공식적으로는 건강상의 이유를 들었지만, 실제로는 간디가 없는 동안에도 계속된 소요사태가 점점 더 폭력적으로 바뀌었기 때문이었다. 폭력을 다시 제어하기 위해 영국은 간디가 필요했던 것이다.

실제로 간디는 다시 비폭력 저항운동을 이끌어 냈다. 그렇다고 해서 인도의 독립 투쟁이 약화된 것은 아니었다. 1929년 12월 31일 간디가 주축이 되어 작성한 독립선언서가 완성되었다. 전국 곳곳에 수많은 인도인들이 모여 엄숙한 분위기 속에서 다음과 같이 선서했다. "우리는 다른 민족들과 마찬가지로 자유롭게 사는 것이 양도 불가능한 인도인의 권리라고 믿는다. (…) 우리는 우리에게 불행을 안겨 준 자들의 지배에 굴복하는 것이 신과 인간에 대한 범죄라고 생각한다."

간디는 다른 11가지 사안에 대해서도 성명서를 발표했는데, 여기에는 알코올의 전면 금지, 토지세와 국방비 경감, 국민들의 삶에 필수불가결한 소금에 대한 과세 폐지 같은 요구가 담겼다. 이 성명서에서 간디는 "공기와 물을 제외하면 인간의 삶에 가장 필요한 것은 아마도 소금일 것이다."라고 적고 있다.

대규모 독립운동이 일어날 것으로 예상했던 영국 정부는 간디가 소금세와 같이 극히 사소한 것으로 독립운동을 벌이는 것을 보고 몹시 놀라워했다. 소금세는 인도에서 각종 향료와 차, 그 밖의 다른 사치품들을 선적하고 영국으로 출항한 배가 빈 배로 되돌아오지 않도록 영국산 소금을 실어 나르면서 신설된 세제였다. 그렇게 소금을 인도에서 팔기 위해 인도산 소금에 세금을 붙여 값을 비싸게 만든 것이다. 소금세에 대한 항의 시위가 예고된 시점에는 이미 영국산 소금이 거의 들어오지 않았지만, 소금세는 폐지되지 않고 있었다. 어렵지 않게 세수를 확보할 수 있었기 때문이다. 그러나 이 세금이 인도인들에게는 치명적이었다. 간디는 소금세 때문에 인도인들이 얼마나 큰 고통을 받고 있는지를 영국 정부에 보여 주려고 했다. 당시 소금세를 납부하려면 인도인 근로자가 사흘을 꼬박 일해야만 했다.

영국의 입장에서 볼 때 소금세 폐지는 체면을 잃지 않으면서 받아들일 수 있는 요구사항이었다. 재정 감소도 그리 큰 문제가 되지 않을 정도였다. 그러나 식민지 정부는 이 요구를 거절했다. 아마도 상황을 완전히 오판했던 것 같다. 인도인들이 소금세와 같이 사소한 일로 시위를 벌이다 보면, 더 큰 목표를 위해 공개적으로 나서 투쟁할 힘이 떨어지게 될 것으로 영국은 생각했던 것 같다. 영국은 또 인도가 절대 독립하지 못할 것이라는 것을 인도인들이 은연중에 믿고 있다고 생각했던 것 같다. 영국인들이 간디의 생각을 여전히 제대로 간파하지 못하고 있었던 것이다.

그래서 영국은 1930년 3월 11일 간디가 아메다바드에서 그 유명한 소금 행진을 벌이는 것을 방관했다. 간디는 뜻을 같이하는 추종자들과 함께 전 세계 언론의 관심을 받으며 24일간 385킬로미터를 행진했다. 그가 가는 길마다 많은 사람들이 나와 환호했다. 그제야 영국은 긴장하기 시작했다. 간디가 행진을 계속할수록 더 많은 사람들이 행진에 참여했고, 영국은 점점 더 불안해졌다. 그러나 이미 어떻게 손을 쓸 수 있는 상황이 아니었다.

61세의 간디가 빠른 발걸음으로 당당하게 앞장서서 걸었다. 그는 이 시위의 성공을 믿었으며, 투쟁의 정당성에 대해서도 확신하고 있었다. 그는 날마다 16킬로미터씩 걸었다. 행진하는 동안 그는 금주, 조혼제도 폐지, 물레로 옷감 짜기, 수작업의 가치, 불복종의 의무와 같은 여러 관심사에 대해서도 자신의 의견을 개진했다. 또한 카스트의 어느 계층에도 속하지 않는 사람들을 '신의 자식'이라 부르며, 관심을 보였다.

1930년 4월 간디는 목적지인 아라비아 해의 단디Dandi에 도착했다. 다음 날 그는 해변에서 그를 에워싼 수많은 사람들에게 소금 행진의 의미를 설명한 후 바다 쪽으로 갔다. 그런 다음 해변가에 엉겨 있는 소금을 높이 들고, 이렇게 하면 돈을 안 내고도 소금을 구할 수 있다고 말했다. 그다음 날부터 해변에서는 불법적인 소금 거래가 이루어졌고, 시중에서는 영국 소금 불매운동이 일어났다. 이는 곧 다른 상품에 대한 불매운동으로 번져 나갔다.

이제 시민 불복종 운동은 인도 전역으로 퍼져 나갔고, 인도인들은 곳곳에서 시위를 벌였다. 경찰은 시위 가담자들을 무더기로 검거했다. 무력을 동원해 제염용 소금가마를 부수었고, 무자비한 진압작전을 펼쳤다. 6만 명의 정치범들로 교도소는 만원이 되었다. 그런데도 사람들은 평화롭게 운동을 계속했다. 그러자 영국은 늘 해 오던 방식대로 간디와 그의 수많은 추종자들을 검거하였다. 하지만 불복종 운동은 멈추지 않았다.

1930년 5월 29일 사티아그라히들이 인간 사슬을 만들어 소금광산 다라사나로 행진했다. 이 소금광산을 평화적으로 점령하기 위해서였다. 당시 소금광산은 경찰이 경비를 서고 있었다. 인도인들은 경찰이 있는 곳으로 천천히 다가갔다. 시위대의 첫 줄이 손에 닿을 정도까지 오면 경찰은 그들에게 곤봉 세례를 퍼부었다. 남자들이 중상을 입고 바닥에 쓰러졌다. 사망자도 나왔다. 여자들은 부상자를 옆으로 끌고 가 상처를 치료해 주었다. 그러면 그다음 줄에 서 있던 시위대가 앞으로 걸어 나갔다. 한 줄씩 차례차례 아무 저항 없이 앞으로 나가 피범벅이 된 채 쓰러진 것이다. 영국은 이 소금광산을 지켜 냈지만, 그 대신 영국의 체면은 바닥에 떨어지게 되었다.

국제적인 언론매체들이 이 사건에 주목했고, 이들의 보도는 곧 전 세계로 퍼져 나갔다. 인도에 대한 영국의 지배력 상실은 이렇게 시작되었다.

이 사건 이후 한 영국 기자는 "이제 인도는 해방되었다."라는 전문電文을 본국으로 송신했다. 이는 이들처럼 경찰의 곤봉 세례 속에서도 용감하게 전진하는 사람들이라면, 이 세상 어떤 권력으로도 그 의지를 꺾을 수 없다는 것을 은유적으로 표현한 문장이었다. 하지만 인도가 법적으로 해방되기까지는 17년이 더 걸렸다. 인도는 1947년이 되어서야 영국으로부터 완전한 독립했다. 190년간 계속되었던 영국의 인도 식민지배가 막을 내린 것이다. 간디는 영국의 퇴각을 "대영제국이 한 일 중에서 가장 존경할 만한 일"이라고 칭찬했다.

독립 후 인도에서는 오랫동안 탄압받다가 어느 날 갑자기 자유를 얻게 된 사람들이 흔히 보이는 증상들이 그대로 나타났다. 인도인들은 자유로운 삶이 어떤 것인지를 몰랐기에 마침내 쟁취한 자유에 대해서도 어찌할 바를 몰라 했다. 영국 식민지 시절 인도에는 힌두교와 이슬람교가 — 표면적으로는 평화롭게 — 공존하고 있었다. 그러나 영국이 물러간 후에는 이 평화가 사라졌다. 양측 신도들은 서로 치고받고 싸우며 상대를 헐뜯었다. 많은 지역이 분쟁에 휩싸였고, 소수인 쪽은 전횡과 박해에 시달리게 되었다.

양측이 이성을 되찾도록 만들기 위해 간디는 필사적인 노력을 기울였다. 그는 단식투쟁을 하다가 사경을 헤매기도 했지만, 아무튼 양측의 휴전 합의를 이끌어 냈다. 하지만 휴전 약속은 캘커타에서만, 그것도 일시적으로만 지켜졌을 뿐이었다. 결국 힌두교를 믿는 인도와 이슬람교를 믿는 파키스탄으로 나라를 나누는 방법밖에 없었다. 이 분단으로 인해 역사상 가장 큰 규모의 집단 이주가 야기되었다. 2600만 명이 고향을 떠났고, 200만이 넘는 사람들이 목숨을 잃었다. 아직까지도 이 두 나라는 핵무기를 겨누며 서로를 적대시하고 있다.

간디는 양측을 화해시키기 위해 마지막까지 최선을 다했지만, 그로 인해 양측 극단론자들의 증오를 한 몸에 받게 되었다. 1948년 1월 30일 간디는 결국 힌두교 과격신자 나투람 고드세가 쏜 총에 맞아 사망했다.

인도의 독립이라는 간디의 큰 목표는 달성되었다. 하지만 그가 진정으로 원했던 목표는 이루어지지 않았다. 그가 꿈꾸었던 것은 가장 가난한 사람도 소속감을 느끼고, 그래서 나라가 나아가고자 하는 방향을 결정하는 데도 함께 참여하는 인도, 상하 계급 구분이 따로 없는 인도, 모든 종교 공동체가 조화롭게 살아가는 인도였다. 그러나 그가 사망할 무렵에도 이 목표는 여전히 요원한 것이었다.

간디는 종교적 가르침을 토대로 나라가 운영되기를 바랐던 종교인이었다. 그는 다른 나라들과는 다른, 영성靈性 가득한 특별한 나라를 꿈꾸었다. 그러나 인도는 다른 나라들과 똑같은 나라가 되었다. 간디의 꿈은 세속 자본주의의 힘 앞에서 무참히 무너졌고, 인도는 간디의 죽음 이후 그의 꿈으로부터 점점 더 멀어져 오늘에 이르고 있다.

기술과 근대화를 정말 싫어했던 간디는 타자기보다는 연필을 선호했고, 멋진 양복보다는 무명천을 더 좋아했다. 또 굴뚝으로 연기를 뿜어내는 공장보다는 쟁기로 이랑을 파 놓은 들판을 더 사랑했다. 하지만 그의 친구이자 제자였던 네루는 경제와 기술을 중시하며 인도를 근대화의 길로 이끌었다.

독립된 인도에서 고위 관료로 일했던 어느 인사는 현재 자본주의 국가로 변신 중인 인도에 대해 이렇게 말한 바 있다. "현대의 기술과 돈 그리고 권력의 빛이 너무 눈부셔서 누구도, 그 어느 누구도 이를 거부할 수 없다. 아직도 작은 공동체 속에서 살아가는 소박한 삶의 가치를 믿는 소수의 간디 추종자들은 대부분 정신이 이상한 사람들이다."

이런 이유에서 오늘날 많은 인도인들은 간디를 기억하는 것에 대해 불편해한다. 이제 현대화된 인도는 간디의 그늘에서 벗어나기 위해 그를 국가 위인의 지위에서 끌어내리고, 그의 업적도 평가절하하는 경향을 보이기도 한다. 그러다 보니 인도의 독립에 그가 기여가 바가 별로 없었다는 말도 나오게 되는 것이다. 제2차 세계대전 후 영국이 식민지 인도에 계속 주둔할 형편이 못 되었기 때문에 간디가 없었더라도 인도는 조만간 독립하게 되었을 것이라는 말이다. 인도를 독립시킨 사람은 간디가 아니라, 히틀러였고 주장하는 사람도 있다. 간디의 투쟁으로 영국이 약해진 것이 아니라, 히틀러의 전쟁이 영국을 그렇게 만들었다는 논리다.

만약 간디가 아직 살아 있었더라면 그는 인도인들의 생활방식을 강하게 비판했을 것이다. 인도인들은 그것을 알고 있거나, 적어도 짐작은 하고 있기에 간디의 삶에 어떤 잘못은 없었는지를 파헤치려고 한다. 그의 수동적인 저항을 비판하려고 그의 약점이나 모순적인 행적 등을 찾아 트집을 잡으려는 것이다. 비폭력 투쟁이 영국에 맞서 싸울 때는 효과가 있었지만 히틀러에게는 먹히지 않았을 것이라고 간디 스스로도 노년에 인정한 바 있다.

시인 사로지니 나이두의 말도 즐겨 인용된다. 그는 이렇게 말했다. "간디가 청빈한 삶을 살아갈 수 있도록 이 나라는 엄청난 비용을 지불했다." 실제로 간디는 추종자들의 후원금으로 살았다. 재력이 좋은 후원자들은 재정 자립을 하지 못한 아쉬람에서 실험적인 삶을 살아가는 간디와, 그 숫자가 점점 많아진 간디의 추종자들에게 자금을 대어 줬다. '간쉬암 다스 미를라' 같은 대기업의 전폭적인 지원이 없었다면 청빈한 삶을 지향하던 간디는 아쉬람을 운영하기 어려웠을 것이다.

그리고 간디 역시 권위적이고 독단적이고, 종종 집착하는 태도를 보이지는 않았던가? 간디는 자신에게 그 어떤 비판도 가하지 않는 젊은이들에 둘러싸인 섬 같은 아쉬람에서 영적 지도자처럼 사는 것을 좋아했다. 그의 친구였던 자와할랄 네루도 사람들이 간디와 대화를 나눌 때 마치 벽을 보고 말하는 것 같은 느낌이 들었다고 했다. 자기 생각에 대한 확신이 너무 컸던 간디가 다른 것들은 다 시시하게 생각했기 때문이었다.

그러나 간디에 대한 그런 정당한 비판이 정말로 '마하트마'를 더 작고 초라하게 만들까? 간디는 과거에도 그랬고, 지금도 우리에게 낯설다. 세상의 현실주의자들이 그를 정신이상자라고 부르는 것도 우리는 이해할 수 있다. 하지만 세상 모든 사람들이 미국적 생활방식으로 살아도 이 지구가 지탱해 줄 거라는 상상 속에 살고 있는 정신이상자(혹은 현실주의자)는 또 얼마나 많은가? 23억 명에 달하는 인도인과 중국인들이 전부 다 유럽인이나 미국인처럼 에너지, 원자재, 식료품을 소비한다면 머지않아 인류는 멸망할 것이다.

간디는 아시아인, 유럽인, 미국인들을 향해 삶을 바꾸어야 한다고 역설했다. 그들은 아마도 에너지 대재앙 같은 것이 닥쳐야 어쩔 수 없이 그의 말을 따를 것이다. 그런 상황이 오면 간디는 인류가 배출한 몇 안 되는 현실주의자 중 한 사람으로 추앙받게 될 것이다.

용기를 낸 사람들
여덟 번째 만남

# 농부의 딸이 큰일을 해내다 | 왕가리 마타이 *Wangari Maathai*

1940년 케냐에서 태어남 • 1964년 미국 마운트 세인트 스콜라스티카 대학교에서 생물학 전공 • 1966년 미국 피츠버그 대학교에서 생물학 석사학위 취득 • 1971년 나이로비 대학교에서 케냐 출신 여성으로는 최초로 수의학 박사학위 취득 • 1976~1977년 동물 해부 연구소에서 연구원으로 근무 • 1976~1987년 케냐의 여성단체 협의회에서 활동, 의장을 역임하기도 함 • 1986년 '아프리카 그린벨트 운동' 창시 • 2002년 케냐 국회의원으로 당선됨. 이후 환경보호부 차관 역임 • 2004년 '아프리카 그린벨트 네트워크' 활동으로 노벨상을 수상 • 2005년 『타임』지에서 발표한 '세계에서 가장 영향력 있는 인물 100인'에 선정됨. 세계 여러 나라에서 명예박사학위를 받음 • 2011년 난소암으로 사망*

* 왕가리 마타이는 이 책의 원서가 출간된 해인 2008년 이후 사망하였다. 따라서 이 내용은 옮긴이가 추가한 것이다.

*
**

사람은 누구나 자신의 행복을 만들어 내는 대장장이다. 성공하여 행복을 누리고 있는 사람 대부분이 그렇게 말한다. 이들은 자신들의 성공 요인을 자기 내부에서 찾는다. 특유의 근면함, 성실함, 재능 덕분에 성공할 수 있었다는 것이다. 물론 이들조차도 아주 약간의 행운은 필요하며, 그것이 없었다면 성공하지 못했을 것이라고 흔쾌히 인정한다. 그러나 이것 역시 '성실한 자에게 주어진 행운'이며, 결과적으로는 스스로 일군 것이라고 생각한다.

그렇다면 이들이 '스스로 일군 것'이라고 믿는 이 행복은 도대체 어디서 온 걸까? 그것은 부모, 물려받은 유전자, 친척과 지인, 형제, 놀이터에서 모래를 갖고 함께 놀던 어린 시절의 친구들, 유모, 보모, 교사, 성직자, 동창, 교수, 친구와 적을 통해 만들어진 것이다. 또한 책, 영화, 신문기사, 상보적 혹은 도저히 파악할 수 없는 방법으로 영향을 미친 수많은 것들을 통해 만들어진 것이다. 어떤 책을 읽고 어떤 영화를 볼 것인지, 어떤 음악회에 가고 어떤 연극을 볼 것인지에 대한 결정은, 자기가 아무런 영향을 끼칠 수 없는 그 이전 역사의 결과물이다. 그것은 아동기나 청소년기에 참여하거나 참여하지 않았던 일들의 결과로 나타난 것이다. 그러므로 '스스로 일군 것'은 대부분 빌려 온 것, 선물받은 것, 우연히 얻게 된 것, 자기도 모르게 자기 안에 남아 있거나 혹은 제한되고 있는 것들이다.

후일 무언가가 되려고 할 때, 자기 스스로 결정할 수 있는 부분은 사람들이 생각하는 것보다 훨씬 적다. 케냐의 어느 시골에서 태어났느냐, 아니면 뮌헨의 그린발트·함부르크의 엘베 강변·빌헬름스부르크를 마주 보는 곳에 위치한 어느 고급주택에서 태어났느냐가 훨씬 더 결정적인 요인이 된다. 구舊 서독 바이에른의 호프와 구舊 동독 플라우엔 사이의 거리 35킬로미터는 1945년과 1990년 사이에 그곳에서 태어난 사람들을 완전히 다른 삶을 살게 했다. 두 도시 사이에는 45년간이나 철의 장막이 펼쳐져 있었기 때문이다.

중요한, 그리고 운명적인 결정은 우리가 우리에게 주어진 운명을 받아들이기 전에 이미 내려져 있다. 이것만으로도 어떤 사람은 민주주의 국가에서, 또 어떤 사람은 독재정권 속에서 살며 자신의 행복을 추구해야 하는 것이다. 이뿐만이 아니다. 이러한 추구를 어제 했는지, 20년 전 혹은 40년 전에 했는지, 아니면 전쟁 중에 했는지, 또는 평화로운 세상에서 백인 남성으로 살아가면서 했는지, 흑인 여성으로 살면서 했는지에 따라서도 그 결과는 크게 달라질 수 있다. 또한 어렸을 때 사랑을 많이 받고 자랐는지, 아니면 미움을 받거나 무시당하며 자랐는지에 따라서도 차이가 난다. 같은 맥락에서 신체적으로나 정신적으로 든든한 지원을 받았는지, 아니면 제대로 된 지원을 받지 못했는지에 따라서도 차이가 남은 자명한 사실이다.

어떤 사람이 행운을 타고났다고 말하려면 여러 가지가 잘 맞아떨어져야 한다. 그러나 사람이 살면서 필요한 것들이 모두 다 갖춰져 있는 경우는 극히 드물다. 설령 우리가 스스로의 노력으로 행운을 찾았다고 해도, 그것은 여러 측면이 결핍된 하나의 단면일 뿐이고, 그래서 아주 잠깐 동안 우리 곁에 머무는 무상한 것일 뿐이다. 당장 내일 사고나 질병, 이별 혹은 갑작스러운 죽음으로 행운이 사라질 수도 있는 것이다. 물론 재앙처럼 느껴졌던 그런 불운한 사건이 후일 아픔을 치유하는 좋은 약이 되거나, 인생의 전환점을 만들어 주는 계기가 되기도 한다.

우리 자신이 아니라 우연이 우리의 운명을 결정짓는다는 것이 옳은 해석이라면, 우연에 의해 발생한 많은 것들을 자신이 이루어 낸 업적으로 둔갑시켜 지나치게 자랑스러워하거나, 성과의 가장 큰 열매를 독차지할 권리가 자신에게 있다고 주장하지는 말아야 한다. 운이 좋아 여러 혜택을 받은 사람은 자신에게 주어진 행운에 감사해야 하고, 혜택을 덜 받은 사람에게 그것을 나눠 줘야 한다. 그렇게 자기 몫의 행운이라고 이름 지어 놓은 케이크에서 몇 조각을 잘라 주어도, 본인에게는 남들보다 더 많은 것이 남아 있다. 많은 혜택을 받은 사람이 그렇지 못한 사람에게 자신이 가진 것의 상당 부분을 나눠 주는 사회가, 그렇게 하는 것이 상대를 나약하게 만들까 두려워 아무것도 나눠 주지 않는 사회, 그래서 결국 도움이 꼭 필요한 사람조차 혜택을 받지 못하는 사회보다 훨씬 낫다.

그런데 사실 이런 경우는 드물다. 가장 힘이 센 사람은 자기가 큰 조각을 차지하는 게 당연하다고 생각하고, 실제로 그렇게 한다. 이런 사람은 자신이 거머쥔 행운을 자기가 이루어 낸 업적이라고 생각하므로 남에게 감사한 마음을 갖거나, 자기보다 운이 없는 사람들을 생각하거나, 자신의 것 일부를 남에게 떼어 줄 생각을 하지 않는다.

그런데 아주 드물지만 그래도 간간이 이런 규칙이 깨어질 때도 있다. 그럴 때면 대개 뭔가 새롭고 놀라운 일이 벌어진다. 1940년에 케냐의 고원에서 태어난 한 소녀를 예로 들 수 있다. 딸에게 왕가리라는 이름을 지어 준 소녀의 부모는 그녀가 성장하여 부모나 다른 형제들과는 전혀 다른 삶을 살게 되리라는 것을 전혀 예상하지 못했다. 우연찮게 몇 가지 결정적인 일들이 생겨, 소녀는 아프리카에서 처음으로 학위(1966년)를 받은 여성이 되었다. 그녀는 아프리카에 있는 대학(나이로비 대학교) 연구소의 책임자와, 케냐 정부에 입각入閣해 환경보호부 차관을 역임한 최초의 여성이었다. 그녀는 전기나 수도 같은 기본적인 시설이 전혀 갖춰지지 않은 움막에서 자라나 세계적으로 유명한 환경운동가가 되었고, 64세 때 아프리카 여성 최초로 노벨평화상을 받았다.

그녀의 부모는 키부유Kibuyu 부족 출신으로 염소와 양, 소를 기르던 소작농이었다. 당시 대부분의 토지는 영국에서 건너온 백인 이주민들의 소유였다. 그 무렵 케냐는 대영제국의 식민지로 런던의 통제를 받고 있었다.

그녀가 살던 마을 이히테Ihithe는 숲이 울창하고, 땅이 비옥해 곡식들이 잘 자랐다. 북쪽으로는 아프리카에서 두 번째로 높은 케냐 산Mount Kenya이 보였다. 해발 5000미터가 넘는 이 산은 적도 근처에 있지만 늘 눈으로 뒤덮여 있었다. 그녀의 부모는 유럽인 옷차림을 하고 다녔지만 그녀가 거의 기억하지 못하는 할아버지는 생전에 염소 가죽을 몸에 걸치고, 바닥까지 끌리는 담요를 어깨에 짊어지고 다녔다.

왕가리 마타이Wangari Maathai는 아버지를 거의 보지 못하고 자랐다. 다른 부인과 자식들도 있었던 아버지가 집에 거의 들어오지 않은 탓도 있지만, 어차피 딸은 어머니가 기르도록 되어 있었다. 그는 당시 많은 남성들처럼 마을에서 한참 떨어진 곳에 있는 백인 이주민들의 농장에서 힘들게 일했는데, 벌이는 영국 정부가 부과하는 세금을 겨우 낼 정도였다.

왕가리의 아버지는 케냐의 리프트밸리Rift Valley 주의 주도인 나쿠루Nakuru에서 150킬로미터 떨어진 곳에서, 훗날 왕가리의 표현처럼 노예보다 약간 나은 처지로 살았다. 나중에 그녀도 어머니와 함께 그곳으로 이사를 갔지만, 아버지는 거의 보지 못하고 살았다. 아버지는 백인 농장주 네일란Neylan이 시키는 일을 처리하기에 급급했고, 다른 아내와 자식들도 돌봐야 했다.

1940년에 태어난 흑인 아프리카인으로, 반쯤은 노예의 딸이었던 그녀의 삶은 그곳에서는 거의 표준에 가까웠다. 이런 조건을 가진 딸은 통상 어머니의 일을 돕고, 같은 마을이나 이웃 마을에 사는 남자와 결혼해 자식을 낳고, 여러 명의 부인을 둔 남편에게 복종하며, 끝없이 일하지만 겨우 입에 풀칠할 정도로 가난하게 살았다. 그나마 폭력에 희생되지 않고 늙을 때까지 사는 것이 큰 복이었다.

왕가리의 경우에는 보통 사람들과는 다른 이유에서 운이 좋았다. 살고 있던 움막에 텔레비전이나 라디오 같은 신문물이 없어 그녀는 어른들이 하는 대화를 엿듣거나, 사람들이 들려주는 이야기에 귀를 기울여야만 했다. 재미있는 이야기, 가족의 과거사, 동화나 전설 같은 것들 말이다. 그녀는 상상력을 동원해 그렇게 전해 들은 이야기들을 머릿속에 그려 보고, 이야기의 맥락을 스스로 이어 갔으며, 나중에 뒷이야기를 들으면 앞서 들었던 이야기를 기억해 내 연결하곤 했다.

어머니와 많은 시간을 보낸 왕가리는 어머니의 말을 들으며 어머니와 많은 이야기를 나누었고, 어머니의 일을 도우면서 자신에게 부여된 과제에 집중하는 법을 배웠다. 그리고 여가 시간은 주로 자연에서 보냈다. 자기가 맡은 구역의 곡식을 정성 들여 키우고, 관찰하고, 돌보고, 수확했다. 어쩌다 혼자가 되어 심심해지면 무료함을 달래기 위해 공상을 하거나, 아니면 다른 무언가를 해야만 했다. 그럴 때면 왕가리는 어른들에게 들은 이야기를 다른 아이들에게 이야기해 주었는데, 그런 과정을 통해 그녀의 학습 능력이 향상되었다.

오늘날 유럽에서는 아이가 어른들의 이야기를 듣기란 거의 불가능하다. 부모는 낮에 일을 하러 나가고, 조부모와 친척들은 대개 먼 곳에 살며, 친척들이 모이는 경우도 드물기 때문이다. 전에는 아이들이 많아서 집 밖에만 나가면 다른 아이들을 만날 수 있었지만, 요즘은 숫자도 적은 데다 그나마 도시 곳곳에 흩어져 살고 있다. 길에는 자동차들만 다닐 뿐이다.

요즘 아이들은 자연에서 시간을 거의 보내지 않는다. 대부분의 아이들은 어른들이 이야기를 해 주거나 책을 읽어 주면 가만히 듣는 경우가 드물다. 심심하면 텔레비전을 보거나 컴퓨터를 만지거나 게임을 한다. 또는 귀에 이어폰을 꽂고 음악을 듣는다. 낮에는 같이 이야기를 나눌 사람이 없고, 저녁이 되어서도 가족 간의 대화는 거의 없다. 각자 자기 방에서 텔레비전을 보기 바쁘기 때문이다. 아이들은 학교에서 수업을 듣는 것을 무척 힘들어한다. 언어발달이 뒤처져 있고, 책을 읽지 않아 집중력도 떨어지기 때문이다.

그렇게 보면 왕가리는 전기 시설이나 신문물이 없는, 우리가 흔히 말하는 '미개발'된 가난한 나라에서 자란 것이 큰 행운이었다고 볼 수 있다. 더구나 그녀의 부모가 기독교도였었던 것이 그녀에게 매우 유리한 환경을 제공했다. 당시 백인 선교사들이 이미 오래전부터 그곳에 들어와 있었지만, 모든 사람이 세례를 받은 것은 아니었다. 그러나 기독교를 믿는 사람들은 적어도 자기 자식을 학교에는 보냈다. 사실 왕가리의 집에서 왕가리를 학교에 보낼 필요가 있다고 느끼는 사람은 아무도 없었다. 계집아이였기 때문이다. 그런데 어느 날 그녀의 큰오빠가 지나가는 말로, 왕가리를 왜 학교에 보내지 않느냐고 물었다. 그러자 왕가리의 어머니가 무심결에 이렇게 말했다. "글쎄, 왜 안 보내고 있는 거지?"

아무리 생각해 보아도 왕가리를 학교에 보내지 않아야 할 합당한 이유를 찾을 수 없었기에 왕가리의 어머니는 왕가리를 장로교에서 운영하는 학교에 보냈다. 왕가리의 오빠와 사촌들도 그 학교에 다니고 있었다. 걸어서 다니기에는 학교가 너무 멀었으므로 왕가리는 어머니 곁을 떠나야만 했다. 그렇게 해서 왕가리는 두 오빠와 여러 사촌들이 모여 사는 삼촌네 집으로 갔다. 모두 한 가족 같은 분위기였다. 당시 사람들은 필요할 때 그렇게 서로 도와 가며 살았다.

오늘날까지도 왕가리 마타이는 자신이 특별히 운이 좋았다고 생각한다. 당시로서는 여자아이를 학교에 보내는 것이, 더구나 학비까지 내야 하는 상황에서 그렇게 하는 것이 당연한 일은 아니었다.

"어머니는 집에 그럴 돈도 없고, 집에 두고 일을 시켜야 하는데, 무엇 때문에 여자를 학교에 보내느냐고 말할 수도 있었다."라고 왕가리는 회상했다. 그녀는 만약 어머니가 그때 다른 결정을 내렸더라면 자신의 삶이 어떻게 바뀌었을지 종종 자문해 본다고 했다.

그녀의 학력은 초등학교 졸업에서 멈추지 않았다. 그녀의 가족은 그녀를 가톨릭에서 운영하는 중학교에 진학시켰고, 그 뒤에는 아일랜드인 수녀가 교장으로 있던 고등학교까지 보내 주었다. 그때가 1956년이었다. 1956년이면 독일에서조차 많은 부모들이 이렇게 말하던 시절이었다. "여자는 결혼해서 살림하고 아이들을 기르면 그만인데, 대학은 왜 가고, 직업학교에는 왜 가느냐?"

당시 16살이던 왕가리는 성적이 우수한 학생이었다. 3년 후인 1959년 그녀는 전교 1등으로 고등학교를 졸업했는데, 그것은 엄청난 행운이었다. 그녀는 가장 좋은 시점에 고등학교 졸업장을 받았던 것이다. 그 무렵 케냐는 아프리카의 다른 식민지들처럼 독립을 준비하고 있었고, 영국인들이 하던 일을 맡아서 처리할 능력 있는 자국민들이 많이 필요했다. 1957년 케냐 역사상 처음으로 선거가 실시되었고, 케냐아프리카민족연합 의장이던 조모 케냐타Jomo Kenyatta의 영도 아래 최초의 케냐 임시정부가 구성되었다. 그리고 이 정부는 곧 미국이 젊은 케냐 학생들을 받아 줄 수 있는지를 타진했다.

미국의 대답은 긍정적이었고, 왕가리는 그 기회를 놓치지 않았다. 그렇게 해서 그녀는 1960년 생물학을 공부하기 위해 미국으로 갔고, 그곳에서 전혀 다른 세상을 만났다. 당시 미국은 여전히 인종차별 국가였지만, 점점 변화하고 있는 중이었다. 젊고, 카리스마 넘치는 존 F. 케네디가 막 대통령으로 당선되어 출발 직전의 들뜬 분위기를 걱정할 때였고, 마틴 루터 킹이 공민권 운동을 이끌고 있을 때였다. 왕가리는 4년 반 동안의 학업을 마치고 미국을 떠날 무렵, 자유를 위한 새로운 운동이 태동하는 것을 확인할 수 있었다. 바로 여권 신장 운동이었다.

자신감에 가득 찬 케냐로 돌아온 26살의 왕가리 마타이는 자신에 대해 이렇게 말했다. "오늘날의 나를 만들어 준 것은 미국이다. 기회가 왔을 때 그냥 지나쳐 버리지 말고, 할 수 있는 것들은 모두 다 해보라고 가르쳐 준 것이 바로 이 나라였다. 실제로 그렇게 해서 할 수 있는 일들이 꽤 많았다. 영혼의 자유 그리고 실제로 많은 것들이 실현 가능하다는 확신은 케냐에서도 그렇게 하고 싶다는 생각을 불러일으켰다." 자신감, 낙천주의, 그리고 행운에 감사하는 마음으로 그녀는 케냐를 위한 목표를 세웠다. "열심히 일하고, 가난한 사람들을 도와주고, 사회적 약자와 보호받지 못하는 사람들을 돌봐 주자." 대학교에서 자신이 공부한 생물학을 가르쳐 후학을 양성하겠다는 생각도 확고했다. 왕가리 마타이는 또 이렇게 말했다. "나는 가족을 다시 만나고, 내 가정도 꾸리고 싶었다."

그녀는 인생의 첫 25년 동안 승승장구했고, 곧 정상에 설 수 있을 거라고 자신만만해했다. 그러나 현실은 모든 것이 잘될 것이라는, 갓 대학을 졸업한 젊은 여성의 성급한 생각과는 달랐다. 그녀는 영국인들이 빠져나간 후 더욱 열악해진 환경 속에서 곧 매우 어려운 현실과 맞닥뜨리게 된다. 그녀는 앞으로 수십 년간이나 이어질 긴 투쟁에서 자신이 수많은 실패와 굴욕을 맛보게 될 것이며, 제대로 된 성공은 거두지 못하리라는 것을 처음에는 전혀 예상치 못했다. 그래도 그녀는 엄청나게 운이 좋은 편이었다.

만약 그녀가 1940년이 아니라 오늘날의 케냐에서 태어났다면 전혀 다른 인생을 살게 되었을 것이다. 지금은 좋은 학교에서 교육을 받고, 유럽이나 미국에 유학할 수 있는 기회가 40~60년 전보다 훨씬 줄어들었다. 현대에 태어났다면, 어쩌면 그녀는 난민으로 살고 있을지도 모르겠다. 2008년 1월 기준으로 약 30만 명의 케냐인들이 난민촌에서 살고 있다. 또 그 정도의 사람들이 친척이나 다른 곳을 찾아 피난을 떠났다. 케냐 산 주변에 있는 왕가리의 고향에서는 약 6만 명이 내전 비슷한 전쟁을 겪으며 고향을 떠났고, 약 1500명이 사망했다. 리프트밸리 주의 주도 나쿠루에서도 학살이 일어나, 많은 사람들이 리무루와 나이로비로 피난을 갔다. 어쩌면 왕가리는 이미 죽었거나, 납치되어 폭행이나 성폭력을 당하고 외국으로 끌려갔거나, 어린 군인이 되어 혹독한 훈련에 시달리고 있을지도 모르겠다. 오늘날의 아프리카에서는 어린이가 그런 운명을 짊어지고 사는 것이 그리 특별한 일이 아니다.

왕가리가 대학교에서 일을 시작했던 1966년 당시, 나이로비는 잘 가꾸어진 녹색 도시였다. 공원이 많았고 가난과 범죄는 없었던 나이로비 시내는 이제 빈민가가 되어 버렸다. 나무는 벌목되었고, 공원은 모두 망가졌다. 도시는 이제 푸른빛을 잃고 황폐화되었으며, 경찰조차 출입하기를 꺼리는 구역도 생겨났다. 나이로비의 빈민가는 인종 간 폭력의 온상이다.

왜 그렇게 변했을까? 그간 케냐에서 무슨 일이 생긴 것일까? 이 질문에 대한 답은 왕가리가 이곳에서 수십여 년의 세월을 보내는 동안 점점 분명해졌다. 그녀는 책이나 연구를 통해서가 아니라, 직접 체험하면서 그 답을 알게 되었다. 미국에서 막 돌아와 교수직을 시작하려고 기분 좋게 나이로비 대학교를 찾아갔을 때, 그녀는 처음으로 현실을 생생하게 맛보았다.

그녀가 임용되기로 한 자리가 없어진 것이다. 미국에 있던 그녀에게 편지를 보내 주었던 동물학과 교수는 그녀를 임용하기로 한 그 자리에 그사이 다른 사람이 채용되었다고 아무렇지도 않게 말했다.

그녀는 총장을 찾아가 항의하며, 서명까지 하였으니 약속을 지키라고 항의했지만 총장은 그 약속이 무의미하다고 말했다. 학장의 직인이 찍혀 있는 서식이 아니라, 동물학과라고만 적혀 있는 종이에 교수가 손으로 쓴 편지를 공식 문서로 인정할 수 없다는 것이 그 이유였다.

그것이 어설픈 변명이었음을 그녀는 나중에야 알게 되었다. 사실은 그녀가 여성이고, 다른 부족 출신이어서 그 자리를 차지하지 못한 것이었다. 왕가리의 자리에는 그녀에게 편지를 보냈던 교수와 같은 부족 출신의 남자가 임용되었다. 그때도 그랬지만, 케냐는 지금도 가부장적인 문화가 지배적인 다민족 국가다. 케냐의 국경선은 과거 영국인들이 그어 놓은 것인데, 이들은 당시 국경선 안에 살고 있던 45개의 부족들에 대해서는 아무 관심도 없었다. 케냐가 갖고 있는 대부분의 문제는 두 가지 요인에 의해 발생한다. 바로 가부장 제도와 45개의 부족이다. 왕가리 마타이는 살아가면서 이 두 문제와 계속 충돌해야만 했다.

왕가리는 쉽게 체념하거나 포기하지 않았다. 직장을 구하려고 사방을 수소문했다. 그렇게 몇 달이 지난 어느 날 그녀는 우연히 독일인 한 명을 만났다. 수의학연구소에 동물해부실을 새로 만들기 위해 나이로비에 온 기센 대학의 라인홀트 호프만 교수였다. 그는 이 일을 할 수 있는 조교를 찾고 있었는데, 미국에서 생물학을 공부한 왕가리는 조직분석과 현미경학에 대해 잘 알고 있었다.

이렇게 해서 왕가리는 결국 나이로비 대학교에 취업하게 되었다. 그녀의 연구실은, 애초 약속된 자리에 임용되었다면 그녀가 일하고 있었을 실험실 맞은편에 있었다. 창문을 통해 자기 동료가 될 뻔한 사람들을 지켜보며 그녀는 가끔씩, 동물학과 교수가 약속을 지키고 공정하게 행동했더라면 자신의 인생은 또 어떻게 풀렸을지 생각하곤 했었다고 한다.

만약 그렇게 되었다면 그녀는 독일에 가지 못했을 것이다. 호프만 교수는 곧 전자현미경을 여러 대 들여올 생각이었기에 그녀를 기센 대학으로 보냈다. 기센 대학에 가서 전자현미경에 관해 배우고, 대학원 공부도 하라는 것이었다. 그녀가 고등학교에서 독일어를 배워 두었던 것도 잘된 일이었다.

기센에 머무는 동안 그녀는 뮌헨을 알게 되었다. 공식적으로는 기센 대학교에 등록되어 있었지만, 대학원 공부와 전자현미경 때문에 자주 뮌헨에 가야 했던 왕가리는 독일에 머문 20개월 동안 기센보다는 뮌헨에서 더 많은 시간을 보냈다.

뮌헨에서 왕가리는 사투리 때문에 그곳 사람들이 쓰는 독일어를 이해하기가 어렵다는 것과, 바이에른 사람들이 자신들의 전통을 기독교와 잘 연계시키고 있다는 것을 알게 되었다. 그곳에서 바이에른의 전통과 기독교의 어우러짐은 단순히 허용되는 수준을 넘어 일상생활에서 너무도 잘 체화體化되어 있어서, 그러한 연계가 이상하다고 느껴지지 않았던 것이다. 너무나 자연스러워서 그곳의 기독교가 진정한 기독교이고, 다른 곳의 기독교는 기독교가 아니라는 생각이 들 정도였다.

반면 아프리카에 파견된 백인 선교사들은 아프리카 신도들이 기독교 신앙을 이교의 특성과 뒤섞어 오염시키지 않도록 각별히 신경을 썼다. 이는 어떤 종파 출신이든 간에 마찬가지였다. 그러다 보니 기독교 가치와 부합하지 않는다는 이유로 수많은 아프리카 문화들이 그 어떤 배려도 없이 무참히 파괴되었다. 하지만 이 무렵만 해도 왕가리는 그녀가 받은 기독교 교육으로 인해 전통 문화에 대해서 비판적인 시각을 갖고 있었다.

독일에서 다시 케냐로 돌아온 왕가리는 박사학위 논문을 준비하면서 일생에서 두 번째로 중요한 일을 진행했다. 독일에 가기 전부터 마음먹은 일, 바로 결혼해서 가정을 꾸리는 것이었다. 출국 전에 이미 결혼을 약속했던 남자는 왕가리의 독일 파견과 연구 때문에 결혼이 늦어지는 것을 별로 달가워하지 않았다.

귀국 후 모든 것이 빠르게 진행되었고, 왕가리는 교제 2년 만인 1969년 5월 망기 마타이와 결혼했다. 망기는 선하고, 신앙심이 깊은 미남이었다. 그는 미국에서 유학했으며, 후일 정치가로 변신하기 전까지 케냐의 여러 회사에서 일했다.

결혼에 대해 확실한 목표를 갖고 차근차근 준비했던 것처럼, 그는 정치가로서의 경력을 쌓을 때도 그렇게 했다. 신붓감도 선거 때 여러 사람들에게 내보일 수 있는 여자를 골랐다. 왕가리는 그의 선거 운동 때 그의 아내로서 자신이 해야 할 몫이 미리 정해져 있는 것을 알고는 몹시 놀랐다. 이는 남편을 위해 무조건 희생하라는 의미였기에 마음이 조금 불편했지만, 다른 한편으로는 정치가 어떻게 움직이는지 알 수 있는 좋은 기회였다.

선거권을 갖고 있는 국민들이 공부를 많이 한 여자, 여성의 권리에 대해 깨어 있는 여자, 유럽식이나 미국식으로 생각하는 여자를 별로 좋아하지 않는다는 것을 왕가리는 금세 파악했다. 아프리카 정치인의 부인은 아프리카인의 모습을 보여 주어야지, '검은 모자를 쓴 백인'처럼 행동해서는 안 되었다. 가능한 한 고학력을 전면에 내세우지 말고, 남편을 내조하는 부인의 모습만 보이는 게 바람직했다. 부엌에서 일하고, 손님들을 접대하고, 집안의 가장이 남편이라는 것을 확실히 보여 주어야 했다.

외국에서 공부한 케냐의 고위 정치인들이 집에서 영어를 쓰고, 서양식으로 옷을 입고, 유럽식 집을 지어서 살고, 서양의 기술과 학문에 관심을 보이면서도, 자신들처럼 외국에서 유학하고, 서양식 사고방식과 생활양식을 좋아하는 부인들에게는 아프리카 부인의 전형적인 모습만 강요하는 것을 보고 왕가리는 적잖이 놀랐다.

왕가리는 공개석상에서 남편을 내조하는 데 최선을 다했지만 선거 결과는 낙선이었다. 그녀의 남편은 근소한 표차로 의회에 입성하지 못하고, 1974년에 있을 다음 선거를 준비해야 했다. 그사이 왕가리는 첫아이를 낳았고, 동부와 중부아프리카 출신 여성 최초로 박사학위를 받았다. 그러나 그것은 크게 대단한 일이 아니었다. 어느 누구도 그것에 대해 특별한 의미를 두지 않았다. 그리고 그녀는 곧바로 둘째 아이를 낳았다.

대학교에서 일하던 왕가리의 머릿속에는 여자들이 남자들보다 훨씬 홀대받는다는 생각이 점점 커져 갔다. 남학생들은 마초처럼 굴었다. 여자가 남자보다 못한 대접을 받는다는 것은 같은 직장에서 일하는 남녀 간의 급여 차이를 보면 확실히 알 수 있었다. 남자들에게는 많은 혜택이 돌아갔다. 식민지 시절부터 그랬듯이 남자들에게는 숙소가 제공되었고, 의료보험료나 연금 혜택도 있었다. 휴가비도 받고, 자녀들의 학비는 무료였다. 원래는 영국의 젊은이들을 아프리카로 유인하기 위해 도입된 제도였는데, 독립된 이후에도 그대로 유지되었던 것이다.

이런 상황에 동의하기 어려웠던 왕가리는 여자 강사 한 명과 함께 여성들의 처우 개선을 요구하는 투쟁을 벌였지만, 결과는 실패였다. 그러나 두 사람은 포기하지 않고, 대학교 강사협회를 만들어 요구사항을 관철하려고 애썼다. 물론 아무 소용이 없었다. 그러자 왕가리는 강사협회를 노조로 바꾸었다. 하지만 이것 역시 도움이 되지 않았다.

그러나 자꾸 시끄러운 일이 발생하자 대학교에서는 이 두 사람만큼은 특별히 더 나은 조건으로 대우해 주겠다는 제안을 해 왔다.

만약 그 제안을 남자들에게 했다면, 그들이 원하는 대로 조용히 지나갈 수 있었을 것이다. 하지만 왕가리에게는 그것이 통하지 않았다. 그녀는 다른 여자들을 불러 모았고, 모두 힘을 합해 처우 개선을 위해 싸우자고 독려했다. 그러나 이마저도 헛수고였다. 여자들은 함께 움직이지 않았다. 그들의 남편들이 만류했기 때문이었다.

그렇게 해서 왕가리 마타이는 자신도 모르는 사이에 여권운동가로 낙인찍히게 되었다. 그런데 적절한 임금을 받기 위한 이 투쟁으로 혜택을 받은 사람은 결국 그녀의 남편이었다. 그녀는 상당한 액수의 보상금을 받았고, 집을 사는 데 그 돈을 썼는데, 그 집이 남편 명의로 등기되었던 것이다.

여권 신장을 위해 투쟁한 전력도 대학교에서 일하는 그녀의 경력에 아무런 손해를 입히지 못했다. 전문 분야에서 실력이 월등했기 때문이었다. 그녀는 수의학과의 동물해부실 책임자가 되었고, 나중에는 조교수로 임용되었다. 어떤 자리에 오르든 간에 그녀는 그 분야 최초의 여성이었다. 그래서 그녀가 학장이나 총장까지 할 것이라고 말하는 사람들이 많았다. 그녀도 그럴 자신이 있었지만, 실현되지는 않았다.

그 대신 그녀는 환경운동가가 되었는데, 이 또한 우연의 산물이었다. 그녀는 동물의 질병 가운데 진드기열에 관해 연구하고 있었다. 이 과정에서 그는 토착 동물들에게는 아무런 해를 입히지 않는 진드기열이 수입된 고가의 동물들에게는 치명상을 입힌다는 사실을 알아냈다. 그녀는 어느 날 나이로비 주변으로 진드기를 찾아 나섰는데, 그간 완전히 변해 버린 자연의 모습이 눈에 들어왔다. 그것은 그녀가 어렸을 때 보았던 자연이 아니었다. 강은 진흙투성이였다. 곡식을 기르는 데 아주 중요한 흙이 강물에 휩쓸려 떠내려온 것이다.

다른 것들도 함께 눈에 띄었다. 사실 비만 내리면 산사태가 난다는 것을 그녀는 이미 오래전부터 알고 있었다. 산에 물을 막아 줄 것이 하나도 없었기 때문이다. 숲에 있던 많은 나무들이 벌목되어 맨땅이 고스란히 드러났다. 커피와 차를 재배하기 위해 농장을 조성하고, 공장을 세우고, 땔감과 건축자재로 쓸 나무를 베어 갔기 때문이다. 땅에 뿌리를 깊게 내린 나무는 많은 물을 머금을 수 있어서 비가 내릴 때 흙이 휩쓸려 떠내려가지 않게 해 주는데, 그런 역할을 해 줄 나무가 없었던 것이다.

나무를 베어 내면서 숲에 사는 크고 작은 동물들이 사라졌고, 자연 생태계가 파괴되었다. 비가 내릴 때마다 지반이 침식되었고, 대지는 수분을 저장하지 못했다. 땅은 척박해질 수밖에 없었다. 나무가 없으니 그늘도 없고, 물도 금방 말랐다. 지하수의 수위가 점점 내려가고, 풀 한 포기 자라지 않는 땅이 넘쳐 났다. 먹일 풀이 부족해 소들이 마르고 병들었으며, 우유와 고기 생산량이 줄어들었다. 농부들은 비타민, 단백질, 무기질이 부족한 식빵, 옥수숫가루, 쌀 같은 수입 식료품을 사다 먹어야 했다. 사람들은 병들고 가난해졌다. 이 모든 것이 나무가 사라지고 숲이 파괴되었기 때문이다.

정부는 숲을 파괴하여 부富를 일구려 했다. 실제로 이렇게 하여 커피와 차, 공산품 같은 것들을 수출할 수 있었다. 정부는 그것으로 일자리를 만들 수 있다고 했고, 실제로 그렇게 되었다. 하지만 결과적으로 사람들은 더 빈곤해졌다. 전체적인 인과관계를 파악하지 못했기 때문이다.

자연과학자인 왕가리 마타이는 진드기를 찾아 나섰다가 남들보다 훨씬 일찍 그런 사태를 꿰뚫어 보았다. 그녀는 스스로에게 이렇게 말했다. “진드기 따위는 다른 사람들에게 찾아보라고 하자. 그것보다 훨씬 더 중요한 일이 있어. 나무를 심어야 해. 사라진 숲을 재건해야 해. 숲을 황폐하게 만드는 짓을 멈추게 만들어야 해.”

그녀는 다시 의욕적이고 낙천적인 태도로 일을 추진하기 시작했다. 상황을 파악해 좋은 아이디어를 내놓기는 쉽다. 그러나 그 아이디어를 현실화하는 일은 훨씬 어렵다. 황무지에 어떻게 여자 혼자 나무를 심을 것인가? 도대체 어디에다? 무슨 돈으로?

어쨌든 그녀는 이 일을 시작했다. 공개석상에 나가 자연의 연결고리에 대해 설명하고, 자비를 털어 묘목을 구입해 나눠 주고, 여자들에게, 특히 농촌에 사는 여자들에게 나무를 심으라고 권유했다. 그녀는 자기가 할 수 있는 일을 해 가면서 이런저런 시도를 했다. 그 과정에서 실수도 있었지만, 저항에 물러서지 않았고, 비협조 속에서도 용기를 잃지 않았으며, 전문가라는 사람들의 말에 기죽지도 않았다.

여자들이 나무를 심기 시작하자, 산림 전문가라는 사람들이 갑자기 나타나 자신들의 전문분야를 침범했다며 시비를 걸었다. 이런 일은 여자들이 할 수 없고 전문가가 해야 한다고 주장하며 그들은 땅의 경사도, 일조량, 묘목장의 깊이, 자갈의 혼합률, 토지의 특성, 적절한 도구 등에 대해 한참 동안 복잡하게 떠들었다.

여자들은 그 말을 듣는 둥 마는 둥 구덩이를 파고 묘목을 심고, 구덩이를 다시 메우고, 필요하면 물을 주었다. 그렇게 심은 나무들은 전문가들이 심은 나무들과 똑같이 자랐다. 그것으로 나무를 심는 데 전문자격증이 필요하지 않다는 것이 증명되었다.

대규모로 나무를 심어 숲을 다시 울창하게 만들려는 시도는 수십 년간 계속되었고, 그 일에 몰두하느라 왕가리 부부 사이에는 금이 갔다. 1975년 왕가리의 적극적인 내조로 국회의원에 당선된 왕가리의 남편은 어느 날 갑자기 아무 말도 없이 집을 나가 버렸다. 아마도 그는 왕가리가 늦어도 셋째 아이를 낳고 나면 부인으로서 해야 할 일을 할 것이라고 믿었던 것 같다. 그녀가 직장을 그만두고, 공개 활동을 자제하고, 남편을 내조하고, 가정에 충실하며, 자식을 키우는 일에만 열중하기를 원했던 것이다. 이 부부에게 잠재되어 있던 또 하나의 문제는 남편이 아니라 부인인 왕가리가 박사학위를 갖고 있다는 것이었다.

그러나 왕가리 마타이는 전통적인 부인의 역할로 되돌아갈 생각이 전혀 없었다. 그녀는 이미 공인이 되어 있었다. 그녀는 나무 심기 운동인 '그린벨트 운동'을 창시하였고, 케냐와 유엔의 여러 환경 단체와 여권운동 단체의 회원으로 활발한 활동을 펼치고 있었다. 사람들은 그녀의 남편이 부인을 통제하지 못한다며 수군댔다.

그들 부부의 이혼은 대중의 관심거리가 되었다. 부인이 '교육을 너무 많이 받았고, 고집이 세' 남편이 통제하기 어려웠을 거라는 기사가 신문에 났다. 당시 모이Moi 대통령이 이끄는 케냐 정부는 그녀의 이혼을 공개재판으로 만들었고, 모든 세부적인 사항들을 법정에서 다투도록 했다. 그 결과 마타이는 불륜을 저지른 여성으로 공개 낙인이 찍혔고, 세 아이들은 수년간 어머니를 외면했다.

그녀의 이혼 절차는 시대착오적인 이혼법에 의해 마무리되었다. 당시 케냐에서는 신체적 손상, 정신적 학대, 불륜이나 정신이상 등에 해당되어야 이혼이 가능했다. 그래서 그녀의 남편은 불륜과 남편의 신체 손상, 즉 그녀 때문에 고혈압이 생겼다고 그녀에게 누명을 씌웠다. 여론도 그녀에게 적대적이었다. 그녀가 자신을 변론하기 위해 내민 증거가 모두 그녀에게 불리하게 작용했다. 남성 위주의 사회에 대항했던 강인한 여성은 이제 온갖 비난에 시달리게 되었다. 신식, 고학력, 자립 여성에게 반감을 갖고 있던 사람들 모두 그녀에게 침을 뱉었다.

그러나 그녀는 절대 굴복하지 않았다. 이때의 상황에 대한 그녀의 소회는 이렇다. "나는 머리를 꼿꼿이 세우고, 어깨를 당당하게 펴고, 품위를 지키며 그 역경을 견뎌 내기로 결심했다. 이것을 통해 나는 모든 여성들에게 자기 자신을 자랑스러워하라고 말해 주고 싶었다. 또 자신의 교육, 성공, 재능에 대해 절대 후회하지 말라고 말해 주고 싶었다."

최악의 상황에서도 언제나 긍정적인 면을 찾는 그녀의 성격은 이번에도 도움이 되었다. 이혼 문제로 많이 시달리기는 했지만, 좋은 점도 있었다. 이제 그녀는 다시 자유로운 몸이 되어 어느 누구도 책임질 필요가 없어졌고, 연대감이 부족하고 예민한 남편 때문에 신경을 곤두세우지 않고 살 수 있게 되었다. 결국 그녀는 자신이 원했던 것을 다시 할 수 있게 되었다. 그러한 인생의 전환점이 없었다면 그녀는 과연 어떻게 살았을까? 그녀가 그냥 그대로 살았더라면 어떻게 되었을까? 이 질문에 대해 그녀는 이렇게 대답했다. "나는 내 자신의 길이 아닌 우리의 길을 갔을 거예요. 아무리 최악의 순간이 닥치더라도 새로운 기회는 항상 있으니까요."

케냐의 정치인들이 부패하고 무능했던 것이 그녀에게 오히려 기회가 되었다. 그녀는 케냐 야당의 스타로 떠올랐고, 권력자들은 계속 그의 길을 가로막았다. 그들은 그녀에게 시비를 걸었고, 그녀의 기를 꺾으려 했다. 그녀를 협박하고 체포하였으며, 폭력이 수반된 공격을 가했다. 모이 대통령은 정부 청사에 있던 '그린벨트 운동본부'를 내쫓았다. 그러자 왕가리는 자기 집에서 이 일을 계속했다. 모이 대통령이 체포 명령을 내렸을 때에는 한동안 숨어서 활동해야 했다. 모이 대통령은 약 2억 달러가 드는 새로운 당사를 우후루 공원에 건립하려 했다. 왕가리는 여기에 반기를 들었고, 영국의 언론재벌인 로버트 맥스웰을 포함한 외국인 투자자들로 하여금 투자 의사를 번복하게 만들었다.

그녀의 나무 심기 운동은 숲 재건 프로그램이라는 차원이나 환경보호 운동이라는 차원을 이미 오래전에 넘어섰고, 이제 새로운 사고, 저항, 민주주의, 환경보호와 여성권익 신장의 상징이 되었다. 그런 그녀가 1997년 대통령 선거 때 모이의 경쟁자로 후보등록을 한 것은 당연한 수순이었다. 그러나 그녀의 후보등록 신청을 선거위원회는 아무 근거도 없이 거부하였다.

대통령 후보등록을 하려면 직장에도 사표를 내야 했으므로 그녀는 교수직을 잃었다. 그리고 마치 그녀가 자기 발로 떠나기만을 기다리고 있었던 것처럼 그녀의 자리는 즉시 다른 사람으로 채워졌다. 결국 학교에 복귀하는 것도 불가능해졌다. 그렇게 되자 그녀는 직장도 없이 더욱 본격적으로 투쟁에 뛰어들었다. 모이는 그런 그녀를 '정신이상자'라고 부르기까지 했다.

그다음 번 선거에서는 분열되어 있던 야권이 단합해 부패를 일삼는 모이 대통령을 몰아내기로 의견이 모아졌다. 왕가리 마타이는 이러한 야권 단일화에 큰 기여를 했다. 2002년 선거에서 야권은 승리를 거뒀다.

므와이 키바키가 이끄는 새로운 정부에 거는 기대는 컸다. 키바키는 국민들의 신망이 두터운 사람이었다. 보사부 장관에는 사회민주당의 당수이자 부패에 맞서 싸우던 차리티 니길루가 임명되었고, 정무 장관에는 반부패 기구 '트랜스패런시 인터내셔널'을 케냐에서 가장 유명한 비정부 기구로 만든 존 기통고가 임명되었다. 그의 임무는 부패 방지의 파수꾼이 되는 것이었다.

왕가리 마타이는 환경보호부 차관으로 임명되었고, 2004년 노벨 평화상을 받았다. 반쯤은 노예나 다름없었던 집안 출신이었던 그녀가 최고의 자리까지 올라간 것이다.

그러나 케냐의 상황은 개선되지 않았다. 선거 전에는 새로운 정부의 각료들이 개헌을 통해 민주주의를 강화하고, 부패를 방지하며, 작은 경제 기적을 이루겠다고 약속했다. 하지만 새 정부가 들어선 지 2년 만에 케냐 주재 영국 대사 에드워드 클레이는 분통을 터뜨렸다. 그는 정부를 "뭐든지 먹어 치우는 식충이들, 너무 많이 먹어 마지막에는 토하기까지 하는 자들"이라고 공개적으로 비난했다. 클레이의 계산에 따르면 1억 5천만 유로가 정부 이양 후 2년 만에 흔적도 없이 사라졌다고 한다. 20년 이상 케냐를 통치했던 모이 대통령 시절에도 그런 식으로 사라진 금액은 8억 유로에 불과했다는 것이다. 부패하지 않은 각료를 찾아보기 어렵다고 클레이는 목청을 높였다.

클레이의 강력한 비난에 동의를 표시한 정부 각료는 왕가리뿐이었다. 클레이 대사는 유럽에서 거둬들인 세금이 아프리카에서 도둑맞고 있다고 강력하게 규탄했다.

케냐 정부는 이런 비난에도 아랑곳없이 반부패 기구를 해체하고, 기회가 닿는 대로 부정부패를 일삼았다. 모이 정권에서는 10년이 걸렸던 것이 키바키 정권에서는 단 1년밖에 걸리지 않는다고 어느 기자는 낙담하며 말했다.

환경 운동가이자 여권 운동가이며, 노벨평화상을 수상한 왕가리 마타이는 무엇을 했을까? 그녀는 직위에 부여된 권한을 넘어서 실질적인 문제에 더 집중하고 싶었다고 한다. 그녀는 자신에게 권한을 좀 더 달라고 요구했고, 장관의 결재가 날 때까지 기다리는 데 지쳤다고 하소연을 했다고 한다. 이는 정부 각료의 반란이었다. 그녀의 직속상관인 뉴튼 쿨룬두 역시 다른 사람들과 마찬가지로 부패한 각료였다.

정부에 대한 국민들의 반감이 팽배해진 가운데 2007년 12월 27일 키바키 정권의 재신임을 묻는 국민투표가 예고되었다. 그러나 부정선거의 조짐이 보였다. 키바키 대통령이 22명으로 구성된 선거위원회 위원 과반수를 자신이 직접 선출한 사람들로 채웠던 것이다.

당시 야당이 새로운 희망을 걸었던 지도자는 라일라 오딩가였다. 키바키가 권력을 이용해 선거 결과를 조작할 것이라는 의심 때문에 다수의 국제 선거감시단원들이 케냐에 입국했다.

실제로 선거 당일 나이로비에서 선거 참관인이 투표용지를 갖고 사라지는 등 불법적인 일이 여러 건 목격되었다. 상황이 이렇게 되자 선거 당일 밤에 결국 소요사태가 발생했다.

잠정집계에서는 라일라 오딩가가 과반수 이상의 득표로 당선될 것으로 예상되었는데, 2007년 12월 30일 케냐 선거위원회는 므와이 키바키의 승리를 발표하였다. 키바키가 오딩가보다 23만 표를 더 득표했다는 발표가 나왔지만, 아무도 그 말을 믿지 않았다. 유럽연합에서 온 선거 참관인들은 이 선거에서 수많은 불법행위들이 자행되었다고 보고했다. 중부의 어느 선거구에서는 투표한 사람 수가 선거권자의 115퍼센트에 달했다. 또 다른 선거구에서는 개표 결과 키바키가 약 5만 표를 얻은 것으로 집계되었는데, 나이로비의 선거위원회는 7만 5천 표가 나왔다고 발표했다.

원칙대로라면 키바키는 오딩가에게 대통령직을 물려주고 내려와야 했다. 그러나 야권 역시 속임수를 쓴 사실이 밝혀졌다. 그러자 유럽선거참관인연합회 단장 알렉산더 그라프 람스도르프는 다음과 같이 말하며 재개표를 요구했다. "어떤 선거구에서는 투표 참여율이 99퍼센트나 되는 것으로 발표되었는데, 통상 케냐에서는 그런 일이 일어날 수 없다. 대통령의 지역구인 중부에서도, 오딩가의 지역구에서도 그런 일은 일어날 수가 없다."

케냐 전역에서 다양한 종족들이 서로 치고받는 무장폭동이 일어났고, 그런 소요사태로 대규모 난민이 발생할 것이라는 예측도 나왔다. 기존 정부가 새로 들어설 정부와 협상을 진행하는 동안 무장폭동 사태가 수개월에 걸쳐 이어졌다.

폭력사태가 점점 악화되자 선거위원회의 대표 키부이토가 기자회견을 열어 본인은 누가 선거에서 이겼는지 알지 못하며, 단지 압력에 의해 그렇게 결과를 발표했을 뿐이라고 폭로했다.

수개월 동안 계속된 국제사회의 압력과 전임 유엔 사무총장 코피 아난의 개입으로 2008년 4월이 되어서야 양측은 갈등에 종지부를 찍고 합의에 이르렀다. 그러나 권력 분할이 제대로 이뤄질지는 미지수였다.

이 역사적인 합의의 도덕적 문제점은 정부의 규모에서 이미 드러났다. 거의 42개에 이르는 행정부서에 100여 명의 각료가 임명되다 보니 케냐 국회의원 가운데 거의 절반이 입각하는 결과가 빚어졌다. 키바키 대통령과 새로 임명된 오딩가 총리는 측근들의 불만을 잠재우기 위해

'북부 케냐와 그 밖의 건조지역부', '비전 2030과 계획부', '나이로비의 발전부' 같은 새로운 부서를 계속 신설했던 것이다.

한 비정부 기구의 조사에 따르면 행정부서 1개당 연간 소요 예산이 1억 3천만 달러 정도이므로 새로 들어선 케냐 정부는 42개의 행정부서를 위해 약 55억 달러의 예산을 책정해야 했다. 이는 2007년에 예상했던 것보다 훨씬 더 많은 액수였다.

케냐는 다민족 국가이므로 앞으로도 상황은 크게 달라지지 않을 것이다. 아프리카의 다른 나라에서 그런 것처럼 승자 독식 원칙은 케냐에서도 적용된다. 수십 년 전부터 케냐에는 민주주의를 위한 싸움이 아니라, 서양에서 공부하고 돌아온 특권을 이용해 나라의 이권을 독차지하고 그렇게 축적한 재산을 자기 부족이나 가문에만 나누어 주려는 권력 상류층들 간의 다툼만 있어 왔다.

운이 좋은 사람들, 즉 권력을 이용해 속임수를 쓰는 것에 성공한 부족 사람들만 쉽게 취업하고 사업을 하며 잘 지낸다. 그러나 거기에 속하지 않은 다른 사람들은 국가로부터 물이나 전기조차 제대로 공급받지 못한다. 이런 행태를 본 사람들은 오직 자기 형제자매 이외에는 어느 누구도 믿어서는 안 된다는 것을 배운다.

파란 헬멧을 쓴 연합군과 국제 평화유지 부대원들이 아프리카만큼 많이 투입된 곳은 세상 어디에도 없을 것이다. 그들은 위태로운 휴전 상태를 감시하고, 서로 적대감을 갖고 있는 부족이 육탄전을 벌이거나, 수류탄을 던지거나, 총구를 겨누며 전쟁을 벌이는 것을 막는 임무를 수행한다. 부룬디, 콩고, 상아 해변, 다르푸어, 리베리아, 소말리아, 시에라 레오네, 서사하라, 남수단, 짐바브웨, 중앙아프리카 공화국 같은 곳에서는 수십 년 전부터 반란이 반복되었고, 새로 권력을 쟁취한 사람들은 부정부패를 일삼았다. 그들은 전임자와 똑같이 무소불위의 권력을 휘두르며, 무력을 과시해 왔다. 전임자보다는 나을 것이라는 기대를 받으며 권좌에 오르지만, 개선되는 것은 아무것도 없고, 상황은 계속 악화되어 간다.

넬슨 만델라나 왕가리 마타이 같은 위대한 사람들도 이런 현실을 크게 바꾸지는 못했다. 그들의 힘만으로는 아무것도 할 수 없을 정도로 기존 질서가 공고하기 때문이다.

물론 이들은 불리한 조건 속에서도 놀랄 만한 업적을 쌓았고, 발전을 이룩했다. 넬슨 만델라와 왕가리 마타이가 일구어 낸 발전을 유지하려면 더 많은 사람들이 함께해야 한다. 민주주의, 교육을 받을 권리, 사회적 안전장치, 기회의 균등, 자유가 보장되는 문명화된 법치국가로 발전하기까지는 수많은 난제들이 널려 있다. 아프리카가 평화를 되찾고, 모든 아프리카인들이 가치 있는 삶을 살게 되려면 훨씬 더 많은 것들이 함께 모아져야 하므로 앞으로도 오랜 시간이 필요할 것이다.

법이 제 역할을 하는 나라에서 살고 있는 운 좋은 사람들은 그것이 저절로 이뤄진 것이 아님을 분명히 알아야 한다. 법이 제 역할을 한 경우는 인류 전체 역사를 통틀어도 정말 얼마 되지 않는다. 법을 준수하는 민주주의는 최근에 생긴 것이고, 현 시대는 일종의 예외라고 할 수 있다. 이전에는 부패한 폭군과 엄청난 부를 축재한 독재자들이 훨씬 더 많았다.

바로 이런 이유로 헌법이 소중한 것이다. 우리는 그것을 우리의 눈처럼 보호해야 한다. 민주주의는 결코 저절로 이뤄진 것이 아니므로 늘 잘 점검하고 가꾸어야 한다. 성숙한 국민들이 공공의 일에 관심을 갖고 올바른 판단을 내리며, 한 나라가 나아갈 방향을 결정하는 데 다 함께 참여할 때 민주주의는 유지된다. 국민으로서 지켜야 할 최소한의 의무를 충실히 수행하는 국민이 많다면, 간디나 만델라처럼 죽음을 각오하며 싸울 필요가 없을 것이다. 심지어 왕가리 마타이의 투쟁정신조차 필요하지 않을 것이다. 성숙한 국민이 있다는 것만으로 충분하다.

“영웅이 필요 없는 나라는 행복하다.”라고 베르톨트 브레히트는 말했다. 우리는 그런 나라에 살고 있다. 미래에도 그렇게 되도록 해야 할 것이다.

무기를
내려놓자!

# 베르타 폰 주트너
*Bertha von Suttner*

1843년 프라하에서 태어남 • 본명은 베르타 소피아 펠리치타 그래핀 킨스키 폰 키니히 테타우(Bertha Sophia Felicita Gräfin Kinsky von Chinic und Tettau) • 1873년 빈에 살던 사업가 카를 폰 주트너 남작의 집에서 음악과 언어를 가르치는 가정교사로 일함 • 1876년 빈에서 아르투어 군다카르 폰 주트너와 비밀리에 결혼함 • 1877년부터 코카서스에 머물면서 오스트리아 신문에 기고하였고, 'B. 오울롯'이라는 필명으로 작품 활동을 함 • 1885년 빈으로 돌아옴 • 1889년 책 『무기를 내려놓자!』를 발표해 큰 성공을 거둠 • 1891년 '오스트리아 평화협회'를 만들어 초대 회장이 됨 • 1892년 '독일 평화협회' 설립 • 1899년 덴 헤이그에서 개최된 '제1회 헤이그 평화회의'에 참석 • 1902년 빈으로 돌아와 작가로 활동함 • 1904년 미국을 7개월간 여행하며 평화를 전파함 • 1905년 노벨평화상 수상 • 1914년 빈에서 사망

*
**

바람대로 되지 않는 운명 속에서도 행복은 싹틀 수 있다. 가끔씩 당하는 굴욕이, 순탄치 않은 어린 시절이, 삶의 모순을 수용하는 것이, 그리고 생활고가 한 어린 소녀를 훌륭한 인격체로 성장시키는 계기가 되기도 한다. 새로운 역사를 만들고, 노벨상을 타고, 자신의 이름이 수많은 학교의 교명으로 사용될 정도로 훌륭한 인격체 말이다.

1843년 6월 9일 프라하에서 태어난 베르타 폰 주트너Bertha von Suttner는 그런 여자였다. 그녀는 원래 살아가야 할 모습으로 살지 않고, 10여 년간 다른 삶을 살았다. 풍요롭고 화려한 유럽 귀족 가문 출신들의 삶을 그녀는 16살 때 독일의 온천 휴양지 비스바덴에서 처음 보았다. 그녀의 어머니가 오스트리아 브륀에서 그곳까지 간 것은 온천욕을 하기 위해서가 아니라, 카지노에서 도박을 하기 위해서였다.

그곳에서 베르타는 유목민처럼 텐트를 휴양지까지 끌고 와 집에서와 똑같은 편의를 누리며 고급 집시 같은 삶을 사는 사람들이 모임이나 파티에서 자기와 비슷한 사람들을 만나는 "큰 세상"이 있다는 것을 그때 처음 알게 되었다. 그곳에는 오페라의 아리아, 말의 편자소리, 샴페인 잔 부딪치는 소리, 유혹하며 속삭이는 소리가 끊이지 않았다. 또 문장과 화관, 부채와 승마용 채찍, 분첩粉貼, 직위를 새겨 넣은 사냥

총, 심지어는 최고급 화장실도 있었다. 그곳은 사람들이 도박을 하고, 검을 다루고, 비둘기를 총으로 쏘고, 경마를 하고, 베일로 얼굴을 가린 채 누군가를 만나러 가고, 조상이 십자군 원정에 참여했음을 자랑하고, 큰돈을 신용 거래하는 그런 곳이었다.

무엇 하나 부족한 것이 없어 보였다. 베르타도 그런 삶을 살아갈 수 있을 것 같았다. 언제라도 최상류층 출신임을 증명해 보일 수 있었기 때문이다. 그녀는 프라하의 구시가지 성벽 안에 있는 킨스키 궁에서 태어났는데, 이 궁은 뵈멘 주에서 가장 아름다운 로코코식 성이기도 하다. 그녀는 이름이 아주 특이했다. '베르타 소피아 펠리치타 그래핀 킨스키 폰 키니히 테타우'. 그것만으로도 그녀가 뵈멘에서 가장 명망 있는 집안 출신이라는 것을 알 수 있었다. 신교의 귀족이었던 그녀의 조상은 1618년경 황제에게 반기를 들어 황제가 보낸 관리를 프라하 성 창밖으로 내던진 사건, 일명 '프라하의 투척사건'으로 역사에 기록된 유명한 인물이었다. 30년 전쟁은 이 사건을 계기로 발발했다. 베르타의 시댁인 주트너 집안의 조상 역시 30년 전쟁에서 명성을 떨친 발렌슈타인 장군의 최측근이었다. 그는 일로우, 트레카, 뉴만 장군과 함께 1634년 에게르에서 살해되었다.

사실 베르타는 본인의 말마따나 '예쁘고 아둔하고 고상한' 공주처럼 성장할 수 있는 최적의 조건에서 자랐다. 그러나 그녀는 기자, 작가, 평화 운동가, 여성 해방 운동가가 되었고, 어느 날 갑자기 7살 연하의 남자와 사랑에 빠져 코카서스에서 아주 가난하게 살았다. (몸소 바닥에 엎드려 걸레질을 해야 할 정도였다.) 누구나 꿈꾸던 생활을 그녀는 왜, 무엇 때문에 내팽개친 걸까?

여기서 몇 가지 밝혀 둘 게 있다. 그녀가 명망 높은 귀족 집안의 후

손으로 태어난 것은 맞지만 그녀는 본가本家가 아니라, 프라하 성 내의 어느 건물에서 자랐다. 그녀의 아버지는 셋째 아들이었으므로 주主상속인이 아니었다. 결국 그는 자기 소유의 성이나 땅을 물려받지 못한 채, 군인으로서 자신의 직업에 만족하며 살아야 했다.

더 안 좋은 것은 베르타가 태어나자마자 그가 75세의 나이로 사망했다는 사실이다. 결국 아버지보다 쉰 살이나 어린 어머니와 베르타만 남게 된 것이다.

베르타의 운명에 결정적으로 나쁜 영향을 미친 것은 오스트리아의 폐쇄적인 귀족문화였다. 당시 오스트리아의 귀족들은 교육, 업적, 아름다움, 우아함, 성격이나 인품 같은 것은 제쳐 두고 오늘날 개나 말을 거래할 때처럼 오로지 출신, 즉 가문에 따른 족보만 따졌다. 적어도 16대 선조까지가 귀족이었음을 증명하지 못하는 가문은 최고 상류층에 속하지 않는다고 봐, 큰 축제에 초청받지 못했고 귀족들의 사교 모임에도 끼지 못했다.

명망 있는 집안 출신이었던 남편이 살아 있었을 때라면 사람들은 베르타의 어머니 같은 젊은 부인에게도 깍듯하게 예우를 갖추었을 것이다. 하지만 남편 사후 남겨진 가족에게는 특별히 예의를 표하지 않는 게 당시 관례였다. 베르타의 경우에는 성장했을 때 가문이나 사회에서 어려움을 겪을 것이라는 것이 세례 때부터 이미 예견되었다. 어린 베르타의 대모나 대부가 되겠다고 나서는 귀족 출신 친척이 아무도 없었던 것이다. 결국 베르타의 외삼촌과 하녀 바바라 크라티체크가 그 역할을 대신해 주었다.

어머니 소피 킨스키는 이제 더 이상 사교 모임 초청장이 날아오지 않을 것이며, 자신은 프라하 성에서 외부와 격리된 채 남은 인생을 외롭게 살게 될 것이라고 생각했다. 그런 삶을 원치 않았기에 베르타의 어머니는 성에서 나와 브륀으로 이사를 갔다. 다행히 남편이 남긴 재산이 있었다. 두 사람이 수십 년간 살 수 있을 정도의 액수였으나, 베르타의 어머니는 이 돈을 도박으로 탕진해 버렸다. 결국 베르타는 어려서부터 빈곤하게 살 수밖에 없었다.

결혼을 통해 오스트리아 최상류층에 진입하려 했지만 결국 실패하게 된 어머니는 대신 딸을 통해 그 꿈을 이루기로 마음먹었다. 자신은 오랜 전통을 지닌 오스트리아의 귀족 가문에 들어가는 데 실패했지만, 베르타라면 사교 모임을 통해 오스트리아 귀족을 만나 가정을 꾸릴 수 있을 것이라고 믿었다.

그것이 어머니의 큰 목표였고, 베르타도 어머니의 계획을 따랐다. 빈 오페라극장에서 사교 모임이 열렸을 때 18살인 베르타를 데리고 나가 첫선을 뵈는 것으로 어머니는 자신의 계획을 실행에 옮겼다. 그날은 두 사람이 수년 전부터 학수고대했던 날이었다. 그들은 그날만 생각하며 모든 것을 준비했다. 어머니는 베르타가 그 모임에 맞는 교육을 받을 수 있도록 만반의 준비를 갖추었다. 이 운명의 날에 베르타가 돈 많고 품위 있는 멋진 젊은 귀족을 만나 '행복'을 가꾸어 나가기만 하면 되었다. 어머니와 베르타는 그날 무엇을 입고 가면 좋을지에 대해 오랫동안 고민에 고민을 거듭했다.

그런데 그런 것보다는 사람들이 과연 베르타에게 관심을 가질 것인지에 대해 고민했더라면 더 좋았을 것이다. 16대에 걸쳐 귀족 신분을 지켜 온 사람들의 눈에는 평민일 수밖에 없는 어린 여자에게 과연 관심을 보일지를 고민했더라면, 그들은 인생에서 가장 굴욕적인 경험을 피할 수 있었을지도 모르겠다.

그러나 그들은 몇 년간 큰 기대를 갖고 그날만 기다렸다. 어린 소녀였던 베르타가 그날 겪었던 일을 다음과 같이 담담하게 말할 수 있게 되기까지는 몇 년의 시간이 더 필요했다. "나는 큰 기대를 품고 연회장에 들어갔지만, 크게 실망한 채 그곳을 빠져나왔다."

그곳에 모인 귀부인과 귀족들은 킨스키 모녀를 무시했다. "귀족 부인들은 자기들끼리 모여 앉아 있었고, 어머니는 혼자 외롭게 앉아 있었다. 공주처럼 차려입은 아가씨들도 자기들끼리 모여 앉아 깔깔대고 웃으며 이야기꽃을 피웠다. 나는 아는 사람이 아무도 없었다. 식사를 할 때도 아는 사람들끼리 모여 앉았기에 난 외톨이였다." 장미 꽃망울 가득한 하얀 드레스를 멋지게 차려입은 베르타는 혼자만 덩그러니 앉아 있지 않으려고, 다른 소녀들이 거절한 파트너와 춤을 춰야만 했다.

모녀의 계획이 무참히 깨졌다. 그러나 베르타의 어머니는 자신의 계획을 포기하는 대신, 약간 수정하기로 했다. 베르타는 비슷한 내용으로 고친 어머니의 계획을 실행에 옮겨야 했다. 이번에는 젊고 멋진 빈 출신의 최상류층 남자는 포기했다. 대신 나이는 많지만 부유한 '제2 계층'에 속하는 사람으로 대저택이나 성 같은 곳에서 하인들을 거느리고 사는 사람, 그래서 자주 연회를 베풀 수 있는 능력을 가진 사람을 고르기로 했다. 외모는 아예 따지지도 않았다.

그런 사람은 금방 찾을 수 있었다. 빈에서 신문사 '프램덴블라트'를 소유하고 있던 52세의 백만장자 구스타프 폰 하이네 겔더른 남작이었다. (그는 시인 하인리히 하이네의 동생이기도 하다.) 사업을 통해 귀족층에 진입한 빈 사교계의 '제2 계층'이라고는 하지만, 그는 유명한 신문사를 성공적으로 운영하고 있는 출중한 능력의 소유자였다. 베르타 역시 구스타프 하이네가 찾던 신부감 조건에 부합했다. 베르타는 젊고 예뻐 남들 앞에 내세울 만하고, 책을 많이 읽어 교양 있었고, 개방적인 사고를 가졌으며, 구태의연한 교육을 받지 않아 계몽된 그런 사람이었다. 돈이 없다는 게 흠이었지만, 돈은 남작이 충분히 가지고 있었기에 아무런 문제가 되지 않았다.

남작에게 더 중요한 것은 베르타가 여러 나라 말을 유창하게 구사한다는 사실이었다. 집에 가정교사를 들여 프랑스어·이탈리아어·영어를 배운 베르타는 세계문학을 원서로 읽었고, 16살 때부터는 소설을 써서 출판하기도 했다. 그녀는 종교적 성인을 소재로 하는 '귀족문학'과 '외설적인 부분'을 정화한 '고전문학'에는 별다른 관심이 없었다.

자신의 독서에 대한 자부심이 컸던 그녀는 후일 집필한 회고록에 자신이 그간 읽었던 책들의 제목을 나열해 놓았다. 셰익스피어 전집, 괴테 전집, 쉴러 전집, 레씽 전집, 빅토르 위고 전집, 그릴파르처, 바이런, 디킨즈, 조지 샌드의 소설, 발자크, 뒤마, 코르넬리에, 라씬느, 몰리에르의 희곡 그리고 학술서와 자연과학, 민족학, 철학 서적까지를 그녀는 두루 섭렵했다. "이 책들, 그리고 목록에 미처 다 적지 못한 많은 작품들은 내 영혼의 벗이었다. 그들과 함께 어울리면서 나는 내 개인의 경험과는 거리가 먼 다른 행복한 존재에게로 인도되었고, 그 안에서 내 영혼은 기분 좋게 확장되었다."

그러나 결혼으로 모든 근심을 덜어 버리려는 어머니의 계획에는 그녀의 높은 교양 수준이 오히려 방해가 되었을 것이다. 당시만 해도 '공부를 많이 한 여자'는 기피 대상이었다. 나약하고 우아하고, 어린아이처럼 남자만 올려다보는 애교 많은 여자가 인기 있었다. 베르타가 어떻게 해서든 들어가려고 했던, 철학자들이 말하는 '선천적으로 연약하고 여성적인 성격'을 당연한 것으로 전제하는 집단에 속한 여자들은 매력적이고 사랑스럽고 여성스러운 모습을 보여야 했다.

이런 상황을 감안하면 베르타가 구스타프 하이네를 만난 것은 행운이었다. 그는 귀족적인 품위를 내세우며 겉멋만 든 여자에게는 관심이 없었다. 새로운 엘리트층에 속하는 그에게는 여러 외국어를 구사할 줄 아는 공부 많이 한 여자가 훨씬 더 중요했다. 사업상 부인을 대동하고 외국을 다녀야 하는 경우가 종종 있었기 때문이다. 그래서 그는 어린 아가씨의 호감을 사기 위해 꽃, 옷, 보석을 자주 선물하였고, 앞으로 함께 살 집에 필요한 것들을 사기 위해 베르타와 그녀의 어머니를 멋진 마차에 태워 시내를 돌아다녔다.

"난 사실 눈이 멀었었지요." 훗날 베르타는 목표를 거의 달성한 것처럼 보였던 그 시절에 대해 그렇게 술회했다. "난 있었던 사실을 포장할 생각은 없어요. 이제 겨우 18살 소녀가 단지 백만장자라는 이유만으로 나이가 훨씬 많은 남자에게 손을 내밀었으니 흉측한 일이죠. 직설적으로 말해 그것은 내 몸을 파는 짓이었어요."

그녀는 왜 몸을 팔려고까지 했을까? 화려함, 경제적 안정과 사회적 지위가 그 정도로 가치 있는 것이라고 생각했을까? 물론 그렇지 않다. 그러나 그녀에게는 다른 선택의 여지가 없었다.

베르타는 훗날 어린 소녀였던 자신에게는 미모를 최대한 이용하는 것 말고는 다른 선택을 할 여지가 없었다고 말했다. "여자의 경우 인간으로서 자부심을 갖게 만드는 사회적 지위, 이름, 명성, 위치를 얻으려면 그것을 줄 수 있는 남자의 부인이 되는 것 말고는 다른 방법이 없었다. 그러므로 반드시 남자의 마음에 들어야 한다는 교육을 받으며 자란 여자들에게 자기가 하고 싶은 대로 한다는 것은 큰 질책을 받을 짓이었다. 여자가 인정받을 수 있는 유일한 지위는 그런 사람의 '아내'가 되는 것이었다."

다른 선택의 여지가 없는 것처럼 보였지만 관계가 진지해지자 베르타는 마지막 순간에 마음을 바꾸었다. 처음으로 단둘이 있게 되자 그는 그녀에게 예쁘다고 말한 후 포옹하고, 거칠게 입술을 포갰다. "남자와 처음 해 본 키스였어요. 사랑하지도 않는 늙은 남자와 첫 키스를 한 거죠. 구역질이 나는 것을 간신히 참으며 그의 품을 벗어났어요. 그가 진저리 나도록 싫었어요. 절대, 절대, 그와 함께 있고 싶지 않았어요."

바로 다음 날 그녀는 약혼을 파기하고, 그간 받았던 선물을 전부 돌려보냈다. 그녀의 어머니는 기겁을 하며, 베르타를 미친 사람 취급했지만 그녀의 결정을 막지는 못했다. 몇 년이 지난 후 보여 주게 될 그녀의 불같은 성격이 그때 처음으로 강렬하게 분출된 것이다.

"그간 있었던 모든 일들이 악몽 같았고, 꿈에서 깨어난 게 천만다행으로 느껴졌어요."

그러나 그런 기쁨은 잠시였다. 어머니가 도박으로 재산을 탕진하자, 힘겹고 무서운 현실이 곧바로 그들을 덮쳤다. 어떻게 해야 하나? 무엇을 해서 먹고사나? 결혼 말고는 다른 방법이 없으니 남자를 다시 찾아봐야만 했다. 베르타가 사랑하면서 돈도 있는 사람으로…….

사실 그 당시에는 세상이 많이 시끄러웠다. 1789년부터 시작된 혁명적 사상이 프랑스를 넘어 유럽 전역으로 퍼져 나갔다. 증기기관이 공장에서 생산되는 상품에 변화를 주었고, 기차가 유럽의 대도시를 연결하였다. 또 새로운 소식은 통신시설을 통해 빠르게 전달되었다. 대대로 물려받은 땅에서 하인들이나 부려 먹으며 살던 게으름뱅이 귀족들은 교양과 학식을 갖춘 성실한 사업가인 신흥 엘리트들에게 밀려 차츰 존재감을 잃어 갔다. 물론 이런 변화들은 베르타에게는 아무 상관도 없는 일이었다. 그녀는 오직 남편감을 찾아야겠다는 생각뿐이었다. 당시 도처에서 발발했던 전쟁도 그녀의 의지를 꺾지 못했다.

그녀의 지척에서 벌어졌던 두 번의 전쟁, 즉 오스트리아와 프로이센 간에 벌어진 1866년 '독일전쟁'과 그 4년 뒤 발발한 독일과 프랑스 간의 전쟁조차 후일 군국주의에 맞서 싸우게 될 그녀에게 아무런 영향도 미치지 않은 채 지나갔다. 그 무렵 그녀는 다른 많은 사람들처럼 군인들의 '멋진 무기'를 보며 신기해하거나, 전시戰時의 흥미로운 볼거리에만 관심이 있었다. "프랑스에 출정했다 돌아오는 군인들의 행렬을 발코니에서 구경했다. 그날 보았던 찬란한 햇빛, 구경꾼들의 환호성, 펄럭이는 깃발, 흩뿌려지던 꽃, 감격에 겨워하며 행군하던 군인들의 모습이 아직도 기억에 생생하다. 내가 만약 지금 그 모습을 봤다면 어떻게 표현했을까? 시간이 한참 지난 다음에야 나는 그때와 전혀 다른 반응을 보이게 됐다."라고 베르타는 회고록에 적었다.

그러나 베르타는 그때까지도 좋은 남편감 찾기라는 삶의 목표를 포기하지 않고 있었다. 자신의 모든 문제를 해결해 주고, 어머니의 근심을 덜어 줄 남자가 어디선가 나타날 거라고 그녀는 믿고 있었던 것이다. 그러다가 어느덧 서른 살이 되었다. 그제야 그녀는 그간의 시도가 모두 실패했고, 어머니가 재산을 낭비한 것처럼 자신은 아무런 소득도 없는 일에 젊음을 허비했다는 생각이 들었다. 그녀의 유일한 재산이라고 할 수 있는 미모도 사라졌다. 당시 기준으로 보면 그녀는 이미 노처녀였다. 좋은 사교 모임은 점점 멀어져 갔고, 현실적인 대안은 더 이상 보이지 않았다.

이제 어떻게 해야 하나? 귀족 신분의 처녀로서 혼자 살 수는 없었다. 그러나 평생을 어머니와 함께 살 수도 없었다. 그런 생각만으로도 몸서리가 났다. 그녀는 차라리 가정에 입주해서 할 수 있는 일자리를 찾아보기로 했다. 사실 그것도 귀족 신분에는 맞지 않는 일이었다.

그러나 현실은 자기 신분에 어울리는 일만 하게 내버려두지 않는 법이다. 현실이라는 게 원래 그리 만만치가 않다. 베르타는 품위와 현실 가운데 한 가지를 선택해야 했다. 물론 장기적으로 보면 이런 어쩔 수 없는 상황에서의 결정은 후일 그녀가 성장하는 데 유익했다.

좌절감과 우울감에 휩싸여 의기소침해진 그녀는 입주가정교사 일을 선택했다. 오스트리아의 최고 명문가였던 주트너 남작이 15살과 20살 사이의 딸 넷을 가르치고 같이 놀아 줄 가정교사로 베르타를 채용했다. 4년이 지나서야 베르타는 자신이 불운이라고 생각했던 그 선택이 사실은 행운이었음을 알아차리게 되었다. 베르타는 회고록에 당시의 일을 이렇게 적고 있다. "나를 지금의 모습으로 살아갈 수 있게 만들어 준 문이 내 앞에 활짝 열렸다."

주트너 남작의 집에서 가정교사로 일했을 당시 그녀에게는 어떤 일이 있었을까? '베르타 소피아 펠리치타 그래핀 킨스키 폰 키니히 테타우'였던 그녀의 이름이 후일 '베르타 폰 주트너'로 바뀐 사실을 보면 그녀가 주트너 가문의 남자와 결혼했음을 짐작할 수 있다. 그렇다. 그녀는 그 집안의 아들과 사랑에 빠졌다. 그러나 그런 사랑은 당시로서는 불가능한 것이었다. 베르타는 주트너 남작의 집에 고용된 사람이었다. 통상 주인집 사람들은 피고용인들과는 일정한 거리를 두는 것이 상례常禮였으므로 결혼은 어불성설이었다. 그런데 주트너 남작의 세 아들 가운데 베르타보다 7살이나 어린 아르투어가 피고용인과는 거리를 두어야 한다는 관례를 무시했고, 베르타는 그가 다가오는 것을 막지 않았다. 네 딸들도 그 사실을 알고 있었지만 2년 반 동안 비밀을 지켜 주었다. 그러다 결국 주트너 남작이 전모를 알게 되었고, 그날로 베르타는 해고되었다.

그 무렵 베르타는 여행 중에 알게 된 폰 밍그랠리엔 공작부인과 서신을 주고받고 있었는데, 공작부인은 전쟁 중에 손상된 코카서스의 성이 수리되면 꼭 한번 방문해 줄 것을 요청한 바 있었다. 베르타는 그곳에 가면 일자리도 찾을 수 있을 것 같아 가고 싶었지만, 공사가 마무리되지 않아 그럴 수 없었다.

비록 공작부인의 성을 방문하지는 못했지만, 그녀는 베르타에게 도움을 주었다. 귀족들의 힘이 많이 약해졌다고는 하나 그들은 한번 한 약속은 반드시 지켰다. 베르타의 일자리를 알아봐 주겠노라고 했던 공작부인은 파리의 어느 부유한 신사가 개인비서를 찾는다는 신문 구인광고를 베르타에게 알려 주었다. 베르타는 지원했고, 채용됐다. 그것은 그녀의 삶에 찾아온 또 한 번의 행운이었다. 재산이 많다는 그 신사는 바로 다이너마이트를 발명한 알프레드 노벨이었다. 당시 43세였던 그는 세계적인 갑부였다. 과학자이자 성공한 사업가였지만 늘 외로웠고, 침울했다. 그는 베르타가 회사업무뿐 아니라 자신의 사적 용무까지 함께 돌보아 주기를 바랐다.

그녀는 그런 제안에 반대하지 않았다. "그는 언변이 뛰어나고 철학에도 조예가 깊어 그가 말할 때면 넋을 잃고 경청하게 된다. 그와 함께 세계와 인간, 예술과 삶, 현재와 미래의 문제 등을 논하며 지적으로 큰 즐거움을 누렸다."라는 그녀의 글을 보면 서로 교감하는 바가 많았음을 알 수 있다.

이들이 몇 년만 더 일찍 만났더라면 그는 그녀에게 딱 맞는 짝이 될 수 있었을 것이다. 그러나 그녀에게는 이미 아르투어가 있었다. 베르타는 자신이 아르투어를 얼마나 사랑하고 있는지, 그에 대한 그리움이 얼마나 큰지를 파리에 가서야 비로소 깨닫게 되었다. 이런 이유로 노벨과 베르타의 관계는 더 이상 진전될 수 없었던 것이다. 파리로 간 지 일주일 만에 베르타는 아르투어가 있는 빈으로 돌아가기로 결심했다. 그녀는 남아 있던 마지막 보석을 팔아 그것으로 숙박비를 내고, 기차표를 샀다.

노벨은 크게 낙심하였지만, 그녀의 결정을 존중했다. 그뿐만이 아니다. 파리에서 한 주일을 함께 지내면서 군국주의에 맞서 싸웠던 평화 운동가와 유럽 최대의 군수품 공급업자 사이에 우정이 싹터, 평생 동안 지속되었다. 그때만 해도 노벨은 베르타가 평화 운동가가 될 것이라고는 전혀 예상치 못했다. 그는 군축을 통한 평화라는 것을 믿지 않았지만 베르타가 하는 일에는 호의적이었다. 노벨은 그녀가 경제적으로 궁지에 몰렸을 때 몇 차례에 걸쳐 금전적인 지원도 해 주었다. 베르타는 국제반전협회에서 주최한 수많은 평화회의에 참가했는데, 여기에 드는 경비를 노벨이 무기를 팔아 번 돈으로 지불했다는 사실은 역사의 아이러니가 아닐 수 없다.

이제 베르타는 빈으로 되돌아왔지만, 그녀가 평화 운동이라는 필생의 과업에 본격적으로 매달릴 때까지는 아직 9년이라는 시간이 더 필요했다. 빈의 어느 호텔에 투숙한 그녀는 가명으로 아르투어를 불러냈고, 두 사람은 어디로든 가서 맨손으로 새 삶을 시작하기로 했다. 그들은 1876년 6월 12일 빈의 어느 교회에서 비밀 결혼식을 올린 후, 아무도 모르게 빈을 떠나 밍그랠리엔 공작부인의 성이 있는 코카서스로 갔다. 아르투어의 부모는 아들과의 인연을 끊고, 모든 지원을 중단했다.

베르타와 아르투어는 배를 타고 도나우 강 하류의 갈랏츠까지 간

다음 우편마차를 타고 오데사로 갔다. 그곳에서 다시 배로 흑해를 건넌 그들은 포티에 도착해 어느 허름한 여관에 투숙했다. 침구가 더럽고 벌레들이 많아 그들은 침대 대신 의자에 앉아 잠을 청할 수밖에 없었다. 아침 세면용으로 수건 하나와 공용 세숫대야 하나만 제공되는 그런 여관이었다. 그들은 다시 우편마차를 타고 코카서스의 고르디로 갔다. 그들은 그곳에서 니콜라우스 공작의 환영을 받았고, 성 근처의 목조주택에서 묵을 수 있게 되었다. 그러나 공작 부부를 통해 상트페테르부르크의 궁정에서 일자리를 얻을 수 있을 것으로 기대했던 베르타의 희망은 금방 무너졌다. 공작 부부의 인맥이 그리 좋지 않았기 때문이다.

결국 아르투어와 베르타는 푼돈을 받고 피아노와 성악을 가르치며 근근이 생계를 유지할 수밖에 없었다. 그러나 1877년부터 그 이듬해까지 러시아와 오스만 사이에 8번째 전쟁이 벌어지자 그마저도 할 수 없게 되었다. 전쟁 통에 자식에게 음악교육까지 시킬 여유 있는 사람들이 별로 없다 보니 주트너 부부는 빵 한 조각 살 돈이 없을 때도 있었다.

베르타의 어머니와 아르투어의 여동생들이 빈에서 그들을 걱정하는 전보를 보내왔다. 그러나 베르타는 특별히 걱정하지 않았다. 그때까지도 그녀는 반전 운동과는 아무 관계가 없는 사람이었다. 아니 오히려 그 반대였다고 할 수 있다. 전쟁이 그들의 주된 수입원이 되었기 때문이다. 아르투어는 코카서스에서 벌어지는 전쟁의 실상을 글로 써서 빈에 있는 '노이에 프라이에'라는 신문사에 보냈다. 그러자 그가 쓴 글이 기사가 되어 신문에 찍혀 나오고, 소정의 원고료도 들어왔다. 하지만 그의 글이 러시아 쪽 입장에 편향되어 있다는 빈 현지의 평가가 나오면서 그는 더 이상 이 신문에 기고할 수 없게 되었다. 이런 이유로 그는 주로 국가와 국민에 관한 글을 써서 다른 여러 주간지에 기고하게 되었다.

베르타는 자신도 글을 쓸 수 있다고 생각했다. 그녀는 실제로 글을 써서, 빈의 『프레세』지에 기고했다. 그녀는 중성적인 느낌이 드는 B. 오울롯이라는 필명을 썼는데, 이는 사람들이 여자에 대한 불필요한 선입견을 갖지 않도록 하기 위해서였다. 하지만 이 때문에 사람들은 그녀가 남자일 거라고 생각했다. 어느 무명기자가 쓴 글에 열광한 『프레세』지 편집장 역시 필자가 여자일 거라고는 전혀 생각하지 못했다.

그렇게 프리랜서 기자가 되면서, 베르타는 궁핍한 생활에서 어느 정도 벗어날 수 있었다. 그리고 거기서 한발 더 나아가 작가가 되었다. 베르타는 신문 기고와 병행해 가며 쓴 소설과 수필 원고들을 유럽의 여러 출판사에 보냈는데, 다행히도 그녀의 글이 시대적 취향과 잘 맞았다. 귀족과 신분이 낮은 사람 간의 진실한 사랑 혹은 거짓된 사랑, 유명한 가수나 배우의 운명을 소재로 한 통속적이면서도 재미있는 이야기. 그녀의 작품은 자기 회의나 높은 문학적 요구에 흔들리지 않았다.

문필가가 된 부부는 직업적인 이유에서 당시의 문학적 흐름과 시대의 관심사를 살펴봐야만 했다. 그리고 그제야 베르타는 세상에서 어떤 일들이 일어나고 있는지 인식하게 되었다. 함께 신문과 책을 읽고, 유럽 전역에서 논의되고 있는 사안들에 대해 토론하면서 이 부부는 매우 독자적인 세계관을 갖게 되었다. 그들에게는 이제 관용, 민중에 대한 이해, 민주주의가 매우 중요한 역할을 하게 되었다. 그리고 바로 이때부터 베르타는 자신의 비범한 교양 능력을 새롭게 알게 된 사상들과 연관 짓게 되었고, 이를 다시 신문이나 잡지 등을 통해 알게 된 최신 현안에 적용하기 시작했다. 이런 방식은 그녀의 소설에도 스며들게 되는데, 그 결과 B. 오울롯은 유럽에서 점차 문필가로 유명해지게 되었다.

코카서스에서 9년이란 세월을 보내면서 아르투어는 향수병에 걸리게 되었고, 베르타는 건강이 악화된 어머니에 대한 걱정으로 마음이 편치 않았다. 화해를 원하는 아르투어 가족들의 편지가 답지遝至하자 1885년 5월 그들은 마침내 빈으로 되돌아가게 된다. 그러나 베르타는 어머니와 재회하지 못했다. 바로 전해 겨울에 유명을 달리했기 때문이었다.

급이 맞지 않는 결혼을 아르투어 가족이 이제 어느 정도 수용할 수 있게 되자, 아르투어와 베르타는 주트너 남작 부부가 살고 있던 하르만스도르프 성으로 들어가 살게 되었다. 물론 그곳에 사는 사람들은 모두 서로 인내하고, 관용을 베풀어야만 하는 상황이었다. 미혼이었던 아르투어의 여동생 둘이 아직 그곳에서 살고 있었고, 결혼한 형제들도 자주 찾아왔다. 코카서스에서 자유분방하게 몇 년을 보낸 베르타에게 이는 힘든 시련과도 같았다. 베르타는 보수적인 세계관을 갖고 있던 주트너 가문과는 정반대되는 생각도 거침없이 말할 정도로 자기 취향과 의견이 분명한 사람으로 변해 있었기 때문이다.

주트너 남작은 며느리가 자식을 낳지 않고, 직업 활동을 하며 돈을 버는 상황에 익숙해질 때까지 꽤 오랜 시간이 걸렸다. 그 과정에서 서로 큰 소리를 내며 언쟁을 벌이는 일도 종종 발생했다. 베르타가 사망한 지 거의 100년이 지난 후 발간된 베르타 전기의 서문에서 카를 주트너는 이렇게 쓰고 있다. "평화를 사랑해 평화 운동가가 된 그녀의 성격이 안타깝게도 가족과의 일상생활에서는 크게 발전하지 못했다. 그녀는 가족 공동체의 관심사에만 매달리지 않고 자신의 삶도 가꿔 나가려고 했다."

베르타가 빈으로 돌아왔을 때 그녀는 이미 마흔두 살이었다. 당시 그녀 나이 또래의 부인들은 이미 삶의 전성기가 지난 때였지만, 베르타의 삶은 그때 다시 시작되었다. 그사이 유명 문필가가 된 그녀는 신문사 편집국이나 작가회의에 종종 초청되었는데, 그때마다 B. 오울룻을 남자라고 생각했던 사람들은 그녀를 보고 깜짝 놀랐다. 그녀는 여러 작가·출판업자·기자들을 사귀면서 문학 관련 일이 어떻게 진행되는지 알게 되었다. 동시에 정치·경제·사회 문제에도 관심을 갖게 되었다. 이는 그녀의 작품에도 잘 드러난다.

1888년 그녀는 『기계의 시대 – 우리 시대에 관한 미래강의』라는 제목의 책을 출간하는데, 20세기적 관점으로 19세기 후반을 되돌아보는 이 책에는 베르타 폰 주트너의 정치적 신념이 잘 드러나 있다. 그녀는 먼저 정치·종교·다윈의 진화론을 분석한 후, 진보적·낙관적 관점에서 성직자와 귀족의 문제를 다룬다. 이 책에서 그녀는 또 민주주의 사회, 여권 신장, 국가 간 상호이해와 군비 축소, 과학적 인식의 확대 적용을 주장한다.

B. 오울룻이 실제로 누구인지를 많은 사람들이 이미 알고 있었지만, 자기 이름으로 책을 내면 독자층이 얇아지거나 아무도 책을 사지 않을 것 같은 두려움에 사로잡혀 있었던 베르타는 계속 필명을 사용했다. 가끔 사교 모임에서 남자들이 그녀가 저자라는 사실을 모른 채 그녀가 쓴 책에 대해 말할 때면 베르타는 속으로 쾌재를 부르며 이렇게 말했다. "아, 그 책 재미있을 것 같아요. 나도 한 권 구해 봐야겠네요." 그러면 남자들은 "그 책은 여자가 읽을 만한 책이 아니죠."라고 말하며 거들먹거렸다.

이후 베르타는 자신의 대표작이 된 『무기를 내려놓자!』를 발표해 유럽 전역에서 엄청난 성공을 거두었다. 이 책이 다루고 있는 중심 주제는 원래 그녀의 아이디어가 아니었다. 1886년 겨울에 그녀는 국제평화연맹이 런던에서 창설된다는 소식을 처음 들었다. 이 연맹의 설립 이념은 무기 감축을 통한 전쟁 예방, 국제중재재판소를 통한 민족 간 갈등 해소였는데, 이러한 설립 이념에 크게 감동을 받은 베르타가 이를 바탕으로 소설을 창작했던 것이다. 물론 이 작품이 문학적인 측면에서까지 훌륭한 대작이라고 말하기는 어렵다. 카를 클라우스였다면 비웃었을 것이고, 슈테판 츠바이크였다면 아마 콧방귀를 뀌었을 것이다. 그러나 그녀가 뭘 어떻게 한 것인지, 아니면 그녀가 시대를 잘 만났기 때문인지는 모르겠지만, 이 책은 일약 베스트셀러가 되었다. 초판 발간 후 약 20년간 37쇄가 발행되었고, 여러 나라 언어로 번역 출판까지 되었으니 말이다.

베르타는 이 책을 쓰기 위해 군대의 역사, 무기기술, 무엇보다도 전쟁의 실상에 대해 철저히 조사했고, 많은 것을 알아냈다. 군국주의 사회에서 이는 새로운 시도였다. 당시 전쟁은 자연적인 현상, 다른 민족을 정복하고 탄압하는 합법적인 수단, 때로는 국력을 가늠하기 위해 꼭 필요한 방법으로 여겨지고 있었다. 남성적인 특성이 높게 평가되고 강조되는 나라에서 남성들은 자신의 능력을 입증해야만 했던 것이다.

임마누엘 칸트 같은 계몽주의자도 다음과 같은 미사여구를 늘어놓으며 전쟁의 긍정적인 면을 부각시켰다. "질서와 시민권을 존중하는 전쟁에는 뭔가 숭고한 것이 있다. 더 많은 위험요소를 제거할수록 더 수준 높은 나라가 된다는 생각으로 국민들이 용감하게 전쟁을 주장하도록 만든다. 반면 오랜 평화는 상인근성만 부추길 뿐이다. 이기주의, 비겁함, 연약함이 만연하게 되고, 국민의 사고방식만 안일해질 뿐이다."

베르타는 그 말에 절대 동의할 수 없다고 했다. 그녀는 전쟁이 불가피하고 운명론적인 것이며, 유용한 것이라는 인식에 문제를 제기하고, 전쟁도 결국 인간이 만든 것이라고 주장하는 최초의 여성이 되었다. 인간이 전쟁을 일으킬 수 있다면, 인간이 진심으로 원하면 평화도 만들 수 있다고 그녀는 주장했다.

베르타는 전쟁의 실상을 처음으로 적나라하게 알리고, 전장에서의 처참한 죽음을 '영웅적인 죽음'과 '조국에 대한 거룩한 임무 수행'이라고 낭만적·위선적으로 포장하는 것에 대해 문제를 제기했다. "전투에서 패해 온몸에 부상을 입은 채 들판에 낙오했을 경우, 다른 군인들에게 발견되지 않으면 4~5일 안에 갈증, 배고픔, 말로 표현하기 어려운 고통을 온몸으로 삼키며 산 채로 송장이 되어 간다. 그는 자신이 조국에 아무런 도움도 되지 못한 채 사랑하는 사람들만 절망에 빠뜨렸음을 뒤늦게 깨달으면서 그렇게 목숨을 잃는 것이다. 나는 그렇게 죽는 병사가 과연 진정으로 '조국을 위해 기꺼이 죽는다'고 외치며 그 시간을 받아들일 것인지 알고 싶다."

베르타는 전쟁터에서 많은 군인들이 처참하게 부상을 당하는 실상을 서슴없이 전했다. 엄연한 사실임에도 불구하고 그것을 말하면 사람들의 미움을 받게 된다는 것을 그녀도 잘 알고 있었다. 그래서 그녀는 그런 거짓 분노와 고상한 척하는 태도에 대해 이렇게 일갈했다. "흉악한 일이 일어나는 것은 괜찮고, 그것을 말하는 것은 안 된다. 연약한 여자들은 피범벅이 된 끔찍한 현장을 전해 듣지도 말고 입에 올려서도 안 되지만, 피바다의 현장에서 펄럭일 깃발에 묶을 띠에 자수를 놓는 일은 해도 된다. 또 약혼자가 불구가 될 수도 있다는 사실을 소녀들은 알아서는 안 된다. 사랑의 포상은 주어지지만 그 포상은 전쟁을 해야 주어진다. 곱게 자란 당신들은 죽고 죽이는 것이 도덕적이라고 말하지만, 전쟁의 원인을 언급하기만 하면 얼굴이 빨개져서는 고개를 옆으로 돌린다. 그런 도덕이 얼마나 잔인한 것인지 당신들은 알고 있는가? 당신들은 잔인하고 비겁하다!”

교회가 무기를 축복한다는 이유로 교회에 대해서도 그녀는 공격을 가했다. 그리고 우리 군대가 전장에서 운 좋게 살아남도록 하느님이 도와줄 거라고 믿는 것은 어리석은 짓이라고 비판했다. 적군 또한 같은 하느님에게 같은 기도를 올릴 것이므로……. 그녀의 말에 공격당한 군대는 물론이거니와, 전쟁을 성전인 양 지능적으로 격상시킨 사람들과 성직자들까지도 냉정을 유지하기 힘들 정도였다.

이런 주장은 현대를 살아가는 우리에게는 너무나도 당연한 것이어서 일견 진부해 보이기도 한다. 그러나 당시에는 엄청난 비난의 화살이 그녀에게 쏟아졌다. 그 후유증이 얼마나 컸는지 한 가지 예를 들어 설명할 수 있다. 그간 그녀의 책으로 많은 돈을 번 피어슨 출판사 사장이 그녀의 글을 원본대로 낼 수 없다며 출간을 거부했다. 여러 잡지사의 발행인들도 그녀의 글을 싣지 않았다. 그런 분노가 터져 나오리라는 것을 예상이라도 한 것처럼 피어슨 출판사는 그녀에게 책 내용을 순화해 달라고 요청했다. 그러나 그녀의 태도는 강경했다. 그대로 내거나 아니면 아예 출판하지 않겠다고 했다. 결국 베르타 폰 주트너가 쓴 원고는 단 한 글자도 고치지 않고 책으로 출판되었고, 삽시간에 논쟁의 소용돌이에 휩싸였다. 이 책에 대해 어떤 식으로든 의견을 표명해야 하는 분위기가 형성되었다. 예상했던 대로 군대 쪽에서 격분했다. 성직자들은 무신론자의 공격을 무시하겠다고 했다. 많은 남자들은 체면이 손상되었다고 느꼈다. 당시 유명한 법률가이자 『로마를 위한 전투』라는 책을 쓴 작가 펠릭스 단은 '여성적인 것'과 '무기를 무서워하는 남성'을 조롱하는 시를 써서 발표하기도 했다.

무기를 높이 들어라! 칼은 남자의 것이다.
남자들이 전투하는 동안 여자들은 침묵하라.
그런데 요즘 바지를 벗고 차라리 치마를
입고 다녀야 할 남자들이 있다.

17살의 라이너 마리아 릴케도 '조국을 위한 죽음'을 칭송하고, '명예의 전쟁터'를 찬양하면서 전쟁터로 나가지 않으려는 겁쟁이 남자들에 대해 탄식하는 글을 썼다.

비겁한 자들의 시대가 도래했다.
그들은 작은 목소리로 '무기를 내려놓자'고 중얼거린다.

그러나 베르타의 글에 열광하는 사람들도 있었다. 그들은 그녀의 글에서 이미 오래전부터 예견하고 느끼고 생각했던 바를 마침내 밖으로 표출하는 한 여자의 모습을 보았다. 레오 톨스토이와 오스트리아의 시인 페터 로제거가 베르타의 편을 들었다.

알프레드 노벨도 베르타의 책이 자신의 가장 큰 업적이라고 할 수 있는 다이너마이트의 발명에 의심의 눈초리를 보낸 거냐고, 점잖으면서도 역설적인 어조로 이렇게 물었다. "전 세계에 평화가 넘치면 내가 새로 발명한 가루를 어디에 써야 할까요?" 그러면서도 동시에 베르타가 갖고 있는 '무기'의 힘을 인정했다. "유려한 글솜씨를 통해 총, 대포, 화포 및 다른 무기들보다 훨씬 더 멀리 자신의 생각을 전파했다." 그럼에도 불구하고 노벨은 무기를 통해서만 평화를 유지할 수 있다고 보았다. 그는 무기가 두려움을 불러일으켜 모든 문명국가들이 힘의 과시를 자제하고 군대를 퇴각시킨다는 오늘날의 현실과 부합하는 인식을 갖고 있었다.

『무기를 내려놓자!』는 시대정신을 공격하는 데 그치지 않았다. 이 책은 자기가 한 말의 영향력을 체감한 베르타가 평화 운동가가 되도록 만들었다. 그녀의 독자들은 그녀에게서 이미 그런 모습을 보고 있었다.

어느 날부터인가 베르타는 세계평화회의의 단골 연사가 되어 군비감축회의, 평화운동가회의, 평화운동조직의 창립회 등에 초대되었다. 그녀가 쓴 책도 계속 잘 팔렸다. 그간 그녀의 고질적인 문제였던 경제 사정도 마침내 나아졌다. 이런저런 단체가 그녀를 계속 초청하는 것에 대해 몇몇 신문들이 조롱해도 '평화 운동가 베르타'는 기분 나빠 하지도, 위축되지도 않았다. 오히려 그녀는 그런 조롱을 자신이 전 세계적으로 유명한 중요 인물이 되었다는 증명으로 받아들였고, 따라서 자랑스럽게 생각했다. 그녀는 과거 자신이 마법에 걸린 듯 그 휘황찬란함에 매혹되었다고 느꼈던 호텔에 여장을 풀고, 여전히 그 휘황찬란함에 매력을 느끼고 있음을 확인하며 살았다. 그러면서도 그녀는 평화 운동가로서의 임무를 잊지 않고, 정치인들에게 조언을 했다. 1891년 설립된 '오스트리아 평화협회'는 베르타를 회장으로 선출했다.

시간은 계속 그렇게 흘렀고, 로마에서 개최된 제3회 세계평화회의에서 베르타는 연사로서 연단에 오르게 되었다. 여성으로서는 세계 최초였다. 무대공포증이 있었던 그녀는 많이 긴장했다. 전 세계에서 온 유명 정치인들과 언론인들이 그녀 앞에 앉아 있었다. 하지만 베르타는 그들에게 깊은 감동을 주었고, 열렬한 박수갈채를 받았다. 1892년 그녀는 알프레드 프리드와 함께 『무기를 내려놓자!』라는 잡지를 발간해 편집장으로 활동했다. 같은 해에 베른에서 개최된 제4회 세계평화회의에도 참석했다. 그 후 해마다 부다페스트, 안트베르펜, 덴 헤이그에서 개최되는 평화 운동가들의 국제회의에 참석해 중요한 역할을 했다.

그러나 그녀가 그렇게 많은 사람들을 만나고, 회의에 참석하고, 평화운동가협회 같은 것들을 설립했지만 세계는 아직도 평화롭지 못하다. 오히려 그 반대로 모든 국가가 군비 증강에 열을 올리고 있는 실정이다. 세기말이 가까워질수록 정치인들이 자신들의 생각을 바꾸지 않으려는 게 눈에 더 띈다.

그 당시 베르타가 받은 유일한 긍정적 신호는 하필이면 중요한 친구이자 동반자·후원자였던 알프레드 노벨의 죽음과 연관되어 있었다. 1896년 12월 10일 사망한 노벨은 죽기 전에 재단을 설립해 자신의 재산으로 기금을 조성하고, 해마다 기금에서 발생하는 이자를 사람들에게 큰 이로움을 안겨 준 사람에게 나누어 주라는 유언을 남겼다. 노벨은 수상 분야를 4개로 정했다. 물리, 화학, 의학과 문학. 그리고 베르타 폰 주트너와의 우정을 생각해 다섯 번째 분야를 추가하며 "민족 간의 친교, 긴장 해소나 완화, 평화회의의 결성과 전파를 위해 가장 왕성하게 혹은 최선을 다해 활동한 사람이나 단체"에 이 상을 수여하도록 했다.

물론 많은 사람들은 베르타가 그 상의 수상 후보가 될 것으로 예상했다. 실제로 그녀가 그 상을 받긴 하였지만, 최초의 수상자는 아니었다. 1901년에 최초로 시상된 노벨평화상의 수상자는 적십자사 창설자인 앙리 뒤낭과 '프랑스 평화연맹' 설립자인 프레데리크 파시였다. 베르타 폰 주트너는 1905년에야 이 상을 받았다.

상을 받은 그녀는 무척 기쁘면서도 한편으로는 슬펐다. 상금을 기꺼이 나누어 주고 싶은 남편 아르투어 주트너가 이미 사망해 곁에 없었고, 그 상금이 세계평화에는 별 도움이 되지 않는다는 것을 잘 알고 있었기 때문이다. 전 세계에서 군비 감축에 대한 논의가 진전되지 않고, 평화를 위한 노력도 성과를 거두지 못했다. 모든 상황은 오히려 군비 확장에 우호적이었다. 세계는 20세기의 첫 재앙인 제1차 세계대전을 향해 성큼성큼 다가가고 있었다.

"젊은이들이여, 대체 왜 가만히 있는가? 특히 자네들한테 중요한 일 아닌가? 함께 모여 저항하라! 아무도 귀 기울여 듣지 않는 말을 우리 몇몇 늙은이들만 소리치게 두지 말라!" 베르타가 길에서 외치던 이런 소리를 들은 젊은이 중에 한 사람이 바로 슈테판 츠바이크였다. 몇 년이 흐른 후 그는 『유럽인의 기억』이란 작품에서 그 말을 떠올리며, 길에서 외치던 그 늙은 여자를 당시에는 진지하게 생각하지 않았음을, 그리고 당대의 뭇 지성인들처럼 자신도 '평화 운동가 베르타'를 평가절하하고 있었음을 고백했다.

1913년경 베르타는, 츠바이크를 비롯한 다른 사람들보다 분명하게, 머지않은 장래에 새로운 형태의 전쟁이 일어나리라는 것을 직감했다. 그녀는 그 전쟁을 직접 체험하지는 않았다. 제1차 세계대전이 발발하기 직전인 1914년 6월 21일 빈에서 사망했기 때문이다.

"그녀는 '무기를 내려놓자'는 오직 한 가지만 생각했던 것 같다. 그것은 올바를 뿐만 아니라 우리 시대의 유일한 해결책이라고 할 수 있는 엄청난 생각이었다."라고 슈테판 츠바이크는 적었다.

제1차 세계대전에 이어 제2차 세계대전도 발발했다. 2007년 5월, 본 국제전환센터Internationale Konversionszentrum Bonn는 군비와 관련된 전 세계의 지출액이 2005년에 처음으로 10억 달러를 넘어섰고, 2005~2006년 물리적 폭력을 동반한 분쟁은 91건에서 111건으로 늘어났다고 발표했다.

그러나 이것은 진실의 한 단면에 불과하다. 유럽 대부분의 지역에서는 평화가 60년 이상 지속되고 있다. 유럽연합은 경도상으로는 노르캅에서부터 말타까지, 위도상으로는 아일랜드에서 에게 해까지를 평화지역으로 설정했다. 독일인, 영국인, 프랑스인이 서로를 향해 총부리를 겨누는 일은 지금으로서는 상상도 할 수 없다. 적어도 유럽연합 내에서는 수천 년간 이어져 오던 전쟁의 유혹이 극복된 것처럼 보인다. 세계사적으로 유래를 찾기 힘든 이런 상황을 만드는 데 베르타 폰 주트너가 한몫을 한 것은 분명하다.

용기를 낸 사람들
열 번째 만남

# 강 건너 둑을 바라보는 개는 익사하지 않는다

## 피터 베넨슨
*Peter Benenson*

1921년 런던에서 태어났고, 본명은 피터 헨리 솔로몬 베넨슨 • 1937년 엘리트 학교인 이튼학교 재학 시절 16살의 나이로 스페인의 전쟁고아 후원 운동에 참여함 • 옥스퍼드 대학교를 졸업한 후 영국 정부의 정보부에서 일함 • 1945년부터 법학을 공부함 • 1958년 유대교에서 가톨릭교로 개종 • 1961년 『옵저버』지에 「사면을 위한 호소문」을 게재하였고, 같은 해 7월부터 국제사면위원회(국제엠네스티)의 일을 시작함 • 1986년 국제사면위원회의 상징이라고 할 수 있는, 철조망으로 감싼 초에 불을 붙임 • 2005년 옥스퍼드에서 사망

*
**

약 50년 전 유럽은 현재와는 많이 달랐다. 그때는 유럽연합이 없었고, 프랑스, 이탈리아, 룩셈부르크, 네덜란드, 서독이 속해 있던 유럽경제공동체가 있었다. 현재 유럽연합에 속해 있는 몇몇 나라, 예를 들어 스페인이나 포르투갈에는 독재정권이 들어서 있었다. 그곳에서는 '프란체스코 프랑코'와 '안토니오 드 올리베이라 살라자르'가 각각 최고 통치권자로 있었고, 그리스에서는 1967년 몇몇 장군들이 쿠데타를 일으켜 군사정권을 세웠다가 1974년 실각했다.

1961년 런던의 변호사 피터 베넨슨Peter Bennson은 포르투갈 리스본의 어느 술집에서 대학생 두 명이 '자유를 위하여'라는 말로 건배를 했다는 이유로 체포되어 7년 형을 선고받았다는 기사를 신문에서 읽었다. 베넨슨은 그 사건이 일어나기 직전 노동조합에 가입한 노동자의 재판 참관인 자격으로 스페인에 가서 독재정권의 실상을 직접 목격한 바 있었다. 그는 그 나라에서의 금고형이 무엇을 의미하는지를 잘 알고 있었기 때문에 그 짧은 기사만 보고도 몸서리를 쳤다.

도저히 있을 수 없는 일이 일어났다고 그는 생각했다. 자유를 위한다는 말로 건배를 했다고 체포되어야 하나? 그들이 국가를 전복시키자고 주장한 것도 아니었고, 나라를 무력으로 뒤집기 위해 무장을 한 것도 아니었다. 심지어 자유를 요구한 것도 아니었다. 단지 술집에서 자유에 대한 희망을 건배사로 표현했을 뿐이었다. 그것이 범죄가 되어 7년 형을 선고받다니!

그렇게 아무 위험도 없어 보이는 사람들을 감옥에 가두는 자들이야말로 진짜 범죄자라고 베넨슨은 확신했다. 체포되어야 할 사람은 바로 그런 법을 만든 자들이었다. 그리고 그런 평범한 말을 엿듣고, 관청에 신고한 사람에게는 망신을 주는 게 맞을 것 같았다. 그러나 베넨슨은 사태를 바로잡을 힘이, 즉 진범들을 감옥에 가두고, 무죄인 대학생들을 감옥에서 빼낼 힘이 자신에게는 없다는 것을 잘 알고 있었다. 베넨슨의 머릿속에 여러 가지 생각들이 뒤섞였다. 그런 기사를 볼 때마다 누구나 한번쯤 떠올려 본 생각들이었다. 결론은 할 수 있는 일이 전혀 없다는 것이었다.

정말 할 수 있는 일이 전혀 없을까? 엄청나게 부당한 판결을 받아도 개인은 그냥 참고, 세상의 주구들이 저지르는 짓을 보고만 있어야 할까? 최소한 그렇게 희생된 사람들을 위해 뭔가 할 수 있는 게 있지 않을까? 죄를 짓지 않았는데도 교도소에 수감된 사람들을 어떤 식으로든 도와주는 게 불가능한 일일까? 아무리 생각해도 너무 부당한 일이었다. 그런데 무엇을 어떻게 할 것인가? 런던에 사는 생면부지의 변호사가 그런 부당한 짓에 맞서서 무엇을 할 수 있을까? 항의를 하는 것 말고는 아무것도 할 게 없었다. 그러나 그런 처벌에 대해 항의하는 기사가 신문에 실려도 독재 정권의 조력자나 조력자의 조력자들이 보지도 않고 쓰레기통에 버릴 것이기에, 독재자는 그런 일이 있었다는 것조차 모를 게 뻔했다.

그럼에도 불구하고 베넨슨은 뭔가 하기로 결심했다. 개인적으로 항의의 뜻을 전달하기 위해 포르투갈 대사관으로 찾아갈 생각이었다. 적어도 그렇게라도 해야 할 것 같았다. 그의 항의에 어떻게 대처할지는 그들이 내려야 할 결정이라고 그는 생각했다. 대사관을 향해 가며, 과연 대사관에 들어갈 수 있을지 의문이 들었다. 만약 들어간다고 해도 자신의 항의가 무슨 의미가 있을까 하는 생각도 들었다. 포르투갈의 독재정권이 그 일로 무너지지는 않을 테고, 구금된 두 대학생들에게도 그 소식은 전달되지 않을 것 같았다. 그래서 그는 계획을 중도에 포기했다.

트라팔가 광장 정거장에서 내린 그는 생각을 정리하기 위해 세인트 마틴 성당으로 갔다. 그곳에서 그는 생각을 분명하게 정리했다. "혼자 분개하는 것만으로는 아무것도 이룰 수 없다. 세상에서 일어나는 부당한 일에 분개하는 사람들을 가능한 한 많이 모아야 한다. 그렇게 분노하는 사람들을 움직이고, 조직화하고, 단체 행동을 할 수 있도록 주선하면 개개인의 분노가 하나의 권력이 된다. 기금도 없고 무기도 없이 사람들이 뭉쳐 있는 것만으로는 독재정권을 무너뜨릴 수 없겠지만, 독재정권의 희생자들을 도와주는 정도는 할 수 있을 것이다. 그리고 바로 그런 권력이 독재정권으로 하여금 국민을 괴롭히는 짓을 쉽게 하지 못하도록 만들 수 있다."

그런데 일개 시민이 사람들을 한데 모아 단체 행동을 하게 만들려면 어떻게 해야 할까? 사람들이 런던의 일개 변호사에 불과한 그의 말을 과연 들어 줄 것인가? 어떻게 하면 사람들의 주목을 끌 수 있을 것인가? 당시 41세의 변호사였던 그는 직업을 내팽개치고, 대중집회를 조직하는 일에 전적으로 매달릴 수는 없었다. 그럼 어떻게 해야 하나?

그는 성당 의자에 앉아 있다가 아주 기막힌 생각을 해 냈다. "그냥 뭔가 적어서 신문에 싣자. 포르투갈의 두 대학생 사건을 언급하고, 그 사건을 계기로 전 세계에서 체포·구금되어 고문당하고 사형당하는 정치범들의 운명에 사람들이 관심을 갖게 만들자. 그러면서 독자들에게 해당 정부에 단체로 편지를 보내 그런 사람들을 석방하거나 적어도 감금 조건을 완화해 줄 것을 주장해 달라고 호소하자."

한 사람이 편지를 보내는 것은 지극히 개인적인 일이다. 그것에 대해서는 어느 누구도 관심을 갖지 않는다. 그러나 100명이 편지를 보내면 공적인 일이 되고, 신문에 기사가 실릴 수 있다. 1만 명이 편지를 보내면 지방 신문에 기사가 나고, 10만 명이 편지를 보내면 지역을 넘어 전 세계 언론에서 관심을 가질 것이다.

그러나 평범한 시민이 뭔가를 써서 신문사로 가져가, 글을 써 왔으니 신문에 실어 달라고 부탁하는 게 쉬운 일은 아니다. 그것은 지극히 순진한 생각이다. 그게 가능하다면 날마다 수백 명이 찾아가 자기들의 기준에서 볼 때 꼭 실려야 할 기사를 제출할 것이다. 그런 일이 종종 일어나기는 한다. 그러나 대개 그런 글들은 쓰레기통으로 들어갈 뿐이다.

베넨슨은 자기 자신에게 말했다. "신문에 기사를 실어 줄 편집기자가 한 명 필요해. 난 이 일로 어떤 경제적 이익을 취하려는 것도 아니고, 개인적이거나 이기적인 목적으로 이 일을 추진하려는 것도 아니야. 정치적인 이유로 저질러진 잘못에 대해 대중의 관심을 불러일으키려는 거야. 내가 쓴 글이 중요하다고 생각해 편집회의 때 뜻을 관철시켜 신문에 내 글이 실리게 할 기자가 어딘가에 분명 있을 거야."

베넨슨은 곧바로 책상 앞에 앉아 신문사에 보낼 글을 썼다. 그런 다음 자기가 쓴 글을 실어 줄 것 같은 신문사를 찾았다. 이날 그가 쓴 글은 1961년 5월 28일에 발행된 『옵저버』지에 「잊혀진 수인들」이라는 제목으로 게재되었다.

그는 이 글에서 독자들에게 이렇게 말했다. "어느 때든 신문을 펼쳐

보면 이 세상 어딘가에서 단지 정치성향이 정권에 맞지 않다는 이유로 누군가 체포되고, 고문당하고, 사형당했다는 기사를 볼 수 있을 겁니다. 그런 사람들이 전 세계적으로 수백만 명이나 되고, 그런 수감자의 숫자는 계속 늘고 있습니다. 독자는 그런 기사를 읽으면 부당함에 분개하게 됩니다. 전 세계에서 일어나는 일에 분노하는 마음을 모아 단체 행동으로 옮기면 우리는 뭔가 변화를 일으킬 수 있을 것입니다."

그는 해당 정부 앞으로 편지를 보냄으로써 그런 죄수들이 석방될 수 있도록 하는 일에 동참해 줄 것을 독자들에게 촉구했다. "탄압이 어디에서 이뤄지든지, 그 책임이 누구에게 있든지, 어떤 사상이 탄압받고 있는지에 관계없이 탄압을 심판하는 일에 동참해 줄 사람은 누구나 환영합니다."

그는 수감자나 수감자의 가족에게도 편지를 보내 그들이 혼자가 아니라는 것을 알려 주자는 제안도 했다. 작지만 개개인이 할 수 있는 방법을 총동원해, 수감자들이 석방되거나 좀 더 나은 수감 생활을 할 수 있도록 도와주려는 평범한 사람들이 전 세계에 많이 있다는 것을 그들에게 알려 주어야겠다고 생각했던 것이다.

마치 그런 신호를 기다리고 있었다는 듯이 불과 몇 주일 만에 수천 명의 독자들이 동참하겠다고 연락해 왔다. 세계 각국의 30개 신문에 베넨슨의 글이 실리자 세계 각지에 사는 독자들이 연락을 해 온 것이다. 결국 영국의 한 변호사가 수백만 독자의 심금을 울린 것이다.

일이 이렇게 되자 그는 열화와 같은 성원에 힘입어 최초의 단체 행동을 기획하기 위해 사무실을 임대해야만 했다. 관심을 표명한 사람들이 함께 모여 서로에 대해 알고, 앞으로의 활동 계획을 세우는 게 중요했다. 1961년 7월 그 일이 이뤄졌다. 벨기에, 독일, 영국, 프랑스,

아일랜드, 스위스와 미국에서 행사 참여 의사를 밝힌 사람들이 "의사 표현과 종교의 자유를 지키기 위해 지속적이고 국제적인 단체"를 설립하기로 결정했다. 그리고 바로 이런 결의에 따라 인권운동기구인 '국제사면위원회(국제엠네스티)'가 설립되었다. 150개 이상의 국가에서 2200만여 명이 회원으로 활동하고 있는 국제사면위원회는 현재 인권 문제를 다루는 중요한 국제기구로 인정받고 있다.

피터 베넨슨이 불의에 저항했던 건 그때가 처음이 아니었다. 그는 학창 시절 학교 급식의 질이 좋지 않자 교장 앞으로 편지를 보내 불만을 토로했던 적이 있다. 이를 통해 그가 얻은 성과는 베넨슨의 어머니 앞으로 교장이 보낸 편지 한 통뿐이었다. 그 편지에는 "아들이 혁명가적 기질을 보이니 조심하라."는 경고가 담겨 있었다. 하지만 베넨슨의 어머니는 그 일로 아들을 야단치지 않았다.

베넨슨은 '사회운동에 참여하는 경험'을 16살 때 처음 했다. 스페인의 전쟁고아를 돕는 '스페인 구호단체'를 후원해 줄 것을 자기가 다니는 학교에 요청하고, 자신은 전쟁고아 가운데 한 명에게 일정한 액수의 돈을 보내는 것으로 '전쟁고아 후원 운동'에 참여했던 것이다.

나중에 그는 히틀러의 나치 정권을 피해 영국으로 피난 오는 유대인의 운명에도 관심을 가졌다. 그는 친구들과 친구들의 가족에게 도움을 요청해 4000파운드를 모았고, 이 돈으로 독일에 사는 유대인 2명이 영국으로 건너올 수 있게 도왔다. 그의 도움으로 두 젊은이가 목숨을 구할 수 있었던 것이다.

제2차 세계대전 때 그는 옥스퍼드 대학교 발리올 대학에서 역사학과 1학년을 마치고, 군대에 입대해 정보부 보도국에서 일했다. 전쟁 후 변호사가 되고 싶었던 그는 군대에서 나와 변호사 자격시험을 치렀다. 시험에 합격한 베넨슨은 이후 노동당에 가입해 노동자변호사협회의 임원으로도 활동했다.

이런 전력이 있었던 관계로 1950년대에 노동조합본부는 그에게 재판 참관인 자격으로 스페인에 가서 노동조합에 가입한 노동자를 상대로 하는 재판에 대응하라는 임무를 부여했다. 베넨슨은 그곳에서 본 것들에 경악했고, 그 일을 계기로 수동적 관찰자로 머물기를 거부했다. 그는 판사와 여러 쟁점에서 맞섰고, 결국 피고가 무죄를 선고받을 수 있게 만들었다. 그는 이 일로 큰 명성을 얻게 되었는데, 특히 정치재판 분야에서는 세계적으로 유명한 변호사가 되었다.

그는 영국 권력층과의 갈등에 휘말린 그리스-사이프러스 변호인단도 후원했다. 1956년 헝가리 민중봉기 때는 재판 절차가 올바르게 진행될 수 있도록 헝가리에 재판 참관인을 파견하는 데 성공했다. 또 국가반역에 관한 중요한 재판이 열리던 남아프리카에도 재판 참관인을 보낼 수 있게 조치를 취했다.

이런 일들을 따져 보면 1961년 『옵저버』지에 처음 글을 실을 당시 베넨슨은 아무 경험도 없는 초보는 아니었다. 정치 사건의 변호사로서 그가 쌓은 국제적인 경험이 국제엠네스티 설립을 성사시키는 중요한 토대들 중 하나였음은 분명하다. 그런 경험을 바탕으로 베넨슨은 국제엠네스티 설립 초창기에 혼신의 노력을 기울였다. 자금 조달 방법을 확보하고, 여러 나라에서 발생하는 인권침해 사례를 조사하는 등 가장 어렵다는 초창기에 기구가 계획대로 발전할 수 있도록 그는 최선을 다했다.

그의 글이 처음 신문에 실린 지 6년 만인 1967년, 그는 국제엠네스티 본부를 떠나기로 결심했다. 변호사로서의 직업도 포기하고, 시골

농장에서 그림을 그리며 살기로 마음먹었다. 그러나 그가 바깥세상을 완전히 외면한 것은 아니었다. 그는 수년간 '고문 반대 기독교연합회'라는 단체와, 복부 질환 환자들을 위한 단체 '소장점막 질환 환자협회'를 이끌었다. (그 자신도 복부 질환을 앓으며 고생한 바 있다.)

국제엠네스티가 설립되었던 해의 상황에 대해 베넨슨은 이렇게 말했다. "그때 우리는 차가운 물에 내던져진 채 스스로 살아남아야만 했다. 대중의 관심을 받기 위해 온갖 방법을 다 시도했고, 전 세계 언론인들이 광범위한 후원을 아끼지 않은 것에 대해 무척 고마워했다. 그들은 우리에게 억울하게 수감된 사람들의 정보를 제공했을 뿐만 아니라, 기회 있을 때마다 수감자에 대한 기사를 써서 세상에 알렸다. 내 생각에 국제엠네스티가 세계적으로 널리 알려지게 된 것은 여론 홍보 활동 덕분이다. 이는 관심 있는 개인들뿐 아니라 정부를 상대로도 전개되었는데, 그것이 주효했던 것 같다."

국제엠네스티의 목표는 계몽주의자 볼테르의 유명한 말로 잘 표현할 수 있다. "나는 당신의 의견에 동의하지 않는다. 그러나 나는 당신이 당신의 의견을 밝힐 수 있도록 가능한 모든 방법을 동원해 당신을 도울 것이다." 국제엠네스티는 수감자가 어떤 정치적 견해 때문에 체포되었는지는 상관하지 않는다. 그가 공산주의자든, 기독교인이든, 이슬람교도든, 여호와의 증인 신도든 아무 상관이 없다. 이 단체의 유일한 관심사는 수감자에게 불법적인 폭력이 가해져서는 안 된다는 것이다.

1960년대에는 세상이 두 진영으로 양분되어 있었기 때문에 정치적 세계관의 절대 중립이 국제엠네스티가 오늘날까지 성공을 이어 올 수 있는 요인이 되었을 것이다. 동독과 동유럽은 공산주의였고, 철조망과 무장한 국경수비대가 서부의 자유로운 세계를 봉쇄했다. 세상이 동과 서로 나뉘어 냉전 중이었다. 서로가 서로를 적대시하였기에 완전무장을 한 군인들이 국경을 마주하며 대립했다. 한쪽이 군사적으로 상대를 능가하면 다른 쪽도 곧 군비를 확장했다. 언제부턴가 핵무기가 양산되었고, 그것이 터지면 지구가 통째로 날아갈 지경이 되었다.

이러한 냉전 상황에서 국제엠네스티 회원들이 서방의 정당에 속해 있는 것처럼 보이거나, 자본주의의 선전도구로 보이거나, 자유를 구속한다고 공산주의를 비난하면서 세계의 다른 곳에서 이뤄지는 그런 행태에 대해서는 눈을 감는다는 의심을 조금이라도 받았더라면 이 단체는 동유럽에서 아무것도 할 수 없었을 것이다. 그 반대의 경우도 마찬가지다. 회원들이 서방에 수감되어 있는 사람들에게만 집중했다면 국제엠네스티는 모스크바의 지휘를 받는 공산세력이라는 비난을 면치 못했을 것이다. 그렇게 되었다면 그들이 스페인과 포르투갈 같은 서방 국가에서 할 수 있는 것은 아무것도 없었을 것이다.

국제엠네스티는 동서 갈등에서 벗어나, 원칙적으로 어느 나라 어느 진영에 속해 있는지에 관계없이 인권의 손상을 입은 사람들을 위해 일함으로써 신뢰를 높일 수 있었다. 그들은 전 세계 어느 곳에 가나 상대가 그들의 요구에 귀를 기울이도록 만드는 독립기구로 발전했다.

국제엠네스티의 또 다른 성공 요인은 누구나 이해할 수 있도록 목표를 정확하게 요약했다는 점이다. 세계 어느 나라에서든 무장하지 않은 사람이 정당한 법적 절차를 통한 재판을 받지 못하고 억울하게 수감되면 국제엠네스티가 활동을 개시했다. 종교, 정치 성향, 인종, 성별, 언어, 출신 국가 등이 다르다는 이유로 정당한 재판을 받지 못하고 수감된 사람들을 석방시키는 것이 그들의 목표다.

국제엠네스티는 국가로부터 기금을 지원받지 않고, 회원들이 내는 회비와 기부금만으로 운영된다. 수감자를 돌봐 주는 일은 다른 나라에서 파견된 사람이 맡도록 해 활동의 중립성을 지켰다.

세 번째 성공 요인은 단순하면서도 분명한 활동 계획이다. 회원들 모두에게 무엇인가를 변화시킬 수 있는 기회를 제공하되, 선택의 여지를 남겨 놓았다. 회원이 되면 국제엠네스티 활동에 적극 동참할 수도 있고, 활동에 참여하기 힘들면 기금만 낼 수도 있다. 그리고 회원이 아니더라도 누구든지 이러저러한 활동에 참여할 수 있다.

시간이 흐르면서 이 단체의 주요 활동은 다음의 여섯 가지 형태로 구체화되었다.

그중 역사가 가장 깊은 첫 번째 활동은 수감된 사람을 위해 편지를 쓰는 것이다. 그것은 일명 '잊히지 않도록 보내는 편지'다. 언론에 활동을 공개하고 있는 국제엠네스티는 자체 홈페이지를 통해 세계 각국에서 누군가 부당하게 체포되거나, 부당한 방법으로 고문당하거나, 실종되거나, 수년 혹은 수십 년 동안 수감되어 있는 사건을 매달 3건씩 소개한다. 2008년 4월을 예로 들자면 이란의 '로나크 사파르자데'와 '한나 압디', 중국의 '딩 질린', 멕시코의 '바바라 이탈리아 멘데즈' 사건이 소개되었다.

'로나크 사파르자데'와 '한나 압디'는 2007년 11월부터 수감되어 있었는데, 이란 여성의 권리를 위한 평화 운동에 참여했다는 것이 이들의 죄목이다. 국제엠네스티는 이란이 여성에 대한 법적 차별을 종식할 것과, 그 두 사람을 석방할 것을 요구했다.

중국의 은퇴한 대학교수 '딩 질린'은 1989년 6월 천안문 광장에서 벌어진 민주화 운동의 시위현장에서 17살 된 아들을 잃었다. 군인이 쏜 총에 맞아 아들이 그 자리에서 숨진 것이다. '딩 질린'은 '천안문의 어머니들'이라는 단체를 만들었고, 약 130명의 인권 운동가들이 그 단체에 가입했다. 당시 사건의 사망자와 70여 명의 부상자 명단을 확보한 '천안문의 어머니들'은 해당 관청을 정기적으로 방문해 천안문 사태 때 희생된 사람들의 가족이 공개적으로 희생자를 애도할 수 있도록 허락해 줄 것과, 희생자와 그의 가족에 대한 형사적 탄압을 중지할 것, 1989년 시위와 관련되어 수감된 사람들을 석방해 줄 것을 요구하고 있다. 그러나 이런 요구를 한 회원들은 당국으로부터 시달림을 받거나, 심지어 체포되기까지 했다. 국제엠네스티는 천안문 학살 사태에 대해 완전하고도 투명한 진상 규명을 요구하고 있다. 범인을 법정에 세우고, 희생자와 희생자 가족에게 합당한 보상 방안을 마련해 주기 위해서다.

'바바라 이탈리아 멘데즈'는 2006년 5월 멕시코의 산 살바도르 아텐코에서 시위에 참여했다가 경찰에 체포되어 구타와 성폭행을 당했다. 체포된 후 구타와 성폭행을 당했다고 진술한 여성은 멘데즈 외에도 25명이나 더 있었다. 멘데즈는 산티아구이토 교도소에 수감되어 의사의 검사를 받았지만 교도소 내 의사가 그녀의 신체 손상 상태를 보고서에 다 기록하지 않았고, 성폭행에 대한 증거도 보존하지 않았다. 그녀는 직접 변호사를 고용하려고 했으나 거부되자 묵비권을 행사한 채 공권력에 의한 폭력과 성폭력을 고발했다. 그녀가 당한 폭력과 성폭력에 대한 대중의 분노가 거세지자 그제야 검찰이 사건을 재심했다. 하지만 이 범죄를 저지른 공무원들 중 기소되어 법정에 선 사람은 아직까지 단 한 명도 없다.

국제엠네스티는 이 여성들에게 가해진 범죄행위에 대한 투쟁을 촉구하는 한편, '바바라 이탈리아 멘데즈'와 다른 25명의 여성들이 당한 성폭력과 불법행위에 대한 보고서를 즉각 철저하게 그리고 공정하게 조사를 할 것을 요구했다. 가해자는 법정에 서야 하고, 피해자는 적절한 보상을 받아야 한다.

이란의 여권 운동가, 아들의 죽음을 슬퍼하는 중국인, 불법에 저항하는 멕시코인, 이들의 사건은 지난 50년간 국제엠네스티가 매달 소개해 온 다른 사건들처럼 세상에 널리 알려졌다. 국제엠네스티 홈페이지를 보면 요구사항을 예의 바르게 적어 해당 관청에 편지를 보내 달라는 요청과 함께 수신지 주소를 밝혀 두고 있다.

세계 곳곳의 사람들이 반응을 보이면 인권침해 사례는 백일하에 드러나게 되고, 언젠가는 종식될 것이다. 편지 한 통 한 통이 고문을 근절하거나, 사형 선고를 변경하게 하거나, 정치적인 이유로 수감된 사람들을 석방시키는 데 도움을 줄 것이다. 이런 활동은 성공할 확률이 매우 높다. 현재까지 비폭력 정치범들 중 절반이 석방되었다.

두 번째 활동은 '집중작업'으로, 어느 특정한 수감자의 사건에 한 개 혹은 여러 개의 그룹이 집중적으로 매달리는 것을 말한다. 회원들은 수감자 및 수감자의 가족과 연락을 취하고, 변호사를 섭외하고, 편지를 쓰고, 정기적으로 상황을 보고하고, 수감자가 석방될 때까지 절대 물러서지 않는다. "우리가 이렇게 살아 있는 것은 우리를 교수형에 처하지 못하도록 막아 준 당신들 덕분입니다." 이는 부당하게 수감되었던 케냐의 '코이기 바 발베르'가 국제엠네스티에서 벌인 '집중작업'의 효과에 대해 언급한 것이다. 그의 말은 이렇게 이어진다. "우리의 명예가 더럽혀지지 않은 것은 당신들이 우리의 무죄를 믿어 주고, 우리를 당당히 비폭력 정치범이라고 불러 주었기 때문입니다. 우리 속담에 '강 건너 둑을 바라보는 개는 익사하지 않는다.'는 말이 있습니다. 내가 교도소에 빠져 죽지 않고, 강을 건너온 것은 당신들이 내게 손짓

하고, 강 건너에 있는 둑을 보여 주었기 때문입니다."

세 번째 활동은 '긴급행동'이다. 어딘가에서 인권을 침해할 만한 사건이 계획되고 있거나, 누군가에 대한 위협이 임박했다는 정보가 입수되면 회원들과 지지자들이 48시간 안에 해당 관청에 어필하는 활동을 벌이는 것이 바로 '긴급행동'이다.

'발러리 팔' 사건이 그런 경우였다. 2008년 4월, 투르크메니스탄에서 59세의 '발러리 팔'이 2004년 발생했던 직장 내 도난사건의 범인으로 몰려 체포되었다. 팔은 1993년부터 정치활동에 참여해 왔고, 고향의 이름 변경에 항의하는 시위에도 참가한 적이 있었는데, 이런 팔을 눈엣가시로 여기던 사람들이 그의 입을 막기 위해 억울한 누명을 씌웠다는 것이 그의 가족과 친구들의 주장이었다. 그는 다른 사람들이 처했던 여러 사회적 문제를 해결하는 데 앞장섰고, 자신의 컴퓨터 지식으로 다른 인권 운동가들에게도 많은 도움을 주었다. 자신이 근무하고 있던 회사에서 어떤 부정이 저질러졌는지, 그리고 거기에 누가 관여되어 있는지도 그는 다 알고 있었다.

발러리 팔 사건이 '긴급행동'으로 결정된 것은 그의 건강 때문이었다. 그는 2004년 뇌졸중을 앓으면서 신체의 왼쪽이 부분적으로 마비되었기 때문에 정기적인 치료와 운동이 필요했다. 그의 부인은 그가 뇌졸중의 후유증으로 죽을 고비를 몇 번 넘겼고, 만성적인 전립선염으로 고통받고 있다고 했다. 즉각적인 치료가 필요했지만 그는 아무런 도움도 받지 못하고 있었다. 그는 아직 혐의를 벗지 못했는데, 당국은 수천 달러의 뇌물을 주면 그를 석방시켜 주겠다고 그의 친척들에게 말했다.

이런 사건의 경우 국제엠네스티 회원들과 후원자들은 해당 관청에

팩스나 이메일 또는 항공우편을 보내 수감자에게 의학적 도움을 줄 것, 그리고 정상적인 법 절차에 따라 유죄를 입증하지 못할 경우 그를 석방할 것을 요청한다.

물론 이런 활동이 매번 성공을 거두는 것은 아니다. 그러나 3분의 1 정도는 상황을 개선시키는 데 효과가 있는 것으로 나타났다. '긴급행동'의 대상자들 중 가장 유명한 사람은 체코공화국의 대통령이 된 바클라브 하벨이다. 1989년 1월 그가 체포되자 편지와 팩스가 해당 관청에 엄청나게 쏟아져 들어왔다. 결국 그는 4개월 만에 석방되었다. 석방 후 하벨은 "내 경우에는 이런 방식의 활동이 의미가 있었고, 또 성공적이었다."라고 말했다. 편지를 쓰는 작은 용기가 그 사람을 교도소에서 꺼내 온 것이다.

힘이 가장 덜 드는 네 번째 활동은 '온라인 캠페인'이다. 마우스를 다섯 번만 누르면 된다. 처음에는 국제엠네스티 홈페이지를 찾아 들어갈 때 누른다. 일단 들어가 북마크를 통해 그곳을 저장해 두면 다음부터는 바로 들어갈 수 있다. 홈페이지에는 인권침해 사건들이 소개되어 있는데, 2008년 4월에는 4년 형을 선고받은 중국인 '첸 구앙청'의 사건이 소개되었다. 그의 죄목은 고향 산둥성의 어느 지방 관청이 여자들에게 강제로 불임 시술하는 것을 고발한 사람을 지지했다는 것이었다.

마우스를 몇 번 더 클릭하면 누구나 그를 도와줄 수 있다. 국제엠네스티 회원이 그 사람의 석방을 요구하는 취지로 써 놓은 편지를 선택한 후, 자신의 전자우편에 편지 내용을 복사해 붙인다. 마우스를 한 번 더 클릭해 중국 원자바오 총리의 주소를 복사한 다음, 마지막으로 마우스를 클릭해 '보내기'를 누르면 우편물이 발송된다.

마우스 몇 번 누르면 다 끝나는 이런 이메일 발송도 인권보호를 위한 효과적인 투쟁 방법이 될 수 있다. 물론 직접 편지를 써서 보내는 것보다는 효과가 덜하겠지만 이런 이메일이 단기간에 수천 통 수신되면 해당 관청은 자신들이 잡아들인 죄인에 대한 대중의 관심이 지대하다고 생각하게 될 것이다. 그럼 그들은 일이 더 커져서 문제가 되지 않도록 조심하는 차원에서 해당 수감자에 대한 처우를 개선하라는 지시를 내릴 것이다. 또 상부에는 대중의 관심이 집중된 사건을 재심의해 체포·구금 조치가 반드시 필요한지, 오히려 석방이 유리하지 않은지 검토해 달라고 요청하게 될 것이다. 이는 결국 최소한의 노력으로 독재자들의 마음을 좀 더 무겁게 만들 수 있는 방법인 것이다.

세계 각국 정치범들의 운명에 변화를 줄 수 있는 이 네 가지 활동은 대민홍보와 인권교육을 통해 지지·강화된다. 지속적으로 인권침해가 발생하는 현실에서 편지와 캠페인, 그 밖의 다양한 활동들이 사람들의 의식 속에 자리를 잡게 되면, 많은 사람들이 그런 현실에 저항하는 활동을 하게 된다. 젊은 사람들에게 인권 관련 지식을 전하기 위해 국제엠네스티 회원들은 학교를 방문하는 활동도 벌인다.

풀려나 자유의 몸이 되거나, 적기에 인권침해 상황에서 벗어난 수감자들에 대한 국제엠네스티의 보고가 정기적으로 이어지는 것을 보면 이 단체의 활동이 효과가 있음을 알 수 있다. 국제엠네스티의 상징은 철조망으로 감싸여 있는 촛불이다. 피터 베넨슨은 국제엠네스티 설립 25주년 기념식에서 초에 불을 붙인 다음 이렇게 말했다.

"이 촛불은 지금 우리를 위해 타고 있는 게 아니라 우리가 그간 교도소 밖으로 꺼내지 못한 사람들, 교도소로 가던 중에 총에 맞아 죽은 사람들, 고문을 받고 납치된 사람들, 행방불명된 사람들을 위해 녹아

내리고 있습니다. 이 초는 바로 그런 사람들을 위한 것입니다."

국제엠네스티는 정치적 이유로 투옥된 사람들뿐 아니라, 고문이나 살인, 사형이나 국가에 의한 납치 등으로 인간의 기본권을 침해당한 사람들을 위해서도 활동한다. 얼마 전부터는 인질 감금, 소수민족 탄압, 망명 요청에 대한 의도적인 심사 연기, 동성애자에 대한 차별에도 맞서 싸우고 있다.

2001년 국제엠네스티 설립 40주년을 기념한 자리에서 베넨슨은 이렇게 말했다. "맨 마지막 양심범이 석방될 때, 마지막 남은 고문실이 폐쇄될 때, 유엔의 인권협약이 전 세계 모든 민족에게 적용될 때에야 비로소 우리의 일은 끝이 날 것입니다."

그가 죽을 때까지도 이 일은 끝나지 않았고, 그의 후임자들도 앞으로 오랫동안 이 목표를 위해 싸워야만 할 것이다. 피터 베넨슨은 83세의 나이로 2005년 2월 25일 옥스퍼드에서 숨을 거뒀다.

국제엠네스티 독일 지부의 설립자인 카롤라 슈테른은 피터 베넨슨에 대해 이렇게 회고했다. "나는 그의 겸손함에 특히 깊은 인상을 받았다. 그는 정치가가 아니라, 한 치의 흔들림도 없이 자신의 일을 꿋꿋이 해내는 평화주의자이자 평범한 변호사였다. 그를 생각하면 '불가능해 보이는 것을 찾아내 실행하라'고 했던 영국 명언이 머릿속에 떠오른다."

현재 국제엠네스티 회장인 이레네 칸은 그가 죽자 이렇게 말했다. "피터 베넨슨은 교도소의 어둠에 빛을 비춰 주고, 고문실과 사형 집행실의 공포를 전 세계에 알렸다. 그는 평범한 사람들이 특별한 변화를 이끌어 낼 수 있음을 그 누구보다도 더 확고하게 믿었다. 국제엠네스티의 설립으로 그는 우리 모두에게 변화를 만들어 낼 수 있는 기회를 주었다."

용기를 낸 사람들
열한 번째 만남

# 두려움보다 더 큰 호기심

# 안나 폴리코브스카야
*Anna Politkowskaja*

우크라이나계 미국인으로, 1958년 뉴욕에서 태어남 • 모스크바 대학교에서 언론학을 전공 • 1982년부터 여러 출판사와 신문사에서 근무함 • 1994년부터 1999년까지 주간지 『오브쉬차야 가제타』의 편집부 차장을 맡음. 나중에 야권 성향의 신문사인 '노바야 가제타'에서도 근무함 • 2001년 살해 협박을 받고 오스트리아로 피신함 • 2002년 체첸에서 러시아 군인에게 체포됨 • 2004년 베슬란 인질극에 대한 보도로 살해 위협을 받음 • 2006년 모스크바에서 암살됨

*
**

용기만으로 모든 것이 해결되는 것은 아니다. 용감한 사람들이 매번 성공을 거두는 것도 아니다. 이들이 항상 상이나 훈장 같은 것을 받거나, 고위 선출직에 앉거나, 공개적 인정이나 재정적 보상을 받는 것은 아니다. 용기를 내어 자기가 뜻한 바를 관철시키는 사람들은 별로 많지가 않다.

이런 경우보다는 건강을 잃거나, 심지어 목숨을 잃는 사람들이 더 많다. 그들은 목표를 달성하거나 유명해지기 전에 감금당하고, 고문당하고, 암살되고, 매장당하고, 망각되기 때문에 우리는 그들에 대해 아무것도 알지 못한다. 세상에 이런 사람들이 많을 거라고 그저 짐작만 할 뿐이다.

용감한 사람들 중에는 이 둘과는 또 다른 유형에 속하는 사람들도 있다. 이들은 투쟁에서 실패해 목숨을 잃지만, 그 과정에서 세계의 이목이 집중된 경우다. 이들에게는 자신을 세상에 알리고, 사람들의 기억 속에 각인시킬 수 있을 만큼의 시간적 여유가 있었다. 이들을 기억하고, 이들에 대해 생각하는 것은 큰 잘못을 저지른 범죄자들에게 우리가 내릴 수 있는 징계이기도 하다. 나쁜 것을 생각해 낸 자들을 세상에서 사라지게 만들되, 그들과 함께 그들의 사고도 사라지게 만들어야 한다.

자신의 목숨을 바치고, 그로 인해 우리의 기억 속에 남게 된 용감한 사람들 중 한 사람이 바로 안나 폴리코브스카야Anna Politkowskaja다. 러시아의 기자였던 그녀는 2006년 10월 7일 오후 모스크바 레닌 가에 있는 자신의 아파트 승강기에서 피격되어 48세의 나이로 사망했다. 범인은 확인사살을 위해 다섯 번째 총탄은 그녀의 머리에 대고 발사했다.

경찰 보고에 따르면 감시카메라에 찍힌 잔인한 살인범은 검은색 머리카락을 가진 키 크고 마른 체형의 젊은 남자였다. 모자에 가려 얼굴은 알아볼 수 없었다. 그는 마피아가 저지른 사건처럼 보이도록 범행에 사용한 무기를 희생자 옆에 놓고 갔다.

청부 살인 등 모든 수단을 동원해 반정부 인사들을 제거하려는 일련의 사건들을 종종 기사로 써서 세상에 알렸던 그녀가 그런 참변을 당한 것이다. 반정부 인사들은 모두 그녀가 청부 살해되었다고 생각했다. 폴리코브스카야는 죽는 순간에도 자기 자신이 그런 사건의 희생자가 되었다는 것에 놀라지 않았을 것 같다. 언젠가 그런 일이 생기리라는 것을 그녀도 잘 알고 있었다. 1999년부터 그녀는 정치인, 올리가르히(러시아 신흥재벌), 군인, 비밀정보원, 사업가 등의 러시아 지배층에게는 눈엣가시 같은 존재였다. 그녀가 그들의 음모를 파헤치는 글을 써서 종종 기사화했기 때문이다.

그녀는 죽는 순간 자기가 기자였다는 것과, 하필이면 러시아에서 힘이 제일 센 남자들을 상대했다는 것에 대해 후회했을까? 그건 알 수 없다. 다만 우리가 아는 것은 그녀가 기자였던 알랙산더 폴리코브스카야와 결혼해 두 아이를 낳은 평범한 가정주부였다는 것이다. 계속 평범한 가정주부로 살았다면 그녀는 아직 살아 있었을지도 모른다.

그러나 지적 호기심이 많고, 공부를 많이 한 여자들이 흔히 그런 것처럼 그녀도 집에서 자식을 기르고, 살림만 하는 것으로는 만족하지 못했다. 남편처럼 사는 게 훨씬 재미있어 보여 자기도 그렇게 살고 싶다는 생각을 품게 되었다. 그녀는 자기가 생각하는 바와 자기가 중요하다고 여기는 것을 글로 쓰는 일을 꼭 하고 싶었다. 그 어떤 이해관계에도 영향을 받지 않고 거침없이 진실을 써내려 가는 것이 그녀의 목표였다. 그것은 물론 매우 어려운 목표였다. 직원이 쓰고 싶어 하는 글을 그대로 지면에 싣도록 내버려 두는 출판사나 신문사가 어디 있겠는가?

그녀는 '항공운수'나 '이스베스티야' 같은 러시아 신문사나 잡지사에서 그 꿈을 시도해 보려고 했다. 그곳이 자기에게는 적합하지 않다는 것을 잘 알고 있었지만 그래도 그렇게 해서 그쪽 세계에 한쪽 발을 걸칠 수는 있게 되었다. 오랫동안 노력을 거듭하던 그녀는 1994년 초가 되어서야 자신의 생각을 폭넓게 쓸 수 있는 지위에 오르게 되었다. 주간지 『오브쉬차야 가제타』의 시사평론가로 들어간 그녀는 그곳에서 '특별 사건부'를 맡았고, 편집부 차장으로 승진했다. 그녀의 마지막 직장은 야권 성향의 주간지 『노바야 가제타』였다.

그제야 그녀는 러시아에서 벌어지고 있는 각종 부정부패, 인간 존엄을 훼손하는 정치적 행위, 의사표현의 자유에 대한 억압 같은 주제, 즉 많은 사람들이 좀 더 정확히 알 필요가 있지만 잘 모르고 있는 주제를 다룰 수 있게 되었다. 그래서 1999년 편집장이 그녀에게 제2차 체첸전쟁 특파원 자리를 제안했을 때에도 망설임 없이 수락했다. 체첸 역시 사람들이 좀 더 많이 알아야 하지만, 아직은 알려진 게 너무 없는 곳이었다.

체첸은 흑해와 카스피 해 사이에 있는 러시아의 작은 공화국으로, 모스크바에서 남쪽으로 1500킬로미터 정도 떨어져 있다. 1991년경부터 소련이 붕괴될 때까지 그곳은 러시아에서 가장 큰 분쟁지역이었다.

독일 장벽이 무너질 때, 민주주의 시장경제 체제를 유지하는 서구세계와 동구의 공산주의를 분리하고 있던 철의 장막도 함께 무너졌다. 그 후 다민족 거대국가인 소련은 붕괴 위기에 처하게 되었다. 그 이전까지는 러시아 황제들이 점령한 군소 국가들이 군사력에 눌려 한 나라로 겨우 유지되고 있는 상태였다. 결국 러시아는 중앙정부로부터 벗어난 백러시아, 우크라이나, 구르지아, 몰다비엔 같은 군소 국가들을 잃었다. 이를 본 다른 민족들도 독립하려고 했는데, 체첸이 바로 그런 곳이었다.

1990년 11월 체첸 의회는 공화국의 독립에 찬성표를 던졌다. 그 배경에는 연간 400만 톤이나 생산되는 석유로 모스크바의 통제를 받지 않고 자기들끼리 잘살 수 있을 거라는 확신이 있었다. 과거 소련 공군 장성이었던 조하르 두다예프가 중심 역할을 했다. 그는 1991년 10월 체첸에 결성된 독립운동본부와 체첸혁명의 최고 책임자였다. 1991년 11월 1일 두다예프가 '이치케리아 체첸공화국'의 독립을 선포했다. 그러나 아직 건재하였던 소련과 훗날의 러시아는 그것을 인정하지 않았다.

두다예프의 지도 아래 사회 전반에 걸쳐 '체첸화'가 진행되었는데, 주로 체첸에 살고 있던 러시아인을 괴롭히고, 모든 공공기관에서 내쫓는 것이었다. 모스크바는 그런 사태에 아무 반응도 보이지 않았지만, 두다예프의 성공으로 다른 소수민족들도 독립하려는 움직임을 보일 것에 대비해 경계 태세를 취했다.

결국 반격이 개시되어 1994년 12월 11일 러시아군이 체첸에 진입해 수도 그로즈니를 점령했다. 군사작전은 1996년 8월에 잠정적으로 평화협정을 체결하면서 종식되었다. 협정서에는 체첸의 독립을 5년 후에, 즉 2001년에 다시 논의한다고 적혀 있었다.

그사이 전 세계를 대상으로 이슬람화가 진행되었고, 과반수가 무슬림인 체첸에도 영향을 끼쳤기에 협상은 더 이상 진행되지 않았다. 아랍계 자금을 지원받는 이슬람 전사들이 체첸을 포함한 구舊소련을 이슬람 국가로 만드는 것을 목표로 남러시아 전역에 진입했다. 테러 공격이 일어나자 모스크바는 그 배후로 체첸을 지목했다.

당시 모스크바에서는 블라디미르 푸틴 총리가 행정수반이 되었다. 그는 체첸을 다시 러시아의 통제하에 두겠다고 단호하게 말했다. 1999년 10월 1일 체첸에 러시아 군대가 다시 진군하자 양측의 갈등이 증폭됐다. 두 진영은 한 치의 후퇴 없이 격렬하게 맞섰다. 러시아 곳곳에서 연이은 테러공격이 발생하자 러시아 군대는 대규모 반격으로 체첸을 자극했다.

그런 처절한 분쟁의 현장을 안나 폴리코브스카야가 보도했다. 그녀는 그곳의 실상을 직접 파악하기 위해 50번 이상 체첸을 방문해 시민운동의 희생자들, 정치인, 혁명가, 군인들을 만나 인터뷰하고, 양측 공히 저지르고 있는 수많은 전쟁범죄와 인권침해 사례의 증인이 되었다. 그녀는 또한 모든 권리를 빼앗긴 채 학대와 굴욕에 시달리고 있는 사람들을 만나 상담해 주며, 그들이 희망을 잃지 않도록 돕는 역할도 했다. 그녀가 감당하기 어려울 정도로 많은 우편물이 매일 답지遝至했다.

그중 몇몇 사연에는 그녀가 직접 나서기도 했다. 예를 들면 남부 체첸의 웨데노라는 지역의 여러 마을에 흩어져 살고 있던 90가구 대표들이 탄원서를 제출하기 위해 관청으로 가려고 했을 때, 그녀도 동행했다. 그들의 요구는 가능한 한 빨리 남부 체첸에서 러시아로 이주하도록 허락해 달라는 것이었다. 지속적인 굶주림, 견디기 힘든 추위, 외부 세계와의 완벽한 단절, 부족한 의료시설, 특히 자신들이 살고 있는 마을을 상대로 러시아 군대가 전개하는 무자비한 진압작전 때문이었다.

안나 폴리코브스카야는 그 현장을 함께하기 위해 체첸을 다시 찾았다. 그리고 그곳에서 러시아 군대가 어떻게 대응하고 있는지를 직접 체험했다. 그녀는 그 일로 하마터면 목숨을 잃을 뻔했다. 처음에는 평소와 별다르지 않았다. 사람들이 그녀를 문제 삼았지만, 결국은 그녀가 원하는 대로 내버려 두었다.

그곳에서 폴리코브스카야는 로지타를 만났다. 로지타는 자식이 4명이고 손자도 여러 명 있는 노파였는데, 어느 날 집에서 자다가 체포되었다. 테러리스트에게 숙소를 제공했다는 혐의였다. 그러나 그것은 군대가 구실을 만들기 위해 억지로 꾸며 낸 이야기였다. 압수수색을 하려고 로지타의 집을 찾아온 러시아 군인들은 집 안에 물건이 거의 없는 것을 보고 놀라워하면서도 로지타를 코투니 외곽에 있는 기지의 토굴로 끌고 갔다.

폴리코브스카야는 그곳에서 러시아 군대와 내무부 및 법무부 소속 직원들, FSB(소련 체재의 KGB 해체 후 만들어진 러시아 연방보안국—옮긴이 주) 요원들이 일종의 강제수용소를 운영해 돈을 벌고 있음을 폭로했다. 그들은 아무 저항도 하지 못하는 체첸인들에게 누명을 씌워 지하 토굴에 며칠간 가둬 놓고, 친척들이 보석금을 가져오면 석방해 주는 식으로 불법을 자행하고 있었다.

로지타도 바로 그런 일을 당해 12일간 토굴에 갇혀 있었던 것이다.

"고문당하셨어요? 그들이 막 발로 밟고 그러던가요?" 폴리코브스카야가 로지타에게 물었다.

"그거야 당연하지." 로지타가 말했다.

토굴 깊이가 1미터 20센티밖에 안 되어 그 안에 있으면 차가운 겨울바람은 겨우 피할 수 있었지만 나무줄기들 때문에 일어서기는 힘들었다고 했다.

로지타는 자기가 대체 누구를 재워 줬다고 그러는지 도무지 알 수 없었다. 세 번이나 조사를 받았지만 혐의가 밝혀지지 않았다. 고문도 당했는데, 아들 또래로 보이는 군인들이 로지타의 양손 손가락에 전깃줄을 감고 목덜미에 철사를 감았다.

"내가 고함을 얼마나 질렀는지 몰라." 로지타는 전기가 들어오면 말도 못 하게 아팠다고 진저리를 치며 말했다. "당신이 춤을 너무 못 춰서 전압 좀 올려야겠어." 군인들은 그렇게 말한 후 전원을 켰고, 그녀는 큰 소리로 비명을 질렀다고 했다.

결국 로지타의 친척들이 그들이 요구한 보석금을 마련해 군부대로 가서야 그녀는 겨우 풀려날 수 있었다. 그러나 몸과 마음은 이미 만신창이가 되어 있었다.

폴리코브스카야는 로지타가 겪은 일을 면밀히 검토하기 위해 군부대로 가서 러시아 군인들에게 물었다. "토우제니에서 온 로지타 할머니는 어떤 사람이었나요? 폭도였나요? 그렇지 않다면 왜 여기에 감금되었었죠? 그리고 왜 석방시킨 거예요?"

그녀는 아무 대답도 듣지 못한 채 사건과 아무 상관이 없는 것처럼 보이는 러시아 제45 공군부대의 부대장을 만났다. 전쟁을 지긋지긋해하는 것처럼 보이는 그가 그녀에게 코투니 부대를 보여 주고, 붙잡혀 온 체첸인들을 가둬 두는 토굴도 보여 주었다. 사방 각 3미터에 높이는 1미터 20센티로, 로지타가 말한 대로였다. 겨울 찬바람이 부는데도 그 안에서 악취가 물씬 풍겼다. 감금된 체첸인들이 그 안에서 대소변을 해결할 수밖에 없었기 때문이다. 그들은 그런 곳에 계속 갇혀 있었다.

부대장은 자신의 직속상관인 바라나우 장군이 이런 토굴을 발명한 거라고 했다. 어느 날 부대를 시찰하던 장군이 붙잡혀 온 체첸인들이 들판에 서 있는 것을 보고는, 전에 쓰레기 폐기장으로 사용했던 토굴로 데려가라고 명령하면서부터 그렇게 이용되고 있다는 거였다. 그러면서 부대장은 그곳에 폭도들만 가두어야지, 일반인들을 가두어서는 안 된다고 말했다.

그렇게 부대장을 만나고 헤어진 지 채 몇 분도 지나지 않아 폴리코브스카야는 체포되어 들판에 서 있어야만 했다. 한 시간도 더 지난 후 무장한 군인들이 중위의 지휘를 받으며 장갑차를 타고 나타났다. 군인들이 총부리를 겨누더니 그녀를 압송했다.

그녀에게 적용된 혐의는 신분증 위조였다. 그들은 그녀를 불순분자라고 부르며 몇 시간이나 심문했다. 심문 도중 나이가 많은 중위가 나타나 젊은 군인들을 막사 밖으로 내보내고 끈적끈적한 음악을 틀더니 그녀를 성희롱했다.

젊은 군인들은 폴리코브스카야의 사생활을 들먹이며 그녀의 아이들 사진을 보여 주고는, 자기들이 이 아이들을 해칠 수 있다고 협박했다. 심문한 지 3시간쯤 지났을 때 중위가 다시 나타나 그녀에게 말했다. "이리 나와. 내가 총으로 쏴서 죽여 버려야겠어!"

캄캄한 밤중에 그녀를 밖으로 끌고 나간 중위가 갑자기 큰 소리로 외쳤다. "셋, 둘, 하나, 발사!" 귀청이 떨어져 나갈 것 같은 폭발음에 그녀는 흠칫 놀랐다. 다시 정신을 차린 그녀가 주변을 살펴보고 나서야 자기를 놀리려고 중위가 장난을 쳤다는 것을 알게 되었다. 옆에 방금 전 포탄을 쏜 곡사포가 있었던 것이다.

중위는 그런 장난을 조금 더 치더니 그녀를 다시 지하 토굴에 가뒀다. 그녀는 정식 구속영장을 발부해 올 것과, 조사기록을 서면으로 남길 것을 요구했다. 아니면 적어도 친척들이 면회를 와 칫솔이라도 가져다줄 수 있는 교도소로 보내 달라고 했다.

"조용히 해! 넌 폭도야. 네가 우리를 위해 일하겠다고만 하면 넌 모든 것을 가질 수 있어. 하지만 넌 지하 토굴을 탐문하려고 여기에 온 거잖아. 앙큼한 계집년. 아주 교활하고 더러운 계집년! 너, 바사예프(체첸 반군지도자)한테 돈 받았지?"

군인들이 상부와 이리저리 한참 전화를 하더니 폴리코브스카야를 오랫동안 감금하거나 암살해서는 좋지 않겠다는 결론을 내렸다. 그녀가 외국에서 주시하고 있는 야권 성향의 주간지 『노바야 가제타』의 편집부 차장이었기 때문이다. 그녀의 사건이 밖으로 알려지면 국제적으로 이목이 집중되며 문제가 커질 가능성이 높았다. 결국 중위는 그녀를 풀어 주며 이렇게 말했다.

"내 마음대로 처벌할 수 있다면 넌 총살감이야."

그녀는 그렇게 위기를 모면했다.

다른 사람이라면 그런 끔찍한 경험을 한 체첸을 다시는 찾아가지 않았을 것이다. 그러나 안나 폴리코브스카야는 달랐다. 그녀는 그 후에도 체첸을 계속 찾아가 그곳에서 자행되는 불법, 약탈, 고문, 불법 거래와 민간인 공격에 대한 현지보도를 이어 갔다. 아마도 그래서 폴리코브스카야는 블라디미르 푸틴의 실체를 그 누구보다 먼저 알아챘던 것 같다.

러시아에서 무소불위의 권력을 휘두르던 푸틴을 그녀는 오래전부터 주시하고 있었다. 그가 최고 통치권자가 된 이후 체첸에서 벌어진 일들을 보면, 그녀가 그에 대해 가졌던 생각이 단순한 착각이 아니었음을 잘 알 수 있다. 체첸에 주둔한 러시아 군인들과 연방보안국 요원들이 체첸인들에게 공포와 두려움을 불러일으키는 동안, 푸틴은 모스크바에서 카메라를 보고 미소를 짓고 있었고, 텔레비전에 나와 애완견에 대해 이야기하기도 했으며, 교회에서 자신이 기도하는 모습을 찍도록 지시하기도 했다.

그녀는 러시아가 민주화될 거라는 말을 믿지 않았다. 2004년 1월 그녀의 일기장에는 "이곳에 민주주의는 없다."라는 말이 적혀 있다. 현실은 민주주의와는 정반대였다. 러시아에서 민주주의는 "의미가 크게 퇴색되었다. 국민이 결정하는 것은 아무것도 없다. 푸틴의 의지가 모든 것을 결정한다."

그녀는 두 가지 이유에서 푸틴을 무서워했다. "러시아 국민이 그를 좋아한다는 것은 인정한다. 러시아인들은 강한 남자를 선호하기 때문이다. 그렇기 때문에 푸틴은 인권운동가 같은 가면을 곧 벗을 것이다. 그에게는 그것이 필요하지 않을 테니까."

그녀를 두렵게 만든 또 다른 이유는 푸틴이 러시아에서 권력을 독차지한 이후 언론의 자유가 없어졌다는 것이었다. 반反푸틴파는 외국으로 망명을 떠나거나, 유죄 판결을 받고 수감되거나, 이상한 이유로 죽었다. 푸틴이 걸어가는 길에는 시체가 쌓여 갔지만, 살해를 사주한 사람으로 그를 잡아넣을 증거는 그 어디에도 없었다. 어쩌면 그는 러시아에서 일어난 수많은 암살 사건과 정말로 아무 관련이 없을지도 모른다. 단 한 건의 사건과도 관련이 없을 수는 있지만, 분명한 것은 그런 식으로 누군가 죽으면 그 죽음이 그에게 항상 유리하게 작용했다는 것이다. 이런 사실이 기자들을 두렵게, 조심스럽게, 복종하게 만들었다.

'극단적인 생각의 전파를 금지'하는 새로운 법이 제정되었다. 그것은 독일의 언론인 소냐 미키히가 말했듯이 '얼마든지 확대 해석할 수 있는 개념'이었다. "나라에 대한 불만을 말한 체첸의 노파나 시위를 벌인 동성애자들, 혹은 정치적 반대파들이 다 그 법의 적용 대상이 되었다. 검찰은 출판금지법 조항에 따라 모든 언론매체를 마음대로 조종할 수 있게 되었다. 구舊소련 시대에 그것은 '검열'이라는 미명하에 가능했다."

러시아 기자들 가운데 안나 폴리코브스카야만 살해 위협을 받은 것은 아니었다. 2000년 이후 지금까지 러시아에서는 12명이 넘는 기자가 살해되었고, 2008년 3월에는 단 하루 동안 2명의 기자가 암살됐다. 분쟁지역 리포터 일리야 슈르파예프가 모스크바 자택에서 흉기에 찔린 후 목 졸려 사망한 채 발견되었고, 러시아의 군소공화국 다게스탄의 텔레비전 국장도 자가용을 타고 가다가 총에 맞아 죽었다.

언론인들만 살해 위협에 시달렸던 것은 아니다. 러시아에서는 야권 정치인이나 올리가르히(신흥재벌)도 목숨이 위태롭다. 올리가르히는 과거 공산당 시절 감투를 썼다가 러시아에서 경공업 사업으로 돈을 번 사람들이다. 그들 대부분은 구舊소련 말기 혼란한 시기에 지저분

한 방법으로 재산을 축적했고, 정치적 영향력까지 갖게 되었다. 그들 중에 가장 유명한 사람이 석유재벌 미카일 초도르코브스키인데, 그는 2003년 가을 일명 '밤과 안개 작전' 중에 체포되어 본인 소유의 재벌기업 '유코스'에서 쫓겨났고, 탈세·사기·불법단체 결성죄로 시베리아에 유배되었다.

왜 하필 초도르코브스키였을까? 그와 같은 범죄를 저지른 다른 올리가르히들도 그와 같은 혐의를 적용해 처벌할 수 있었다. 그러나 유독 초도르코브스키만 체포된 것은 그가 정치에 관여해 푸틴의 권력을 인정하지 않았기 때문이었다.

2005년 6월 『프랑크푸르터 알게마이네 자이퉁』의 러시아 특파원은 기사에서 "대통령이 된 푸틴이 올리가르히들을 정치에서 몰아내기 위해 새로 그어 놓은 선을 그가 넘었기 때문이다."라고 분석했다. 독일의 주간지 『자이트』의 2003년 11월 6일자 기사 역시 "푸틴은 대통령이 되자마자 올리가르히들이 정치적 반대세력이 되지 않도록 하려고 오직 사업에만 전념하겠다는 서약서에 강제로 서명하게 했다."고 보도하고 있다. 대부분의 올리가르히들은 상황을 잘 이해했다. 그때 작성된 서약서를 잘 지킨 사람은 아직도 러시아에서 사업을 잘하고 있다. 그러나 그것을 잘 지키지 않은 사람들은 과거 옐친의 최측근이었다가 푸틴 정권이 들어서며 숙청당한 보리스 베레조브스키처럼 영국으로 망명했거나, 초드르코브스키처럼 시베리아의 교도소에 갇히는 신세가 되었거나, 블라디미르 골로블리우나 세르게이 유체노프처럼 암살되었다.

베레조브스키와 긴밀한 관계에 있던 연방보안국 요원 알랙산더 리트비넨코는 1998년 복면을 한 다른 몇몇 요원들과 함께 기자회견을 열고 연방보안국 지도부의 살인교사 혐의를 폭로해 세계적으로 유명해졌다. 그와 그의 동료들은 연방보안국이 자신들에게 당시 국가안보회의 서기였던 보리스 베레조브스키를 암살하라는 임무를 내렸다고 밝혔다. 이들은 또 러시아에서는 체첸인들의 짓으로 알려져 있는 몇몇 암살 사건의 배후에 러시아 연방보안국이 있다고 주장했다. 일례로 1999년 모스크바를 비롯한 러시아 여러 도시 주택가에서 발생하여 300여 명의 사상자를 낸 수류탄 공격 사건도 사실은 러시아 연방보안국이 제2차 체첸전쟁을 일으키기 위해서 꾸민 짓이라는 것이다. 이러한 리트비넨코의 폭로는 비밀정보요원들에게, 그중에서도 특히 과거 연방보안국 국장을 지낸 블라디미르 푸틴에게 적잖은 타격을 입혔다.

비록 증거를 제출하지는 못했지만 리트비넨코의 주장은 세르게이 코발요프 사건을 맡은 진상조사위원회 위원들로부터 지지를 받았다. 그러나 그 위원회는 일을 끝까지 매듭짓지 못했다. 위원회 의장 세르게이 유센코프가 2003년 4월 17일 총에 맞아 죽었기 때문이다. 리트비넨코와 마찬가지로 한때 연방보안국 요원으로 일했고, 위원회 대변인이기도 했던 미하일 트레파쉬킨 검사는 2004년 5월 국가기밀 누설과 불법 탄약소지 혐의로 4년 형을 선고받았다. 국제엠네스티 조사 결과에 따르면 그의 유죄 판결은 정치적 동기에 의한 것이었을 뿐 아니라, 국제적으로 통용되는 정당한 법적 절차도 따르지 않은 것이었다. 러시아 인권위원회는 1999년 시민 주거지에서 발생한 수류탄 공격의 배후가 폭로되는 것을 막기 위해 그의 혐의가 조작되었다고 결론 내렸다.

안나 폴리코브스카야가 일했던 주간지 『노바야 가제타』의 부편집장이었으며, 이 위원회의 또 다른 위원이었던 유리 쉬체코취친도 2003년 7월 3일 죽었다. 공식 사인은 알레르기 반응이 급작스럽게 진행되는 리엘 신드롬이었다. 그러나 그의 정치 동지들은 그런 사인에 의심을 표하며 '고인이 알레르기 증상으로 고생한 적이 없었고, 무엇에 대한 알레르기 반응이 그렇게 갑작스럽게 나타났는지도 규명되지 않았다.'고 지적했다. 사인을 좀 더 철저히 조사하려는 그들의 시도는 국가기관의 방해를 받았고, 그 결과 많은 의문점이 규명되지 못했다. 몇몇 서방 언론들은 독살을 언급했다. 러시아의 야권 인터넷 신문 『그래니닷 루』는 이 사건을 러시아에서 일어난 일련의 정치적 살인 중 하나로 분류했다.

러시아에서는 적을 제거하는 방법으로 총살과 함께 독살이 자주 사용되고 있다. 리트비넨코도 기묘하고 이해하기 어려운 폴로늄 중독으로 사망했다.

죽기 전 그는 러시아 석유 콘체른 유코스JUKOS의 파산에 관한 방대한 자료들을 수집해 놓았던 것으로 알려져 있다. 그는 또 이 회사 직원들의 실종 및 사망 사건에 러시아 정부가 직접적으로 개입되어 있다는 명백한 증거도 확보하고 있었던 것으로 알려져 있다.

리트비넨코는 안나 폴리코브스카야의 암살 사건에 관한 자료도 확보해 이탈리아의 국가정보원 마리오 스카라멜라에게 전달했는데, 이 자료에는 폴리코브스카야의 살해를 지시한 곳이 러시아 연방보안국 특수팀이었다는 사실이 명백하게 밝혀져 있다. 리트비넨코가 건넨 이 자료를 통해 런던에 거주하고 있던 올리가르히 베레조브스키가 다음 번 표적이라는 것도 드러나게 되었다.

이 자료가 진실이었는지 거짓이었는지, 혹은 일부라도 진실을 담고 있었는지는 이제 밝힐 수 없게 되었다. 다만 분명한 사실은 리트비넨코도 죽었다는 것이다.

2006년 11월 1일 리트비넨코는 몸이 안 좋아 병원에 입원했는데, 입원 후 며칠 만에 그의 몸 상태는 급속도로 악화되었다. 그가 죽기 불과 몇 시간 전에야 의사들은 소변검사를 통해 원인을 알아냈다. 방사능 물질인 폴로늄-210이 다량 검출된 것이다. 그는 2006년 11월 23일 죽었고, 영국 경찰은 그의 죽음을 타살로 규정했다.

이 사건 이후 일명 '러시아인 살해'로 보이는 사건이 연이어 터졌고, 푸틴이 그 배후로 지목되었다. 그가 그런 혐의들이 모두 터무니없는 억측이라고 부인하자, 소위 전문가라는 사람들이 나타나 이 사건들은 채권을 회수하지 못한 러시아 마피아가 일으킨 것이라는 분석을 내놓기도 했다. 또한 모스크바를 의심하게 한 것으로 보아, 러시아를 적대시하는 자들의 소행일 거라는 분석도 나왔고, 푸틴의 정적들이 푸틴에게 누명을 씌우기 위해 벌인 짓일 거라는 분석도 있었다.

사람들에게 인기가 많은 '제임스 본드' 시리즈도 러시아의 올리가르히, 마피아, 연방보안국에 얽힌 이야기에 비하면 아무것도 아니다. 제임스 본드 영화에서는 누가 악한 자고, 누가 선한 자인지가 확실하게 드러난다. 90분간 영화를 보고 나면 모든 의문이 해결되고, 결국 선한 자가 승리하지만 러시아의 현실은 그렇지가 못하다. 대부분의 의문점들은 밝혀지지 않는다. 그리고 선한 자가 최종 승리자가 되는 것인지는 아무도 알 수 없다. 누가 선하고, 누가 선하지 않은지가 분명하게 드러나지 않기 때문이다. 또한 나쁜 짓을 한 자는 익명으로 남아 반드시 법의 테두리를 벗어난다.

그러므로 리트비넨코 살해 사건은 안나 폴리코브스카야 사건이나 다른 사건들처럼 영구미제 사건으로 남을 것이다.

누가 과연 폴리코브스카야를 살해했는지도 다른 사건과 마찬가지로 명쾌하게 밝혀지지 않았다. 많은 사람들이 살해동기를 갖고 있을 것 같기 때문이다. 푸틴? 경찰? 체첸전쟁에 참전했다가 복수를 꿈꾸던 퇴역군인? 체첸 쪽 소속이었다가 러시아 쪽으로 전향한 지하전사? 청부살해 임무를 부여받은 연방보안국 요원들? 살인 사건으로 푸틴을 궁지에 몰아넣으려는 푸틴의 정적들? 연방보안국 요원들과 푸틴의 통제를 벗어난 체첸 또는 아프가니스탄 전사들이 죽음의 기병부대가 되어 러시아에서 일으킨 일련의 살인 사건? 아니면 폴리코브스카야에게 감시를 받는다고 느낀 부패한 관료나 체첸의 조직들? 러시아 마피아? 망명한 러시아인? 폴리코브스카야는 그 모든 사람들과 관련이 있었다.

그녀가 살해되자 늘 그래 왔듯이, 의심 가는 몇몇 사람들이 체포되었다가는 아무 일 없이 석방되었다. 어느 누구에게서도 명백한 증거가 나오지 않았다. 그리고 어쩌다가 진범이 잡히고, 그가 누군가의 사주를 받아 살해했음이 밝혀진다 해도 상황은 마찬가지일 것이다. 폴리코브스카야 살해 사건은 다른 사건들과 마찬가지로 그냥 묻힐 것이다.

푸틴에게도 명백한 증거가 나오지 않을 것이다. 그럼 해결되었다고 봐야 할까? 그것으로 그의 혐의가 깨끗이 벗겨졌다고 말할 수 있을까? 많은 사람들이 그가 한 짓으로 믿는다는 것이 그를 고민스럽게 하지는 않을까?

푸틴은 자신이 억울하게 누명을 쓰고 있는 것이라면 사람들이 그런 말을 하는 것에 분개해야 하는 것 아닌가? 독립신문 기자, 경찰이나 검사들이 하는 일을 그만 방해하고, 언론의 자유를 보장하고, 사법부의 독립과 비판적인 지식인을 용인하면 그의 나쁜 이미지는 상당 부분 불식될 것이다. 그러나 그런 것은 푸틴식 민주주의에 포함되지 않는 것 같다.

이 이야기는 약 3000년 전 이스라엘 다윗 왕의 궁전에서 있었던 일을 상기시킨다. 사람들은 다윗을 덩치가 크고 무시무시한 골리앗을 돌팔매로 물리친 영리한 젊은이로 기억하고 있다. 그러나 단지 그것 때문에 그가 오늘날까지 존경을 받는 것은 아니다. 그것뿐이었더라면 우리는 그를 쉽게 잊어버렸을 것이다.

다윗의 별이 아직도 여전히 이스라엘의 상징이 되고, 많은 사람들이 그를 기억하며 위대한 왕으로 존경하는 것은 그를 매우 불편하게 만든 다른 이야기 때문이다. 이 다른 이야기 속 다윗은 막강한 권력을 지닌 정치인의 모습을 하고 있다. 최고 권력자가 무소불위의 힘을 가지는 것은 예나 지금이나 마찬가지다. 다윗 역시 사적이고 이기적인 목적을 위해 자신의 정치권력을 마음대로 휘둘렀던 그런 인물이었다.

막강한 권력자 다윗은 어느 날 아름다운 여인, 바트세바를 보고 첫눈에 반했다. 그런데 그녀는 하필 자신의 용맹스러운 부하 우리아의 아내였다. 이스라엘에서 가장 막강한 권력을 갖고 있던 그에게 이 사실이 방해요소가 되었을까? 물론 그렇지 않았다. 그는 우리아를 가장 위험한 전쟁터로 보내라는 명령을 내렸다. 우리아를 전사하게 만들기 위해서였다. 실제로 그렇게 되었고, 다윗은 바트세바를 부인으로 맞이해 자식을 낳았다.

여기까지는 권력과 권력의 오용에 관한 평범한 이야기인 것처럼 보인다. 그러나 세상을 천 년 정도 앞서 가게 만든 뭔가 아주 새로운 일이 일어났다. 선지자 나탄이 다윗 왕을 찾아가 천하의 악당이라고 말한 것이다. 나탄은 왕도 나쁜 짓을 하면 처벌받아야 한다는 이스라엘의 합리적인 법 조항을 다윗에게 상기시켰다.

다윗이 한 악한 짓이 성경에 고스란히 적혀 있는 것만 보더라도 고대 이스라엘이 다른 곳과 달랐음을 알 수 있다. 어떤 시대든 대개 최고 권력자는 무제한의 권력을 휘두른다. 왕을 보위하는 신하들은 최고 권력자의 영광이 비판적인 말로 손상되지 않도록 엄격하게 주변을 살핀다. 그러나 고대 이스라엘에서는 최고 권력자에 대해서도 예외를 인정하지 않았기에 모든 불법적인 짓들이 적나라하게 고발되었다. 그리고 바로 그것이 역사 발전의 첫걸음이 된 것이다.

그러나 역사적으로 극적인 전환점을 맞게 된 또 다른 사건이 있었다. 다윗은 그때나 지금이나 최고 권력자들이 즐겨 사용하는 통상적인 방법을 사용하지 않았다. 즉 다윗은 법관에게 '법 절차에 따라 나탄을 조사해 교수형에 처하라.'고 지시하지 않은 것이다. 그렇게 하는 대신 다윗은 깜짝 놀라 자신의 죄를 인정하고, 반성하고, 부끄러워했다. 나아가 다윗은 나탄을 국정 고문의 자리에 앉힌 다음, 자신의 국정활동 전반을 날카롭게 비판하도록 했다. 왕에게 이 이상 더 무엇을 기대할 수 있겠는가? 이런 이유로 다윗은 오늘날까지도 가장 위대한 왕으로 칭송을 받고 있는 것이다. 이렇게 하여 다윗은 인류사에 큰 족적을 남긴 왕이 되었다. 그러나 그의 뒤를 잇는 많은 권력자들은 자꾸만 후퇴하는 모습을 보였고, 러시아에서는 오늘날까지도 그렇게 하고 있다.

한편 나탄의 등장으로 인해 이 세상에는 완전히 새로운 존재, 즉 출판과 언론 자유의 선구자 역할을 한 선지자가 나타났다. 이스라엘의 선지자들은 오늘날 우리가 생각하는 것처럼 미래나 예언해 주는 점성술사가 아니었다. 이들은 논란의 여지가 있는 공적 사안에 대해서는 독립적인 상태에서 그리고 부정부패에 휘둘리지 않는 상태에서 오로지 자신의 판단으로 결정을 내리고, 이를 신의 이름을 빌려 말했던 지성인들이었다. 이들은 권력자는 물론이거니와 일반 백성도 배려하지 않았다.

이후 등장한 이스라엘의 선지자들은 나탄과 마찬가지로 가난한 사람들이 멸시받고 약탈당하는 것을 공개적으로 비판했다. 그들은 권력의 남용을 비판하고, 하느님의 백성을 올바르게 이끌어 주는 이스라엘의 본래 임무를 잊지 않게 해 주었다. 그들은 권력자가 이스라엘에 주어진 사명을 배신하면 아무리 사소한 것이라고 하더라도 매우 예민하게 반응했다.

그런데 그들은 자유롭게 의사를 표현할 수 있었을 뿐, 권력 수단은 갖고 있지 않았다. 그래서 그들은 모욕을 당하거나 비웃음을 받아도, 심지어 무시를 당해도 어떻게 할 방법이 없었다. 그러나 어느 누구도 선지자들이 공개적으로 말하는 것을 막을 수 없었고, 권력 앞에 고개를 숙이라고 그들에게 강요할 수 없었다. 모든 다른 나라에서는 단순히 보고만 이루어지고 있을 때, 이스라엘에서는 권력에 대한 비판이 가해졌다. 이스라엘에서는 왕을 신격화하는 것이 불가능했다. 선지자가 왕과 백성들에게 심어 준 도발적인 자의식이 끝까지 사라지지 않았기 때문이다.

최고 권력자도 법의 심판을 받아야 한다. 반대파를 제거하고, 표현의 자유를 억압하고, 비판적인 사람을 가두고, 진실을 감추고, 아첨을 떠는 사람들만 주변에 둔다면 그들은 정신적으로 다윗 왕 이전 시대를 살아가고 있는 것이다. 러시아 정교회 신부가 독실한 신자라는 푸틴을 따끔하게 질타할 수 있는 시대가 과연 올 것인가? 아마도 우리는 그것을 경험하지 못할 것 같다.

용기를 낸 사람들
열두 번째 만남

# 칼 대신 쟁기를! | 베르벨 볼레이 *Bärbel Bohley*

1945년 베를린에서 태어남 • 1963년 대학 입학자격시험에 응시함 • 상품 판매원 교육을 이수함 • 1969년부터 베를린 바이센제 예술대학에서 회화와 그래픽을 공부함 • 1974년부터 프리랜서 예술가로 활동 • 1980년 동독의 국가 예술품 거래 지원금을 받음 • 1983년 '반역적 소식 전달' 혐의로 6주간 구금. 그 후 전시 및 여행 금지 조치를 받음 • 1988년 체포되어 6개월간 영국으로 강제 출국당함 • 1990년 동베를린 시의회에 '새로운 포럼' 소속 시의원으로 당선됨 • 비밀경찰 슈타지 본부 점령 • 1994년 독일연방 공로훈장 수상 • 1996년 베를린에 '동사무소연합회' 설립 • 사라예보에서 고위 대표자 사무실(OHR)에 근무함 • 2010년 폐암으로 사망*

* 베르벨 볼레이는 이 책의 원서가 출간된 해인 2008년 이후 사망하였다. 따라서 이 내용은 옮긴이가 추가한 것이다.

*
**

불법국가('법치를 하지 않는 국가'에 대한 통칭으로 사용되는 정치체제—옮긴이 주)를 무너뜨리는 데 얼마나 많은 사람이 필요할까? 그 질문에 정확히 답변해 줄 수 있는 사람은 아무도 없겠지만, 동독을 예로 든다면 한 나라를 역사의 뒤안길로 보내는 데 2500명이면 충분했다.

국토 면적이 10만 8000제곱킬로미터이고, 인구가 약 1700만 명이었던 동독에서 불과 2500명, 즉 0.00015퍼센트도 안 되는 사람이 국가체제를 전복시킨 것이다.

동독의 정부와 관청에서 일하는 사람들은 1700만 국민 개개인을 통제해야 하고, 그렇기 때문에 사찰활동에 대한 기록을 정확히 남겨야 된다고 믿었다. 그들은 통제하기 어렵거나 불가능하다고 분류되는, 무소불위의 막강한 권력을 휘두르는 정부조차 두려워할 수밖에 없는 사람들을 특히 주시했다. 그러한 까닭에 우리는 국가체제를 전복시킨 2500명에 대한 정보를 정확히 알 수 있게 되었다.

1988년 6월 동독 정부에 '정부에 적대적이고, 그 밖의 다른 부정적 요소를 안고 있는 반체제 단체들'의 현황에 대한 보고서가 올라왔다. 그런 단체들이 모두 160개였다. 그중에 150개가 '종교에 근간을 둔 단체', 예를 들면 '평화단체', '환경단체', '평화와 환경 혼합단체', '여성단체', '의사단체', '인권단체'와 '제3세계 단체' 등이었다. 그 밖에 '특별한 기능을 수행하는 사람들이 모여 만든 단체'도 있고, 숫자가 정확히 파악되지 않는 '각 지역별 병역의무 거부 단체'도 있었다. 각 단체에 속해 있는 회원 수가 정확히 파악되지는 않았지만 대략 2500명이 체제에 우호적이지 않거나, 정치적으로 불순한 '인물'로 추정되었다.

이런 '불순분자'의 인원수는 국민을 통제하는 특수 임무를 맡기기 위해 만든 정부 부처의 소속 공무원들에 의해 파악되었다. 약칭 MfS, 즉 '국가보안부', 일반 대중들이 '슈타지'라고 부르는 곳에서 근무하던 사람들이다. 슈타지는 권력지배층을 위한 정보수집 임무를 맡았다. 정부는 슈타지를 활용해 국가체제에 위협이 되는 잠재적 적의 현황과, 누가 어디서 국가전복을 꾀하고 있는지, 어디에서 금지된 사상이 논의되고 있는지를 가능한 한 조기에 파악하기 위해 국민들의 일상에 깊숙이 파고들었다.

사실 동독 공산당이 처음에 꿈꿨던 것은 그런 것이 아니었다. 그들은 더 나은 세상을 원했다. 계급이 없고, 공평하고 평화로운 세상 말이다. 그런 새로운 세상을 만들려면 거기에 걸맞은 능력을 갖춘 새로운 사람들이 있어야 했지만, 불행히도 그런 사람이 없었다. 정부와 공산당은 먼저 그런 사람들을 키워 내기로 했다. 과도기에 그들은 이미 존재하는 사람들, 즉 신뢰가 가지 않고, 불안하고, 나약하고, 인내심이 부족하고, 이기적이라고 판단되는 기존의 사람들로 새로운 사회를 건설하기로 한 것이다.

그렇게 믿음이 안 가는 사람들로 새로운 사회를 건설하려다 보니, 국가는 국민을 감시하고 지휘하고 통제하기 위해 국가보안부, 즉 비밀경찰 슈타지를 만들게 되었다. 슈타지의 비밀요원들은 국가를 위해 사회의 모든 계층에 투입되어 국민들의 일거수일투족을 철저하게 감시했다. 그리고 정부의 정치적 판단에 도움을 주기 위해 반체제 인사나 단체의 현황을 정기적으로 상부에 보고했다. 바로 이것을 통해 우리는 동독이 약 2500명에 달하는 '내부의 적들'에 의해 무너졌다는 것을 알게 되었다.

슈타지가 애석하게도 책임을 통감하지 않을 수 없음을 인정한 내용의 보고서도 있었다. "국가적·사회적으로 많은 노력을 기울였음에도 불구하고 현재까지 불순세력을 줄이는 데 성공하지 못했습니다. 불순분자들이 속한 단체를 하나 해체하면 더 많은 단체들이 새롭게 결성되고 있습니다." 이는 동독 정부가 국민에 대한 통제력을 잃고 있음을 뜻하는 말이기도 하다. 이 보고서는 그로부터 17개월 후 동독 권력층에 닥칠 재앙을 예고하고 있었던 것이다.

그 일이 터졌을 때 서독인들은 텔레비전 앞에 앉아 눈물을 흘리거나, 기적을 보는 듯 놀라워했다. 또 한 나라의 국민들이 어떻게 자신이 살아온 조국을 등지는지를 눈으로 직접 확인하기 위해 동·서독 국경선을 찾아가거나, 베를린을 방문하기도 했다. 수많은 사람들이 걷거나 차를 타고 동독에서 서독으로 넘어와 자유의 품에 안기거나, 베를린 장벽을 기어올라 반대편으로 뛰어내렸다. 불순분자로 분류되었던 2500명이 불과 몇 달 사이에 수백만 명으로 불어나 거리로 뛰쳐나와 소리쳤다. "우리가 바로 그 국민이다!"

1988년 6월에 작성된 슈타지의 보고서에도 '내부의 적'과 '불순세력'들이 포함된 이적단체 지도부의 인원수가 기록되어 있었다. 슈타지는 전체 2500명 가운데 600명을 주동자로 보았고, 그중에서도 60명은 "광적이고, 개인적으로 인정받으려는 욕구가 강하며, 정치적 경력을 쌓으려는 의도가 있는 사람들이어서, 그 어떤 교육도 시킬 수 없는 사회주의의 적"으로 따로 분류했다. "정치적 경력을 쌓으려는 자"로 분류되며 슈타지의 보고서에 매번 이름이 거론되던 사람들 중에 과거 동독 야권에서 중요한 역할을 했고, '내부의 적'으로 알려지며 더욱 중요한 인물이 된 여성이 한 명 있었다. 바로 베르벨 볼레이Bärbel Bohley다.

신학자이자 동독의 자유사상가인 에르하르트 노이베르트가 낸 아주 두꺼운 책에는 1949년부터 1989년까지 동독 야권에서 활동한 사람들의 이름이 15쪽에 걸쳐 자세하게 나와 있다. 이 책을 한번 훑어보면 '에리히 호네커', '발터 울브리히트', '만프레드 스톨페'와 함께 '베르벨 볼레이'의 이름이 가장 자주 거론되고 있음을 알 수 있다. '볼프 비어만', '로베르트 하베만'과 거의 비슷하게, '그레고어 기지'와 '에곤 크로이츠'보다는 더 자주 거론되었다. 이는 베르벨 볼레이를 빼놓고는 동독의 야권 인사에 대해 말할 수 있는 것이 거의 없다는 뜻이다.

불법국가(동독 체제)에서 어떤 식으로 반체제 인사를 관리했는지는 베르벨 볼레이의 삶을 살펴보면 잘 알 수 있다. 또한 그녀의 운명적인 삶을 따라가다 보면 2500년 전에 이미 예견되었던 인류의 마지막 희망이 어떻게 사라졌는지도 엿볼 수 있다. 당시 유대의 선지자들은 언젠가 도래할 아름다운 시대를 이렇게 예언했다.

"늑대가 새끼 양과 함께 살고 표범이 새끼 염소와 함께 지내리라. 송아지가 새끼 사자와 더불어 살쪄 가고 어린아이가 그들을 몰고 다니리라. 암소와 곰이 나란히 풀을 뜯고 그 새끼들이 함께 지내리라. 사자가 소처럼 여물을 먹고 젖먹이가 독사 굴 위에서 장난하며 젖 떨어진 아이가 살무사 굴에 손을 디밀리라."(이사야서 11장 6~8절)

"그분께서 민족들 사이에 재판관이 되시고 수많은 백성들 사이에 심판관이 되시리라. 그러면 그들은 칼을 쳐서 쟁기를 만들고 창을 쳐서 낫을 만들리라. 한 민족이 다른 민족을 거슬러 칼을 쳐들지도 않고 다시는 전쟁을 배워 익히지도 않으리라."(이사야서 2장 4절)

"그날이 오면 사람마다 아무런 위협도 받지 않고 제 포도나무와 무화과나무 아래 앉아 지내리라."(미가서 4장)

"만군의 주님께서는 이 산 위에서 모든 민족들을 위하여 살지고 기름진 음식과 잘 익고 잘 거른 술로 잔치를 베푸시리라."(이사야서 25장 6절)

"그분께서는 죽음을 영원히 없애 버리시리라. 주 하느님께서는 모든 사람의 얼굴에서 눈물을 닦아 내시고 (…) 보라 내가 새 하늘과 새 땅을 창조하나니 이전 것은 기억되거나 생각나지 아니할 것이리라."(이사야서 25장 8절 (…) 65장 17절)

이런 엄청난 예언들이 이사야서와 미가서에 나오지만, 이뤄지지 않았다. 예수는 그것이 이뤄질 수 있게 하려고 위험을 감수하며 '완전히 새롭게 시작'하기를 원했지만 결국 그렇게 되지 못했다. 언젠가는 예언이 이루어지는 날이 반드시 올 것으로 확신했던 사도 바울과 태초의 기독교 신도들은 실망했다. 교회와 유대교의 랍비들은 그 이야기를 수백, 수천 년 동안 되풀이하면서 언젠가는 약속된 미래가 오기를 소망하고 있지만 아직도 그런 날은 오지 않고 있다. 그 예언이 '카를 마르크스'와, '레닌'이라고 세상에 알려져 있는 '블라디미르 일잇취 울리야노프'의 이론에도 담겨 있다. 그들은 그날이 오기를 기다리지 않고, 무력을 동원해 그날을 앞당기려고 했다. 그러나 지상낙원을 만들려는 그들의 시도가 오히려 지옥을 만들어 냈다.

1945년 베를린에서 태어난 베르벨 볼레이의 삶을 보면, 지상낙원에 대한 그들의 희망이 마침내 사라졌음을 잘 알 수 있다. 어렸을 때 그녀는 독일 역사의 흔적을 고스란히 담고 있는 베를린 슈프레 강 어귀의 폐허에서 자주 놀았다. 옛날에는 제국의사당이 있었고, 지금은 연방의회와 연방수상 관저가 있는 곳이다. 볼레이가 태어날 무렵 독일은 전 세계를 지배하려는 야욕에 가득 찬 아리아 민족의 광기가 수그러들고, 군사주의와 국수주의에서 비롯된 광적인 사고가 차츰 사라지고 있었다. 폭격을 맞은 제국의사당에서 피어오르던 자욱한 연기는 볼레이가 그곳을 놀이터 삼아 놀던 시절 이미 사라지고 없었지만, 희생된 5천만 명의 군인과 민간인 그리고 학살당한 600만 명의 유대인에 대한 기억은 여전히 생생하게 남아 있었다.

볼레이는 그런 역사를 직접 체험하지 않았지만 부모를 통해 자세한 내막을 들었다. 정치에 일정한 거리를 두고 살았던 그녀의 부모는 히틀러 정권 때에는 나치에 가입하지 않았고, 울브리히트 정권 때에는 공산당에 가입하지 않았다. 그래도 집에서 정치에 관한 이야기를 많이 해 볼레이는 정치에 대한 관심과 거리 두기가 공존하는 환경에서 성장했다.

동독이 세워진 초창기인 1949년부터 1953년까지 그녀의 부모는 나라가 앞으로 어떻게 변할 것인지에 대해 관심이 많았고, 새로운 나라에 거는 기대가 과연 어떤 현실로 다가올지 긴장하며 지켜보았다.

원래 처음 동독을 세운 사람들의 포부는 과거보다 더 나은 독일을 건설하는 것이었다. 군국주의, 순혈주의와 유대인 배척주의, 국가적 광기가 다시 출몰하지 않는 나라, 두 차례에 걸친 세계대전을 교훈 삼아 전쟁의 폐허 위에 완전히 새로운 평화의 나라를 건설할 계획을 세운 것이다. 그런 점에서 동독은 과거 나치에 협조했던 사람들이 별 반성 없이 다시 과거의 관직으로 복귀한 서독과 달랐다. 평범한 노동자와 농부가 당당히 목소리를 내고, 공평하고 계급이 없는 사회를 만들어 새로운 인간을 키워 내는 것이 그들의 목표였다.

동독에서는 생산수단(토지, 공장, 사업체)에 대한 사유재산제가 폐지되었다. 자본가가 노동자를 착취해 부자가 되는 것을 막기 위해서였다. 유일한 정당인 독일 통일사회당의 '프롤레타리아 독재'가 정당 내에서의 자유로운 토론, 계획, 자아비판, 과학, 예술, 문화와 기술의 발전을 통해 이제 모든 국민이 행복해하고, '동지'들 한 명 한 명이 자신의 개성을 마음껏 펼치는 그런 사회를 만들어 낼 것이라고 사람들은 믿고 있었다.

장기적으로 보면 자본주의 사회인 서방세계의 노동자와 농부도 공산주의의 우월함을 깨닫게 될 거라고 공산주의자들은 믿었다. 그래서 서방 체제가 언젠가는 혁명에 의해 무너지거나 자기모순에 빠져 파국을 맞고, 그 이후에 동서의 대립이 없어지게 될 것으로 그들은 전망했다. 또한 전 세계가 공산화되면 전쟁이 일어날 이유가 없어질 것이므로, 세계평화를 위해서도 공산주의가 반드시 승리를 쟁취해야 한다고 주장했다.

이론은 그랬고, 많은 사람들이 그것을 믿었다. 서독 사람들도, 특히 많은 지식인들, 작가, 시인, 예술가, 언론인들이 이런 이론에 동조했다. 그들은 사회주의적 실험에 열광했다. 그들 가운데 많은 사람들이 노동자와 농부가 중심이 되는 동독을 도와 국수주의, 군국주의, 광기어린 과거와 결별하겠다는 완전한 이상을 실현하기 위해 서독에서 동독으로 이주했다.

볼레이의 부모는 처음부터 공산주의의 구상에 회의적이었다. 나치에 열광하던 사람들이 전쟁이 끝나고 러시아가 들어오자 광적인 공산주의자로 돌변하는 것을 봤기 때문이다. 나치시대에 경력을 쌓았던 자들이 공산주의자가 되어 계속 경력을 쌓아 올리고, 수십 년이 지나 장벽이 무너지자 이미 두 번의 변신을 꾀했던 기회주의자들이 세 번째 변신을 도모했다. 그들은 서독에서 과거 나치들이 전쟁 후 민주주의자로 변신했던 것처럼 민주주의와 시장경제에 열광하며 경력의 단절 없이 계속 성공가도를 달렸다. 히틀러 때 정권에 저항하다 교도소에 수감까지 됐던 사람들은 동독에서 다시 옥살이를 했다. 동독 체제를 시체를 넘어 앞으로 전진하는 무자비한 소수층의 지배가 아니라 인민의 나라로 생각해 저항했기 때문이었다.

그런 사정에 대해 잘 알고, 직접 체험한 사람들은 '높은' 사람을 만나면 소극적 태도를 보이며 적당한 거리를 둔다. 그 사람의 친인척이 정부 고위층일 수도 있고, 자기가 부지런하고 성실하고 능력 있고 추진력 있고 통솔력 있는 사람이라는 것을 인정받으려면 어떤 태도를 보여야 하는지 어릴 때부터 본능적으로 알거나 남들보다 빨리 터득한 사람이기 때문이다. 그들은 자기가 언제라도 위로 올라갈 수 있는 능력이 있고, 어떤 체제든 간에 그 체제에서 꼭 필요한 사람이라는 인상을 심어 주려고 노력하며, 특정한 상황에서 도덕적 기준에 따라 움직이지 않고, 전체와 자기 자신이 발전할 수 있는 방법을 열심히 찾아 나선다.

볼레이의 집 식구들은 그런 사람들을 불신의 눈초리로 바라보았다. 볼레이는 어릴 때부터 그것을 배웠고, 그런 태도가 몸에 배었다. 1953년 6월 17일 볼레이의 부모는 동독 정부와 그곳의 지배층에 대한 분명한 인식을 갖게 되었다. 당시 9살이었던 볼레이는 상황 파악이 힘들었지만 앞으로의 미래에 큰 영향을 미치는 엄청난 일이 일어나고 있다는 것을 느낌으로 알 수 있었다.

그날은 노동자들이 폭동을 일으킨 날이었다. 열악한 처우에 대해 항의했고, 특히 정부와 공산당이 계획경제를 구실로 노동자들에게 매년 더 많은 성과를 요구하면서 임금은 더 적게 주는 것에 대한 불만이 폭발했다.

그것은 정부 고위층에게 큰 충격이었다. 절대로 일어나서는 안 될 일이 일어난 것이다. 그들은 파시즘적이고, 자본주의 체제인 서독의 반혁명적 괴수가 주동한 일이라고 판단해 시위대를 무력으로 진압할 것을 명령했다.

베르벨 볼레이도 그날을 기억했다. "장갑차들이 동베를린에 물밀듯이 밀려들어 왔다. 사방에 시체와 부상자들이 즐비했고, 많은 사람들이 잡혀갔다. 야간 통행금지 조치가 내려지고, 밖에서 3명 이상이 만나는 게 금지되었다. 우리 부모님의 지인들은 서베를린으로 피신했다. 그날 동생이 바드 쾨젠에 수영을 하러 갔는데, 부모님은 또다시 전쟁이 터질까 두려워하면서도 혼란한 틈에 동생이 길을 잃지 않을까 걱정이 태산이었다." 그날 최소 40명이 총에 맞아 죽었다. 시위를 주모했다는 혐의를 받은 사람들은 교도소에 수감되었다.

상황이 그렇게 되자 동독 정부의 실체가 확실하게 드러났다. 당시 상황을 볼레이는 이렇게 적었다. "이제 우리도 서쪽으로 가야 되지 않느냐고, 집에서 밤새 이런저런 이야기를 하며 고민했다. 프리드리히가街의 기차역으로 가서 전철을 타고 서베를린의 동물원 역까지 갈 것인지, 아니면 집에 그대로 있을 것인지, 둘 중 하나를 선택해야 했다. 결국 우리는 너무 많은 사람들을 수용해 비좁아진 서독의 난민수용소

환경도 그렇고, 비록 화장실이 집 밖에 있는 작은 집이지만 모든 것을 두고 피난을 떠나는 게 영 내키지 않아 그대로 남기로 결정했다."

당시는 서쪽으로 넘어가는 게 그렇게 쉬웠다. 그러나 많은 사람들은 상황이 곧 나아질 것으로 기대하고 동독에 그냥 남았다. 하지만 정부가 자본주의에 대한 공산주의의 우월을 선포하며 더 나은 세상을 약속하는 일은, 평범한 사람들을 정치의 중심에 세우는 일은 불가능했다. 오히려 그 반대의 일이 일어났을 뿐이다. 그럼에도 아직 많은 사람들이 정부와 당을 신뢰하고 있었다.

공산당, 특히 동유럽 전체를 지배하는 모스크바의 공산당은 사람들로부터 신뢰를 잃지 않기 위해 모든 수단과 방법을 동원했다. 그러다 그들이 본모습을 드러내는 일이 1956년에 다시 일어났다. 헝가리에서 노동자들이 폭동을 일으키자 다시 장갑차들이 출동한 것이다. 3년 전 베를린에 등장했던 소련의 장갑차들이었다.

볼레이는 당시 11살이었고, 그 모든 상황을 정확히 지켜볼 수 있었다. 그녀의 집에서는 그 사태에 대해 모두 솔직하게 말했다. "아버지는 서베를린에서 보내는 단파방송 '리아스'를 몰래 청취하고 있었다."고 볼레이는 회상했다. 당시 공산주의자들은 '반동분자들이 거짓을 늘어놓는다.'며 그런 방송을 듣는 것을 금지시켰다. 그들은 서방의 라디오, 텔레비전, 신문, 잡지, 책 등이 오직 노동자와 농부의 나라를 무너뜨리려는 한 가지 목적으로, 잘못된 정보를 퍼뜨려 인민이 정부에 등을 돌리게 만든다고 했다. 당시 많은 사람들은 그 말을 그대로 믿었다.

하지만 볼레이 가족은 아무도 그 말을 믿지 않았다. 노동자와 농부의 나라를 세운다는 게 모두 다 허황된 거짓말임을 통일사회당이 1961년 여름에 분명하게 보여 주었다. 당시 볼레이는 용돈을 벌기 위해 어린이 캠프장에서 일했는데, 캠프장에서 돌아오는 길에 보니 장벽이 설치되어 있었다.

"나는 그것이 사회주의를 건설하는 데 필요해서 세운 거라고 믿었다. 불순분자, 폭도, 훼방꾼들이 이제는 장벽 때문에 동독으로 들어올 수 없게 되었으니 곧 자유로운 나라가 될 거라고 생각했다. 그리고 앞으로는 친구들이 더 이상 서쪽으로 넘어가지 않을 테니 나 혼자 학교에 남게 되지 않을 거라고 생각하기도 했다. 그러나 러시아 선생님이 학교에 그대로 남아 있는 것을 보고 나는 장벽이 외부가 아니라 내부를 단속하기 위해 세워졌다는 것을 알았다. 그것은 내가 원하는 것을 갖지 못하게 하고, 읽고 싶은 것을 읽지 못하게 막는 벽이었다. 그 장벽은 내가 학교에 갈 때 어떤 바지를 입고, 머리 모양은 어떻게 해야 하는지, 어떤 안경을 쓰고, 어떤 음악을 듣고, 어떤 생각을 해야 하는지를 결정해 주었다. 사람을 복종하도록 만들기 위해, 국가가 국민을 통제하기 위해 그것이 세워진 것이다." 벽, 철조망, 자동총, 지뢰밭과 발사 명령이 노동자와 농부가 노동자와 농부의 나라로부터 도망치는 것을 막았다. 그런데도 탈출을 기도해 국경선을 넘으려고 한 사람은 총살되거나, 체포되어 구금되었다."

그런 일을 겪으면서 동독 국민들의 마음속에 당에 대한 믿음과 동독 정부에 대한 신뢰는 사라졌다. 하지만 사회주의에 대한 믿음은 여전했다. 당시 동쪽이나 서쪽의 많은 사람들은 여전히 사회주의가 원칙적으로는 더 나은 체제인데, 다만 잘못된 사람들이 잘못된 방법으로 현실화한 것이 문제라고 믿었다. 그들은 그것을 바꾸기 위해 더 많은 민주주의와 공개 비판이 가능하도록 당에 변화를 주어야 한다고 생각했다. 볼레이도 마찬가지였다.

그러나 1968년이 되자 베르벨 볼레이와, 그녀와 뜻을 같이한 동지들에게는 그런 믿음마저도 사라져 버렸다. 체코슬로바키아의 공산당 제1 서기가 된 알렉산더 두브체크는 볼레이와 다른 많은 공산주의자들이 꿈꿔 왔던 것을 실행하려고 했다. 더 많은 민주주의, 자유, 비판, 언론 자유, 소련에 대한 독립, 개혁. 그는 이른바 '인간의 얼굴을 한 사회주의'를 실현하고자 했다. 동독과 서독 사람들은 희망과 근심 사이를 오락가락하며 짧은 여름을 보냈다. 많은 사람들이 그의 실험이 성공하기를 기원했고, 성공할 수 있을 거라고 믿었다.

그런데 다시 장갑차들이 출동했다. 동유럽의 모든 나라에서와 똑같은 상황이 벌어진 것이다. 동독의 국가민중군대의 기갑부대도 마지막 희망이었던 '프라하의 봄'을 박살 내기 위해 프라하로 진군했다. 공산주의 개혁파들은 교도소로 사라졌다.

"그 사건 이후로 나는 사회주의의 개혁 가능성을 더 이상 믿지 않게 되었다. 프라하의 봄이 파국을 맞으면서 많은 사람들이 정치에 대한 희망을 버렸다. 체코슬로바키아에서 그 사태가 벌어지기 전까지는 많은 사람들이 사회주의의 개혁 가능성에 대해 종종 흥미로운 토론을 벌이곤 했다. 내가 아는 사람들 중에도 통일사회당에 가입한 사람들이 몇 명 있었다. 당원들이 가장 자주 하는 말이 당 안에서부터 변해야 한다는 것이었다. 프라하의 봄이 파국을 맞으면서 친구들과의 사이도 멀어졌다. 통일사회당에 가입하려고 했던 친구들을 포함한 몇몇은 그 후 몇 년이 지나지 않아 서쪽으로 넘어갔다. 1968년 이후로는 미래에 대한 희망이 전혀 없는 것처럼 보였다. 이전보다 더욱 견고해진 장벽이 어느 날 갑자기 공중분해될 것 같지도 않았다. 서독으로 도망치거나, 아니면 동독에 남아 살짝 굽히고 사는 방법 중에서 하나를 선택해야만 했다.”

볼레이는 동독에서 예술가로 살면 그렇게 살 수 있을 거라고 생각했다. 그것은 한편으로 맞는 말이고, 다른 한편으로는 틀린 말이었다.

예술은 자유로울 때에야 비로소 풍성해진다. 자유롭지 못하면, 압제자에게 아첨이나 하며 자유가 없는 체제를 근사하게 포장하는 나쁜 예술 아니면 그 반대로 탄압에 저항하는 좋은 예술이 탄생한다. 독재자들도 그것을 잘 알고 있어서 예술가들에게는 다른 국민들보다 더 많은 자유를 허용한다. 물론 자유로운 영혼을 가진 예술가가 독재에 가장 큰 위험 요소임을 독재자들도 잘 알고 있어서, 다른 사람들보다 더 면밀하게 감시하고 검열한다.

그런 양면성을 볼레이는 대학에서 미술을 공부하면서 경험했다. “그곳에서는 정치적 압력이 다른 분야에서보다 더 크다고 느낄 때도 있었지만, 그래도 통일사회당의 요구를 외면할 수 있는 방법이 늘 남아 있었다. 예술대학이나 예술가협회와 같은 국가 기관에 들어간 사람들은 뭔가 독창성 있는 ‘독립적인 인간’으로 인정받았다. 그래도 예술가들이 적응하기에는 지나치게 완고한 조치들이 많았다.”

볼레이는 동독의 전국미술대전에서 2등으로 뽑혀 14일간 소련을 여행하는 상품권을 받았다. 예술 아카데미에 소속된 5명의 학생들과 함께 그녀는 비행기를 타고 레닌그라드를 출발해 모스크바, 타슈켄트, 사마르칸트, 브라츠크, 바이칼 호숫가의 이르쿠츠크까지 여행했다.

그녀가 여행길에 본 것들이 그녀를 “좌절하고 참담하게 했다. 대소련제국에 대해 남아 있던 나의 아주 작은 희망이 1976년 11월 완전히 사라졌다. 소련에는 타슈켄트에서 생산한 석류를 레닌그라드나 브라츠크까지 운반할 물류시설조차 마련되어 있지 않았다. 시베리아에 사는 사람들이 선반이 텅텅 비어 있는 대형 상점에서 서성이는 동안 타슈켄트에서는 그것들이 썩어 갔다."

여행 안내책자에 '소련의 신생도시'로 소개되어 있는 브라츠크는 1960년대에 시베리아 동쪽 우랄 산맥 너머 수천 킬로미터 떨어진 곳에 새롭게 건설된 도시다. 그곳에서 볼레이는 전사한 '붉은군대' 군인들의 기념비 앞에 서 있던 한 보초병에게 말을 걸었다. 그가 그 도시에서 태어났다는 말을 듣고 볼레이는 깜짝 놀랐다. 도시가 생긴 지 불과 20년밖에 안 됐는데, 30살쯤 되어 보이는 그가 어떻게 그곳에서 태어났단 말인가?

알고 보니 브라츠크는 원래 강제노동수용소가 있던 자리였다. 수용소는 요세프 스탈린 시대에 세워졌다. 스탈린은 1922년부터 1953년 사망할 때까지 소련을 통치했는데, 그가 최고 통치자로 있는 동안 반체제 활동을 하거나 반체제 활동을 한 혐의를 받은 사람들, 그리고 수백만 명의 국민들이 총살형에 처해지거나, 강제노동수용소로 이송되어 비인간적 대우 속에 강제노역에 시달렸고, 그중 많은 사람들이 처참하게 죽었다.

그 보초병은 강제노동수용소에서 태어난 사람이었다. 수용소에서 살아남은 생존자들은 당의 공식홍보지에 "브라츠크를 건설한 영웅들로 소개되었다. 강제노동수용소는 사라졌지만 그곳에서의 삶과 근무조건은 믿기 어려울 정도로 열악했다. 그들은 마치 노예처럼 일했다." 베르벨 볼레이는 거리 곳곳에서 피곤에 지쳐 얼굴이 돌처럼 굳어 있는 사람들을 보았다. "거의 모든 사람들의 얼굴이 잿빛이었다. 모든 것을 잃어버린 사람들처럼 보였다. 사는 것이 끔찍할 정도로 힘겹고, 인간은 아무 가치도 없는 것으로 느끼게 하는 시스템이 사람들로 하여

금 그런 슬픈 얼굴을 갖게 만들었다." 볼레이는 공산주의 체제에 대한 모든 환상을 버리게 되었고, 러시아에서 독일로 돌아와 친구들에게도 그렇게 말했다.

동독에서는 이미 오래전부터 어디서나 자행되는 국가의 감시를 자기 집에서만큼은 벗어나고 싶은 시민들이 굳게 닫은 문 뒤로 사설 은신처를 만들었다. "친구들끼리 사상의 자유를 누렸다. 그곳에서 금서를 읽으며 서로 토론하고, 음반을 빌려주기도 했다. 작품 낭독회나 전시회도 집에서 열렸다. 사람들은 현관문이 잠겨 있으면 함께 모여 연회를 베풀고 즐겨도 남의 감시를 받지 않을 거라고 생각했다. 베를린에서만 그런 게 아니라 할레, 드레스덴 등 다른 도시에서도 마찬가지였다.

대부분의 사람들이 감시를 받지 않는다고 생각했지만, 사실은 그렇지 않았다. 남의 방해를 받지 않으려고 사람들이 아무리 애써도 그렇게 되지 않았다. 슈타지의 비밀요원들이 틈만 나면 그들을 방해했고, '대안으로 즐기는 문화생활'에 훼방을 놓았다. 경찰이 출동해 낭독회를 중단시키는 경우도 종종 있었다. 소음 때문이라거나, 건물 안전상 너무 많은 사람들이 한 집에 모여 있을 수 없다거나, 미리 신고된 집회가 아니라는 이유에서였다. 슈타지는 미술가협회, 학교, 개인 낭독회나 전시회, 어떤 때는 우리 집 부엌에도 불쑥불쑥 나타났다."

부엌 벽에 도청기가 설치되어 사람들이 자기들끼리 잡담을 늘어놓거나, 흥미로운 일을 하며 즐기는 것도 수 킬로미터 떨어진 곳에서 슈타지가 엿들었다. 국가에서 한 일 중에 가장 나쁘고 역겨웠던 것은 슈타지가 직장동료, 지인, 친구, 친척, 심지어 부부 사이에 첩보원을 심어 두고, 첩보원을 통해 개인 집에서 일어나는 사적인 일, 심지어 가장

은밀한 비밀까지 정보를 캐 오게 한 것이다.

"어쩌면 사람들이 그런 이유에서 금지된 말을 몰래 숨어서 하지 않고 공개적으로 하게 되었을지도 모른다. 슈타지는 어차피 우리가 누구이고 무슨 생각을 하는지 알고 있는데, 다른 보통 사람들에게 말하지 않을 이유가 없었다."

베르벨 볼레이도 마음속에 품고 있는 생각들을 집에서만 말하는 것에 싫증이 났다. 그 생각을 밖으로 끄집어내고 싶었다. 모름지기 자유로운 생각을 공개석상에서 자유롭게 말할 수 있어야 더 큰 자유로 발전해 나갈 수 있다고 그녀는 믿었다. 그렇지 않다면 어쩔 수 없지만, 그래도 그렇게 공개적으로 말하는 게 몰래 말하고 대외적으로는 침묵하는 것보다 나을 것 같았다.

그러나 그렇게 하는 것도 위험했다. 닫아 놓은 문 뒤에서 자기들끼리 수군대는 걸 슈타지 비밀요원이 엿듣고 있는 동안에는 별 문제가 안 되었지만, 감시 대상이었던 사람이 그동안 감청되었던 말을 공개석상에서 말하는 것을 국가가 용인하지 않았다. 그러다 보니 아무런 법적 절차 없이, 변호사의 도움도 받지 못한 채 교도소에 갇히는 사람들이 많아졌다. 교도소 담장 안에서 무슨 일이 일어났는지 잘 알 수는 없었지만, 수감자의 가족이나 친구들은 그들이 밖으로 나왔을 때 완전히 다른 사람으로 변해 있고, 넋이 나간 사람 같고, 건강이 안 좋아진 것을 보며 그 안에서 있었던 일을 짐작할 수 있었다. 그래서 사람들은 다시 침묵을 선택했다.

"동독에서 점잖은 사람들이 할 수 있는 것은 거의 언제나 침묵뿐이었다. 몇몇 사람들만 목소리를 높여 거짓말에 대해 공격을 퍼부었다. 그들은 자기들이 생각하는 바를 그대로 표현했다. 그러나 한낱 개인에 불과했던 그들 대부분은 국가의 조치로 결국 말문을 닫았다.

개인들이 함께 뭉쳐 공개적으로 의사 표현을 하면 어떻게 될까? 그렇게 하면 국가 권력에 저항하는 한 개인의 불법적인 행동이 아니라 훨씬 더 선동적인 일로 보이지 않을까? 그래서 보통 때보다 훨씬 더 잔인한 방법을 동원해 진압할 수는 있겠지만, 공개적으로 많은 사람들이 보는 앞에서 그들이 과연 그렇게 할 수 있을까?" 베르벨 볼레이는 그런 의문이 들었다.

이런 의문에 답을 할 수 없었던 볼레이와 그녀의 친구들은 한번 실험해 보기로 했다. 그들은 엄청난 위험을 감수한 채, 1982년 '평화를 위한 여성들'이라는 단체를 만들었다. 그때부터 그들은 사회의 군대화에 대해 국가를 공개적으로 비판했을 뿐만 아니라, 더 많은 민주주의를 허용해 달라고 요구했다. 그들은 "성공할 가능성이 거의 없는 상황에서 후유증은 생각하지 않고, 일단 하고 싶은 대로 했다. 각자 자기 방법으로 용기를 증명해 보인 것이다."라고 베르벨 볼레이는 오랜 시간이 흐른 후 회상했다.

그 단체에 속한 여자들은 친구보다 적이 더 많았다. 국가 기관이나, 회사, 사회적 관계에서뿐만 아니라 교회에서도 그랬다. 남편들도 그들을 이해하지 못했고, 그들을 아는 사람들이나 친구들은 모종의 일에 엮이지 않을까 하는 두려움에 그들을 멀리했다. 동독 패망의 역사는 그런 식으로 우연찮게 시작되었다. '평화를 위한 여성들'은 설립 후 시간이 지나면서 점점 더 많은 사람들의 주목을 받았다. 전국 곳곳에 지부가 결성되면서 회원이 늘어났다. 단체에 우호적인 사람들도 많아졌다. '평화를 위한 여성들'의 역사는 볼레이에게 "정치 활동을 하기 위한 용기의 역사였고, 생각을 말로 표현하는 방법을 배워 온 역사였다. 그것은 또한 책임감의 역사였으며, 독단과 거짓이 난무하는 사회에서 인간 존엄을 변호하고 연대감을 표명해 온 역사였다."

단체의 이름이 왜 '평화를 위한 여성들'이었을까? 그것을 진심으로 바랐기 때문이었다. 당시는 동과 서가 서로 경쟁적으로 핵무장을 하던 시기였다. 국경선 양측으로 서쪽에는 나토, 동쪽에는 바르샤바 조약 가입국들이 지구를 몇 번이고 공중분해시켜도 충분할 만큼의 폭탄을 쌓아 놓고 있었다. 양측의 국민들은 그런 광적인 경쟁에 지쳐 군비 경쟁을 끝낼 것을 요구하기 시작했다.

그러나 러시아가 군비를 증강하면 유럽과 미국도 뒤따라 군비를 증강했다. 그것은 위협의 논리였다. 위협 요소의 균형을 통해서만 평화가 유지될 수 있다고 믿는 군사전략이었다.

군비 증강을 통한 평화? 그것은 무기를 같은 수준으로 준비해 놓음으로써 평화를 지킨다는 말이다. 한쪽이 군비 증강으로 군사적 우위를 차지하면 그것을 이용할 위험이 있고, 전쟁이 시작될 수 있으므로 그것을 방지하기 위해 최대한 빠른 시일 안에 부족한 부분을 채워, 만약의 경우 상대가 공격을 해 오면 같은 수준으로 대응하겠다는 것을 공공연히 천명하는 것이다.

서로 상대에게 위협을 가해 평화를 유지한다는 개념이 효과가 있기는 했다. 그렇지만 그것은 광기에 불과한 것이었다. 비용이 많이 들 뿐만 아니라, 공격을 단행하는 동안에 방어해야 할 것이 파괴될 수도 있기 때문이다. 우랄 산맥과 대서양 사이에 전쟁이 일어나면 유럽이 파괴되고, 어느 누구도 승자가 될 수 없는 것이다.

자국은 아무런 손해를 입지 않은 채, 다른 나라를 군사적으로 굴복시키는 게 불가능하다면 수억대의 달러, 루블, 마르크를 군비 확장에 쏟아붓는 짓을 중단하고, 다른 의미 있는 일에 돈을 쓰는 게 더 현명하다. 전 세계에 알려지기 시작한 이 평화 운동 단체의 요구는 바로 이것이었다. 그것은 구약성서에 나오는 선지자 미가와 이사야의 예언을 상기시키는데, '칼 대신 쟁기를'이라는 선지자들의 말은 특히 이 단체의 슬로건이 되었다. 행사 때마다 등장하는, 비둘기가 주둥이에 올리브 나뭇가지를 물고 있는 그림이 이 단체의 심벌인데, 이 역시 성경에서 유래되었다. 성경에서 잎이 새로 돋아난 올리브 나뭇가지를 주둥이에 물고 노아의 방주로 돌아온 비둘기는 물이 줄어, 대홍수가 이제 끝이 났음을 전해 주는 존재다.

그러나 1980년대 세계에는 그런 희망의 싹이 보이지 않았다. 베르벨 볼레이는 당시를 이렇게 회고했다.

"1981년 12월 폴란드에서 전시법이 공표되었고, 1982년 3월 동독에서는 새로운 병역법이 선포되었다. 이 법에 따라 여자도 병역의 의무를 지게 되어, 방어 작전 때나 군사 총동원령이 내려졌을 때에는 징집 대상이 되었다. 외부 세계에는 평화를 수호하는 국가라고 표방하면서 동독 국민 전체를 군사 명령의 대상자로 만든 것이다. 사실 병역법 선포 몇 년 전부터 전 국민이 이미 직간접적으로 예비군 훈련을 받고 있었다. 학교에서는 이미 1978년 군사 훈련 과목이 신설되었고, 대학교, 사업체, 공공기관에서는 시민군 훈련과 전투병 훈련이 시행되었다. 잠수, 항해와 같은 특종 스포츠는 스포츠와 기술을 위한 군대 관련 모임에서만 할 수 있었다. 유치원과 초등학교에서는 군대방문 체험학습이 생겼고, 학생들은 탱크 4대가 있는데 3대가 더 오면 전부 몇 대냐는 문제로 산수 공부를 했다."

그런 상황에서 볼레이와 뜻을 함께하는 동지들은 공개 활동을 결의했다. 그들은 에리히 호네커 서기장 앞으로 공개서한을 보내 병역법을 거부하고, 병역의무를 따르지 않겠다는 뜻을 전했던 것이다. 동독 각지에 살고 있던 150명의 여성들이 서명한 청원서가 서방의 언론에도 공개되었고, 그 결과 전 세계가 이들의 활동을 알게 되었다.

동독 정부는 빠르고 영리하게 대처했다. 아무도 체포하지 않았고, 대신 슈타지 요원들이 청원서에 서명한 여성들의 회사나 집으로 찾아가 개인면담을 했다. "그들은 여자들이 서로 말을 맞추지 못하게 하려고 여러 곳에서 동시에 면담을 진행했다. 편지에 서명한 사람들에게 서방의 위협이 날로 증대되는 상황에서 동독의 방위력을 증강하려면 새로운 병역법 제정이 꼭 필요하다는 것을 설득시키려고 했다. 그들은 여자들이 그 필요성을 순순히 받아들이지 않으면 직장생활에 어려움이 생길 거라고 말하거나, 자기들이 어떤 영향력을 행사할 수 있는지를 말하면서 위협했다. 그런데도 서명을 취소한 사람은 몇 명에 불과했다. 청원서의 서명을 취소하지 않은 여자들 중 20여 명은 여기서 멈추지 않았다. 이들은 권력층의 무시와 거만에 분노해 '자유를 위한 여성모임'을 새로 만들어 앞으로도 계속 만나기로 결의했다. 우리는 정부를 대화의 장으로 끌어내고 싶었다."

정부는 신속하고 영리하게 대처했지만 불안했다. 자기들이 저항운동을 하는 여성과 맞서 싸우게 되었기 때문이었다. 국가 권력은 남성적인 것이었다. 여성이 남성의 전유물인 권력의 지배층에 속할 수 있다는 것을 그들은 한 번도 생각해 본 적이 없었다. 동독 사전에 '여성'의 의미는 '남성을 보완해 주는 존재'일 뿐이었다.

그래서 슈타지의 남성 우월주의자들은 평화운동을 하는 여성들을 처음에 별로 진지하게 생각하지 않았다. 그리고 그들은 여자들끼리 만나 그런 청원서를 쓰고, 그것을 공개하자는 생각을 했다는 것을 믿지 않으려 했다. 남자들의 그런 제한적인 상상력 때문에 슈타지는 배후에서 평화운동을 조종하는 남자들이 있을 거라고 추정해 그들을 찾느라 혈안이 되었는데, 그것이 여자들에게는 오히려 행운이었다. 그런 남자들이 없는데도 슈타지는 오랫동안 여자들의 배후에 남자들이 분명히 있을 거라고 확신했다.

슈타지 요원들이 있지도 않은 사람들을 찾아 나서는 동안 베르벨 볼레이를 비롯한 여자들은 자신들이 하고자 하는 일을 계속할 수 있었다. 저항의식이 일어나 평화모임을 하고 있던 교회와도 제휴하여 몇 가지 행사를 함께 주관했다. 이 행사들은 물론 번번이 슈타지의 방해를 받았다. 협박, 탄압, 체포가 이어졌지만 여자들은 쉽게 물러서지 않았고, 일관되게 행동했다.

"우리는 쉽게 통제되지 않는 사람들이었다. 통제가 가해질수록 우리는 서로 더 단단하게 결속했다. 우리는 창의적이고 상상력이 풍부했으며, 생각이 대담하고 선동적이었다. 우리는 거의 언제나 정면승부를 택했다. 슈타지 요원이 지켜보는데도 우리의 얼굴에는 웃음기가 사라지지 않았다. 오히려 그 반대로, 커다란 두려움에도 불구하고 자유의 속박에 구애받지 않으면서 뭔가 큰일을 하고 있다는 생각을 했다. 우리가 따뜻한 곳에서 와인을 마시며 새로운 아이디어를 내고 계획을 짜는 동안 그들은 밖에서 추위에 떨며 서성이고 있었다. 우리 집 앞에 수년간 주차되어 있던 낡은 트럭에서 슈타지 요원들이 찍은 사진이 나중에 증거자료로 나왔다. 그들도 추위에 떨었는지 거의 모든 사진들의 초점이 흔들려 있었다."라고 볼레이가 말했다.

그러나 매번 웃을 일만 있었던 것은 아니다. 1983년 12월 베르벨 볼레이를 포함한 많은 회원들이 체포되었다. 그들은 성탄절, 송년의 밤과 새해 첫날도 차가운 유치장에서 보내야 했다. 동독 전역에서 강력한 시위가 일어나 1월 말에 다시 풀려났지만 슈타지 독방에서 보낸 6주일은 '자신에 대한 존엄을 지키기 위한 투쟁'이었다고 볼레이는 말했다.

"마음이 얼마나 굳건한지 보여 줄 수는 없었지만, 여전히 의지를 갖고 있다는 것을 그 안에서 증명해 보일 수는 있었다. 침묵을 배우고, 사소한 것에 매달리면서도 본능적 욕구를 진정시키는 방법을 배웠다. 예를 들어 머리를 자르라고 그들이 건네는 가위를 거절하고, 내면의 평화를 유지한 채 조사를 받기 위해 담배도 받지 않았다. 무엇보다 중요한 것은 바깥세상에 나를 전적으로 믿는 사람들이 있다는 것을 믿는 것이었다. 그들이 나를 석방시키고, 우리 아들 암젤름이 편안하게 지낼 수 있도록 가능한 모든 조치를 취할 거라고 믿었다."

볼레이는 그런 일이 터지리라는 것을 알고 미리 준비했다. 언젠가는 교도소에 수감되리라는 것을 알고 있었기에 심문, 구금과 격리에 대한 책을 읽고 많은 것을 배웠다.

"지배층의 목표는 나치 시대의 강제수용소에서나, 시베리아의 강제노동수용소에서나, 칠레 산티아고의 축구장에서나, 슈타지의 감옥에서나 항상 똑같다. 적으로 추정되거나 실제로 적인 상대를 무너뜨리는 것이다. 인간의 영혼, 존엄성, 심지어 생명까지 무자비한 파멸 대상이 된다. 그런 자들을 만난 사람은 자기 자신을 믿는 것 말고 달리 대항할 방법이 별로 없다."

그리고 다른 수감자들, 예를 들어 1958년부터 1964년까지 정치범으로 감옥에 갇혔던 작가 에리히 로에스트 같은 사람에게서 그녀는 많은 것을 배웠다. 1981년 서독에서 발간한 자서전『땅에 생긴 틈』에서, 그는 그 시기를 어떻게 극복했는지에 대해 밝히면서, 절망하지 않기 위해 날마다 만 보씩 걸었다고 말했다. 그것을 보고 볼레이도 "그를 따라 하면서 마음속으로 그와 대화를 하고, 비어만의 노래도 불렀다."

협박, 위협, 탄압, 심문, 체포 등의 방법을 동원해 동독의 저항운동을 막으려던 슈타지는 그런 방법에 그치지 않고, 온갖 불법적인 방법을 다 동원하는 첩보원들을 통해 정기적으로 보고서를 받았다. 그들 가운데 상당수는 신분을 들키지 않은 채 반체제 단체의 일원으로 활동하면서 남몰래 불화를 조성하고, 불신을 키우고, 활동을 저지하고, 회원들을 개별적으로 단념하게 만드는 등의 활동으로 공적을 쌓았다. 그런 선동공작의 결과 운동원들이 서로 상대를 믿지 못하게 되었다. 특히 그들은 운동권의 지휘부를 교도소에 가둬 놓아 전체 연락망이 제대로 작동되지 않게 함으로써 큰 혼란을 야기했다. 그 결과 지도부에 대한 불신이 생기면서 그간 잘 다져 왔던 기반이 무너졌다.

"나는 지하에서 활동하는 운동원이 되고 싶지 않았다. 그러나 동독에서 정치활동을 하려면 민주적 절차는 제한될 수밖에 없었다. 무슨 일을 진행할 때 많은 것들을 비밀리에 진행해야만 했다. 그러다 보니 모든 것을 속속들이 아는 사람이 없었다. 비밀누설과 배신의 위험이 상존했다."

그럼에도 불구하고 포기할 수 없었다. 일을 하다 보면 실패할 수도 있고, 마지막에 가서 모든 것이 헛된 짓으로 판명될 수도 있다. 어쩌면 세상이 망각하는 동안 슈타지의 감옥에 갇혀 썩게 될 수도 있었다. 그러나 적어도 시도는 해 봐야 했다. 적어도 자식들이 부모를 부끄럽게 여기게 만들 수는 없었다. 어쩌면 자식들이 나중에 다시 새롭게 시작해 성공을 거둘지도 모르는 것이다.

그런 분명한 의식을 갖고 몇몇 용감한 반체제 운동가들이 활동을 계속했다. 볼레이는 다음과 같이 회고했다. "우리 가운데 어느 누구도 남들보다 용감하다고 생각하지 않았다. 사실 우리는 뱀처럼 영악하게 움직이고 싶었다. 그렇게 하다 가끔 성공을 거두기도 했다. 우리가 하는 일이 굳이 용기가 많아야 할 수 있다는 생각은 별로 하지 않았다. 우리는 각자 자신이 어떤 위험을 감수할지 혹은 감수하지 않을지, 어떤 활동에 동참할지, 혹은 무엇에 서명할지 스스로 결정했다."

볼레이의 글에 따르면 용기는 자기도 모르는 사이에 자기 안에서 자라난다. 그것은 특히 혼자 분노, 두려움, 희망, 깊은 생각에 빠져 있지 않을 때 더 잘 자란다. "비슷한 것을 느끼고 생각하는 사람을 만나면 누구나 자기도 모르게 강한 연대감을 느낀다. 독립적인 평화단체에 참여한 여자들은 25살에서 40살 사이가 가장 많았다. 대부분 가정이 있는 주부들이었고, 그중에 홀로 자식을 키우는 어머니도 있었는데, 그들은 잡혀갈지도 모를 위험을 감수해야 하는 일에도 물러서지 않았다."

여성적인 용기와 저항운동은 남성적인 그것과 다르다. 볼레이의 관찰 결과 체포될 때의 모습부터 여자와 남자는 달랐다. 여자들은 덜 공격적이고, 침착하게 행동하고, 강하게 저항하지 않고, 영웅처럼 굴지 않았다. 많은 여자들은 아이를 유치원에서 데려와야 하기 때문에 얼른 집에 가야 한다는 말을 계속해 자신을 조사하는 비밀경찰의 신경을 날카롭게 만들었다. "여자들은 자신들을 압박하는 남자의 모습에서 힘의 우위만 본 것이 아니라 교만하고 나약한 남자의 모습도 함께 보았다."고 볼레이는 말했다.

볼레이와 함께 저항운동을 했던 어떤 여성은 자기를 심문하던 슈타지 요원이 감기에 걸려 침대에 누워야 할 상태인 것을 보고 어서 가서 누우라고 하자 슈타지 요원이 몹시 불안해하더라고 전했다. 피의자의 그런 반응에 어떻게 대처해야 하는지 미처 배우지 못했기 때문이었다. 그런 불안감은 여자들이 조사를 받다가 곤란한 질문에 답을 하기 꺼려지면 생각할 여유를 갖기 위해 갑자기 찬송가를 부를 때 더 심해졌다. 느닷없이 예배를 드리겠다며 "하느님, 당신을 찬양합니다."를 목청껏 부르는 것이다.

그래도 많은 여자들이 체포되어 교도소에 갇혔고, 죽을지도 모른다는 두려움과 자식에 대한 걱정에 절망하면서 불안에 떨었다. 그러나 동독 말기에 대외적인 압박이 계속되면서 반체제 운동가들은 시간이 조금 지나 석방되어 서독으로 자진해서 넘어가거나, 최악의 경우 추방당했다.

슈타지는 반체제 인사들을 멸종시키기 위해 주어진 권한으로 할 수 있는 모든 짓을 다 했다. 그들의 권력은 여전히 막강했지만, 점차 줄어들었다. 모스크바에서 미하일 고르바초프가 기적처럼 소련의 최고 권력자 자리에 올라, 그간 공산당 고위 간부들이 되풀이해 왔던 거짓말을 그만두자, 슈타지의 권력도 마침내 끝장나게 되었다.

동독의 평범한 시민들이 슈타지 요원들보다 그것을 더 빨리 알아챘다. 점점 더 많은 사람들이 거리로 나가 무슨 짓을 했을 때 과거처럼 처벌을 받을지에 대해 의문을 제기했다. 그들은 고르바초프가 다시 탱크를 앞세워 밀고 들어오지는 않을 거라고 믿었다. 많은 사람들이 고르바초프와 함께 새로운 시대가 열렸다고 생각했다. 모스크바에서 새로운 바람이 불어오는 것을 느끼며 사람들은 점점 희망에 부풀어 올랐다.

동베를린의 통일사회당 당사의 굳게 닫힌 창문 너머로만 신선한 바람이 불지 않았다. 바깥세상이 많이 변했지만 통일사회당 당사의 높은 담장 안에서는 봄이 오는 것을 가장 늦게 알았다. 혹은 그것을 알고 싶지 않아 그들이 그렇게 반응했는지도 모른다.

점점 더 많은 사람들이 자기가 생각하는 바를 거리에서 공공연히 말하는 동안 동독의 정치인들은 1989년 10월 7일에 있을 동독 40주년 기념식 준비에만 몰두했다. 실제로 그해에도 매년 그래 왔듯이 '자유 독일 청년회'의 횃불 공연이 10월 6일에 있을 것으로 예정되고, 10월 7일에는 군사행진이 계획되어 있었다.

국민들은 그런 행사에 코웃음 쳤고, 정부는 마지막으로 자신들의 힘을 과시했다. 동독의 여러 도시에서 축하행사를 반대하는 시위가 벌어지자 폭력을 동원해 강경 진압한 것이다. 수천 명이 체포되었고, 그것은 몰락하는 정권 최후의 발악이 되었다.

시위가 계속 이어져, 1989년 11월 9일 드디어 장벽이 무너졌다. 1989년 1월에 에리히 호네커는 앞으로 장벽이 50년 아니 100년간 건재할 거라고 호언장담했었다. 그러던 그가 1990년 1월 부인 마르곳 호네커와 함께 린치를 가하려는 성난 민중들을 피해 어느 신부의 사저에 망명을 요청했다. 그들의 요청은 수락되었다.

동독 국민들은 드디어 마음껏 자유를 느끼며 가두행진을 벌였다. 그리고 머지않아 서방의 체제도 지상낙원은 아니라는 것을 알게 되었고, 돈이 없으면 자유도 별로 쓸모없다는 것을 깨달았다. 냉정을 되찾자 체념하는 사람들이 많아졌다. 베르벨 볼레이 같은 사람들은 오늘날 이렇게 말한다. "어떤 체제든 완벽하지 않고, 앞으로도 완벽하지 않을 것이다. 그러나 자유세계에서는 비판이 가능하고, 개선의 여지가 있다. 동독의 과거 불법국가 체제를 이상화하는 대신 합법적인 민주주의를 개선시켜야 한다." 베르벨 볼레이는 현재 바로 그 일을 하고 있고, 누구나 그것을 할 수 있다.

## 옮긴이의 말

시나브로 단풍색이 짙어 가는 요즘 창밖을 바라보며 오묘한 자연의 섭리에 감탄한다. 태초부터 본연의 모습 안에 감추고 있었던 요인들이 무심한 듯 나부끼는 나뭇잎 속에서 시간과 햇빛과 온도에 감응하며 살포시 색깔을 토해 내고, 그 화려한 변화마저 시간과 공간의 차이를 두고 온 산을 아름답게 물들인다. 지극히 자연스러운 변화가 반복되어 일어나는 것인데도, 해마다 단풍철이면 마치 처음 보는 풍경인 듯 새삼스럽다.

깊이와 폭을 가늠할 수 없이 원대한 자연의 섭리와는 달리, 자연의 품속에 살고 있는 우리 인간들이 지난한 노력과 투쟁을 통해 꾀하려고 했던 소소한 일상의 변화는 그 맥을 거꾸로 짚어 가다 보면 변화에 처음으로 시동을 건 누군가의 발자취를 발견하게 된다. 현대 사회를 살아가는 우리들이 당연한 듯 받아들이고 향유하는 자유, 평등, 평화, 인권이 그 이름에 합당한 의미를 지니게 되기까지 얼마나 큰 용기와 노력과 불굴의 의지가 필요했을지 쉽게 상상해 볼 수 있다.

이미 나 있는 길을 가는 것은 의지와 인내심의 문제일 뿐 힘겨운 도전은 아니다. 부당함, 억울함, 불편함, 불공정함, 불의가 토착화되어 있는 곳에서 인간 본연의 인권을 주장하고, 그것이 보편적으로 보호되기까지 완고한 틀을 깨고 나가 자신은 물론, 동시대인 및 후손 대대까지 그 투쟁의 열매를 거둘 수 있게 하는 것은 마땅히 칭송하고, 기억하고, 감사해야 할 일이다.

"자기가 아는 것을 예로 들어 설명하지 못하면 그건 모르는 것"이라고 임마뉴엘 칸트는 일찍이 말했었다. 앞서 나간 자들이 거둬들인 성과를 향유하고, 그것을 바탕으로 미래를 꿈꾸는 우리들이 견고한 틀을 부숴 새로운 지평을 연 사람들의 생생한 투쟁과 업적을 가늠할 수 있도록 해 주는 이 책『용기를 낸 사람들』을 읽어 보는 것은 그런 의미에서 대단히 뜻깊은 일이 아닐 수 없다.

여성의 인권을 무참히 짓밟는 소말리아를 탈출해 그 실상을 세상에 널리 알린 '아얀 히르시 알리', 일개 수도사에 불과했으나 마침내 종교개혁을 이끌어 낸 '마틴 루터', 종신형에 처해져 30년간 옥살이를 하면서도 인종차별 정책에 철퇴를 내린 '넬슨 만델라', 버스 승차거부운동의 원인 제공자가 되어 견고한 인종차별의 벽을 부순 '로자 파크스', 도저히 넘을 수 없을 것처럼 보이던 불의의 벽을 비폭력 저항운동을 통해 분연히 넘어선 '마하트마 간디', 교도소의 어둠에 빛을 비춰 주고, 고문실과 사형 집행소의 공포를 전 세계에 알린 국제엠네스티 창설자 '피터 베넨슨' 등. 이 책에 수록된 열두 명의 발자취는 단순히 어린 시절 한번쯤 읽어 본 위인전의 깨달음을 뛰어넘어 성인 독자들에게도 숭고한 희생에 감사함을 느끼게 한다.

세상이 어지러울수록 그래도 가장 빨리 회복할 수 있는 길은 원점으로 돌아가 처음부터 다시 시작하는 것이 아닐까 한다. 눈부신 인류 문명 발전의 혜택이 보다 많은 보통 사람들에게 전파될 수 있도록 앞장서서 나아가 투쟁한 현인들의 발자취를 이쯤에서 마음으로 좇아가는 것이 그 한 방편이 되기를 바라 마지않는다.

2016년 늦가을 대전에서

유혜자